Zen oder die Kunst, sich zu verlieben

W0045238

Das Buch

Unsere Sehnsucht nach Liebe ist nichts anderes als unser Wunsch, mit allem Leben eins zu werden. Darum muß sich die gefühlvolle Zuwendung auch nicht einzig auf einen bestimmten Menschen festlegen. Vielmehr heißt einer der wertvollen Ratschläge von Charlotte Kasl: Öffnen Sie sich allem, was Ihnen begegnet! Sei es Schmerz, Angst, Freude oder Glückseligkeit. Nehmen Sie alles auf, und lassen Sie es wieder los. So werden Sie in der Lage sein, sich selbst und damit auch andere Wesen wirklich und tief zu lieben.

Charlotte Kasl zeigt Ihnen den spirituellen Weg zu einer wahren, zärtlichen Partnerschaft. Das Fundament ihrer einzigartigen Liebeslehre bilden Zitate aus der christlichen, der buddhistischen und der Sufilehre.

Die Autorin

Charlotte Kasl praktizierte 20 Jahre lang als Psychotherapeutin und Reiki-Heilerin, zudem leitete sie zahlreiche Workshops. Der ganzheitliche Ansatz bei all ihren Aktivitäten stammt aus ihrer Beschäftigung mit alternativen Heilmethoden und spirituellen, fernöstlichen Praktiken. Charlotte Kasl lebt in der Nähe von Missoula, Montana.

Charlotte Kasl

ZEN

*oder die Kunst,
sich zu verlieben*

Ein spiritueller Leitfaden

Aus dem Amerikanischen
von Tatjana Kruse

Econ Taschenbuch Verlag

Diese Ausgabe entstand durch die Vermittlung
von Jürgen P. Lipp und Jürgen Mellmann.

Econ Taschenbuch Verlag 2000
Der Econ Taschenbuch Verlag ist ein Unternehmen der
Econ Ullstein List Verlag GmbH & Co. KG, München
Deutsche Erstausgabe
2. Auflage 2000
© 2000 für die deutsche Ausgabe by
Econ Ullstein List Verlag GmbH & Co. KG, München
© 1999 by Charlotte Sophia Kasl
Titel der amerikanischen Originalausgabe: If the Buddha Dated
(Penguin Arkana)
Übersetzung: Tatjana Kruse, Stuttgart
Redaktion: SWB Communications, Dr. Sabine Werner-Birkenbach, Marbach
Umschlagkonzept und -gestaltung: HildenDesign, München – Stefan Hilden
Titelabbildung: Bilderberg, Hamburg
Satz: Josefine Urban – KompetenzCenter, Düsseldorf
Druck und Bindearbeiten: Ebner Ulm
Printed in Germany
ISBN 3-612-18012-6

Dank

Mein herzlicher Dank gilt allen Menschen, die mir bei diesem Buch geholfen haben, insbesondere meiner Lektorin Janet Goldstein für ihre Begeisterung, ihre herrlichen Ideen und ihre Unterstützung, und Edith Kroll, meiner unerschütterlichen Agentin, für ihre Hilfe, ihren Humor und ihre Freundschaft. Ich danke auch Susan Hans O'Connor und Nancy Peske für ihre redaktionelle Bearbeitung und Erica Soon Olson für ihre redaktionelle Bearbeitung und ihre Tips.

Ein Strauß Rosen an Rowan Conrad, Therapeut und fortgeschrittener Schüler von Thich Nhat Hanh, dem Lehrer für Zen-Buddhismus, für seine sorgfältige Lektüre und seine unschätzbaren detailreichen Hinweise zum Manuskript. Für Beiträge, Kommentare, Interviews, Freundschaft, Inspiration, Humor und moralische Unterstützung – nicht unbedingt in dieser Reihenfolge – danke ich euch, meinen Freunden und Kollegen: Keith Walker, Stephen Wolinsky, Jane Yank, Jennifer Schneider, Mary Greenfield, Shahir, Qahira, Star, Darvesha, Altazar Player, David Long, Barbara Brady, Jim McNaughton, Alissa Davis, Danielle Davis, Joanna Lester, Jeanine Walker, Dodi Moquin, Debbie Batterson, Johna Koontz, Michelle Moeller, David Marsolek, Michael Sullivan und Linda Lightfoot.

Dieses Buch ist allen Menschen gewidmet,
die auf dem spirituellen Weg Liebe suchen,
sowie Alissa, Danielle und Mary.

Inhalt

Einleitung:
Was dieses Buch leisten kann und was nicht

Dieses Buch will Liebe in Ihr Leben bringen. Liebe beginnt mit Bewußtsein, mit Mitgefühl und dem liebevollen Umgang mit sich selbst, einschließlich jener Aspekte, die Sie nur zu gern loswerden oder vor anderen verbergen würden. Diese Reise der Selbsterkenntnis kann ungemütlich sein, bisweilen auch eine echte Herausforderung, aber sie wird Ihnen helfen, sich mit Ihrem ganzen Selbst anzufreunden, und das gibt Ihnen die Freiheit, auch andere Menschen in Ihr Herz zu lassen. Ich selbst bin schon lange auf dieser Reise und habe sowohl die Befreiung von alten Gewohnheiten erlebt als auch die demütigende Erfahrung, Teilen meines Ichs zu begegnen, die immer noch Mitgefühl und Verständnis brauchen.

Wenn Sie auch bei Ihrer Suche nach einem Partner oder Liebsten auf dem spirituellen Weg bleiben, werden Sie feststellen, daß diese Reise alle Bereiche Ihres Lebens beeinflußt – nicht nur den Aspekt der Verabredungen, der Liebe, Romantik und Ehe. Mit der Zeit werden Sie die langgehegten Überzeugungen erkennen können, die einen Großteil Ihrer Verhaltensweisen geprägt haben, und Sie werden sie mit einem neuen Bewußtsein hinter sich lassen, das Sie von der Vergangenheit befreit und Ihnen erlaubt, andere klar und deutlich zu sehen und somit eine spirituelle Vereinigung einzugehen, der Sie vertrauen können.

Sie werden auf Ihrem Weg feststellen, daß Mitgefühl und Akzeptanz negative Einschätzungen, Furcht und Sorge ersetzen.

Sie werden sich Verabredungen mit Neugier, Faszination und leichtem Herzen nähern und nur nach dem streben, was für Sie selbst und den anderen gut ist. Anstatt einen Partner auf der Basis von Äußerlichkeiten, Täuschungen oder Rollenspielen auszuwählen, werden Sie in der Lage sein, Ihre Reise mit der eines anderen Menschen zu verbinden und zu lernen, was es heißt, ein spirituelles Band zu knüpfen, das flexibel und locker genug für Sie beide ist.

Dieses Buch ist für Männer und Frauen jeden Alters und jeder Glaubensrichtung, die nach einer vibrierend menschlichen Beziehung suchen, welche auf Glaubwürdigkeit, Gleichheit, Spiritualität und Freude basiert. Ich konzentriere mich zwar auf buddhistische Weisheiten, ziehe meine Erkenntnisse aber auch aus dem Christentum, dem Sufismus und anderen östlichen Lehren. Der Buddhismus ist eher eine weltanschauliche Lebenshilfe, keine Religion und kein Dogma – es geht darum, wach zu sein, frei von Illusionen und Angst, damit Mitgefühl und Zuneigung all unsere Beziehungen durchdringen können. Wir alle können unsere Buddha-Natur finden – das strahlende Wesen in uns –, gleichgültig, woran wir sonst glauben.

Dieses Buch ist zwar als Ratgeber für Verabredungen auf dem spirituellen Weg gedacht, aber es ist auch eine praktische Anleitung – voller Übungen und Vorschläge, die Ihnen auf Ihrem Weg helfen sollen. Im Buddhismus, wie auch im Sufismus und anderen spirituellen Praktiken, ist der praktische Weg unserer Lebensgestaltung nicht vom spirituellen Weg getrennt. Unsere Fähigkeit, im gegenwärtigen Augenblick ganz präsent und doch an kein Ergebnis gebunden zu sein, hilft uns, intime Beziehungen zu knüpfen.

Dieses Buch geht auch spielerisch an das Thema heran. Bei genauerem Hinsehen können Verabredungen ziemlich lustig sein oder auch ein packendes Melodram. Die Lehren dieses Buches werden Ihnen helfen, sich zu entspannen und sich selbst mit amüsiertem Mitgefühl zu beobachten, wenn Sie sich verloren fühlen oder in schmerzlichen Forderungen gefangen sind: Ich will sofort eine Partnerin / einen Liebhaber / einen Ehemann / eine Ehefrau! Ein leichtes Herz und ein Sinn für Humor helfen uns, solche Forderungen auszuhöhlen und die richtige Perspektive zu gewinnen. Aus kosmischer Sicht – zu der die ganze Bandbreite unseres Lebens gehört – ist unser romantischer Aufruhr nur von geringer Bedeutung. Es ist nichts weiter als eine vorübergehende Showeinlage, ein Augenblick in der Zeit.

Wo wir gerade von romantischem Aufruhr sprechen: Dieses Buch verspricht keine schnellen Lösungen und auch keine perfekte Beziehung, wie es so viele andere Bücher über Verabredungen garantieren. Ich habe keine Standardformeln, die Ihnen eine »Ehe, die im Himmel geschlossen wurde« bescheren, die Sie vor den Altar bringen oder einen anderen Menschen die Worte »Ich will« sagen lassen. Denken Sie doch nur an all die Bücher mit absolut sicheren Methoden, zwanzig Pfund abzunehmen. Kurzfristig mag das funktionieren, aber um das Gewicht langfristig zu reduzieren, müssen Sie dauerhafte Veränderungen vollziehen, nicht nur in Ihren Eßgewohnheiten und Ihrer körperlichen Betätigung, sondern auch in Ihrer Fähigkeit, sich selbst zu kennen und zu lieben. Jeder weiß, wie schwierig das ist. Wieviel größer ist dann also die Herausforderung, Ihre lebenslangen Überzeugungen und Gewohnheiten in Sachen Beziehungen, Romantik und Liebe zu verändern?

Doch wenn Sie dieses Buch lesen und es sich zu Herzen nehmen, können Sie offener und natürlicher werden und erfahren, wer Sie sind und was Sie wirklich wollen. Sie können sich entspannen, angesichts Ihrer Ängste lächeln und den Mut entwikkeln, authentischer und ehrlicher zu sein. Das wird Ihnen erlauben, als der Mensch gesehen und geliebt zu werden, der Sie sind, und sich nicht verstecken und andere Leute von sich stoßen zu müssen. Je sicherer Sie sich fühlen, desto weniger Sorgen machen Sie sich darüber, wie andere auf Sie reagieren, und Sie finden in all Ihren Beziehungen größere Intimität. Das verzweifelte Verlangen, endlich einen Partner zu finden, weicht der Erfahrung, aus Ihrem inneren Wesen heraus zu leben, und dieser Kern ist reine Liebe, Mitgefühl und Verständnis. Gleichzeitig wird Ihnen dieses Buch aber auch helfen, einen Liebsten oder Gefährten zu finden. Und jetzt ist es an der Zeit, die Reise anzutreten...

Teil 1

Vorbereitung auf die Liebe:
auf dem Weg der Wahrheit und
der liebevollen Zuwendung

1. Wenn der Buddha sich verabreden würde: Romantik auf dem spirituellen Weg

Natürlich hat sich der Buddha nie verabredet. Zu seiner Zeit hat sich keiner verabredet. In jener Kultur hielt man es ebenso wie in vielen anderen für barbarisch, junge Männer und Frauen, völlig sich selbst überlassen, einander nachjagen zu lassen, um sich einen Gefährten oder eine Gefährtin zu suchen.

Buddha war auch kein Buddhist. Dieser Begriff stammt von seinen Anhängern. Er bedeutet »der Erleuchtete« oder jemand, der erwacht ist. Laut Walpola Rahula in »Was der Buddha lehrt« hieß er eigentlich Siddhartha Gautama und war der Sohn von Königin Maya und Suddhodana, dem Herrscher des Königreichs der Sakyas. Er wurde im Alter von 16 Jahren mit einer wunderschönen Prinzessin verheiratet, und obwohl der Palast jede nur vorstellbare Bequemlichkeit bot, wollte er lieber eine Lösung für das universelle Leiden der Menschheit finden.

Mit 29, kurz nach der Geburt seines ersten Sohnes, verließ er den Palast und wurde Asket, was bedeutet, er lebte in extremer Einfachheit, Armut und Keuschheit. Sechs Jahre lang wanderte er umher, traf berühmte religiöse Lehrer, studierte ihre Methoden und praktizierte rigoros spirituelle Übungen. Doch die Antwort, die er suchte, fand er nicht, also ließ er diese traditionellen Ansätze hinter sich und wurde im Alter von 35 erleuchtet, nachdem er 49 Tage unter dem Bodhi-Baum beziehungsweise dem Bo-Baum, dem Baum der Weisheit, gesessen hatte. Er erkannte, daß es nur eine Realität gibt, daß Form Leere ist und Leere Form, daß wir alle aus derselben Substanz bestehen, alle miteinander verbunden sind. In den folgenden 45 Jahren unterrichtete er jeden, der seine Weisheit suchte – Könige und Bauern. Anstatt die Leute aufzufordern, »betet mich an«, brachte er ihnen bei, sich von ihren Illusionen zu befreien, damit sie in Berührung mit ihrer inneren Ausstrahlung kamen oder, wie manche sagen, mit der leuchtenden Essenz im Kern ihres Wesens – der natürlichen Quelle von Mitgefühl, Freundlichkeit und Gelassenheit. Er glaubte, daß wir einander von diesem Ort aus klar sehen könnten, befreit von Erwartungen und Bildern der Vergangenheit.

Siddharta Gautama wurde zu Buddha – dem Erleuchteten –, aber er behauptete nie, etwas anderes als ein Mensch zu sein. Der Buddhismus wird zwar oft als asketisch beschrieben, doch in Wirklichkeit umfaßt er unsere gesamte Existenz. Gleichzeitig führt er uns über den egozentrischen Narzißmus hinaus, denn wir identifizieren uns nicht länger mit dem Inhalt unserer Erfahrung, sondern mit dem Bewußtsein selbst.

> *»Bei der Erleuchtung geht es nicht darum, göttlich zu werden. Vielmehr geht es darum, umfassender menschlich zu werden. . . . Es ist das Ende des Unwissens.«*
>
> Lama Surya Das, in: »Der achtfache Pfad«

Die frühen Anhänger des Buddhismus lebten häufig mönchisch, der Armut und dem Zölibat verpflichtet. Aus diesem Grund gibt es in buddhistischen Schriften wenig Material über Sexualität und Beziehungen. Außerdem leben auch viele der Lehrer zölibatär. Im Westen erforschen die Anhänger des Buddhismus jedoch langsam, wie man seine Sexualität und seine Beziehungen mit der spirituellen Reise in Einklang bringen kann.

Was bedeutet es, Verabredungen mit dem Bewußtsein des Buddhas zu treffen? Anstatt des Gefühls, unter Zeitdruck zu stehen, wären wir fasziniert vom Prozeß der Begegnung und des gegenseitigen Kennenlernens. Mitgefühl, Fürsorge und Freundlichkeit gegenüber anderen würde den Zwang ersetzen, »jemanden abzukriegen«. Wir würden außerdem niemals versuchen, einen anderen Menschen zu kontrollieren. Wir würden niemanden auf ein Podest erheben, aber auch auf niemanden herabblikken. Wir würden uns daran erinnern, daß der Sinn jeder Beziehung auf dem spirituellen Pfad darin liegt, aufzuwachen und uns selbst und den geliebten Menschen kennenzulernen, gründlich, ohne ein Urteil zu fällen und ohne Hochmut. Auf dem spirituellen Pfad formen wir eine gemeinsame Einheit, bei der wir einander schätzen und umsorgen und unsere Fähigkeit erweitern, bedingungslos zu lieben. Wir würden dann auch akzeptieren, daß dieser Prozeß linkisch, unvorhersehbar, herausfordernd und überraschend sein kann.

Im Buddhismus gibt es Lehren und Übungen, aber kein strenges Dogma. Man wird ermuntert, all das zu tun, was einem hilft, ein höheres Bewußtsein zu erlangen. Wenn wir uns im buddhistischen Bewußtsein verabreden würden, gäbe es keine unterschiedlichen »Regeln« für Männer und Frauen, weil das Geschlecht der Suchenden keine Rolle spielt. Das heißt nicht, daß keine Unterschiede zwischen männlich und weiblich gemacht werden, doch anstatt die Menschen automatisch in Kategorien einzuordnen, fragen wir immer wieder: »Wer bist du?« Wir lernen die Menschen als Individuen kennen, ohne ihnen Stereotype aufzuzwingen. Im 9. Kapitel werden wir die Vorstellung spiritueller Gleichheit weiter erörtern.

Im Buddhismus geht es um Selbsterkenntnis, um das furchtlose Erforschen all dessen, was wir sind, damit wir unserer eigener Freund werden können. Wer sich im buddhistischen Bewußtsein verabredet, ist bereit, sich allem zu stellen, was in seinem Innern Furcht oder Angst entfacht. Immer wenn wir am liebsten weglaufen, andere täuschen, Lügen erzählen oder eine Maske aufsetzen würden, müssen wir uns mitten in unsere Ängste begeben, uns dort niederlassen und mit diesen Ängsten reden, bis sie unsere Freunde werden. Das bedeutet nicht, daß wir das Ziel haben, diese Ängste loszuwerden; vielmehr akzeptieren wir sie als Teil unserer fortschreitenden Reise.

Wir beginnen unsere Reise damit, daß wir uns immer an eines erinnern: Es gibt einen direkten Zusammenhang zwischen unserer Fähigkeit, einander zu kennen und zu lieben, und unserer Fähigkeit, uns selbst zu kennen und zu lieben. Sofort möchte ich hinzufügen, daß die Liebe zu uns selbst nicht bedeutet, vollkommen zu sein, völlig in Ordnung, total ausgeglichen oder irgendeine andere geläufige Phrase. Es bedeutet, daß wir in unserer Menschlichkeit lebendig sind – annehmend, mitfühlend, amüsiert.

Wenn wir uns mit uns selbst anfreunden und die Forderung aufgeben, daß uns das Universum gefälligst einen Gefährten zur Verfügung stellen solle, dann werden wir wahrhaft offen, um einem besonderen Menschen zu begegnen, mit dem wir diese Reise des Erwachens teilen können.

»Nimm an, du scheuerst deine moralische Haut, bis sie
glänzt,
doch in dir gibt es keine Musik, was dann?
Der Sohn Mohammeds strömt über vor Worten
und weist auf dieses und auf jenes hin,
doch seine Brust ist nicht dunkel vor Liebe,
was dann?
Der Yogi kommt einher in seinem berühmten Orange,
aber wenn er innerlich farblos ist, was dann?«

Kabir

2. Wie Sie sich in spiritueller Weisheit erden können

»Ich bin ein leidenschaftlicher Sucher der Wahrheit, die nur ein anderer Name ist für Gott.«

Gandhi

Wir erden uns spirituell, wenn wir uns für die folgende Aussage engagieren: Mehr als alles andere will ich mich selbst. Ich möchte integer und wahrhaft leben. Ich werde das Juwel der Person, die ich bin, nicht verstecken, und ich werde auch meine Unvollkommenheiten nicht kaschieren. Keine Abmachungen, kein Verdrängen der Realität, keine Selbsttäuschung, keine Lügen. Je mehr wir uns verpflichten, uns selbst kennenzulernen und anzunehmen, desto mehr sind wir in der Lage, uns der Liebe zu einem anderen Menschen hinzugeben, weil wir nichts zu verbergen habe, uns für nichts schämen müssen. Unsere spirituelle Hingabe an Wahrheit und Integrität schafft einen sicheren Hafen in uns selbst – einen Ankerplatz, ein Heim, zu dem wir zurückkehren können, wenn es auf unserer Reise rauh zugeht. Das ist für den Verabredungsprozeß ungeheuer wichtig, denn eine neue Liebe kann unsere primitivsten Gefühle der Angst, Hoffnung, Abhängigkeit und Leere aktivieren. Wenn wir wissen, wie wir unseren Schmerz lindern und uns in unsere Leere entspannen können, werden wir uns nicht davor fürchten, offen und ehrlich zu sein, ungeachtet der Folgen.

Wenn wir der Angst erliegen, fangen wir an, uns zurückzunehmen und diesen allzu bekannten Tanz aus Annäherung und

Rückzug aufzuführen. Wenn wir uns jedoch daran erinnern, daß unser sicherer Hafen von dem Grad unserer Bewußtheit und von unserer Ehrlichkeit abhängt, dann ist es weniger wahrscheinlich, daß wir innerlich Kompromisse eingehen, Masken aufsetzen oder uns wie ein Chamäleon gebärden, um einen Partner anzuziehen oder eine schmerzliche Beziehung aufrechtzuerhalten. Wenn wir in der Wahrheit leben, mag das schmerzen, aber wir ruhen dann immer sicher in uns selbst.

Spirituelle Weisheit transzendiert alle Religionen und spirituellen Traditionen. Ich habe oft gehört, man solle sich eine bestimmte spirituelle Ausrichtung aussuchen und dann dabei bleiben. Ich selbst gehöre zur Gesellschaft der Freunde, besser bekannt als Quäker, wurde als Muridis initiiert – als Schülerin des Sufi-Weges –, praktiziere regelmäßig Yoga, nehme an Workshops zur Quantenpsychologie teil und folge vielen buddhistischen Lehren, einschließlich der Praxis des Tonglin. Außerdem bin ich ausgebildete Reiki-Heilerin der Meisterebene. Das ist mein einziger Weg. Jetzt fragen Sie sich vielleicht: Wie kann sie das als einen Weg bezeichnen?

Bewußtsein ist Bewußtsein, Liebe ist Liebe, Mitgefühl ist Mitgefühl, Rechtschaffenheit ist Rechtschaffenheit. Das erste Gebot des buddhistischen Ordens, den Thich Nhat Hanh gegründet hat, lautet: »Haltet euch nicht abgöttisch an irgendeine Doktrin, Theorie oder Ideologie, auch nicht an die buddhistische.« Die Quelle von Wahrheit und Weisheit ist nicht materiell. Es gibt keine Regeln, keine passenden Schubladen, keinen alleinseligmachenden Weg, nichts Absolutes, wenn es darum geht, sich selbst in der spirituellen Weisheit zu erden. Aus diesem Grund habe ich keine Probleme damit, mich diesen unterschiedlichen spirituellen Wegen verbunden zu fühlen. Sie alle konzentrieren sich auf unsere Erfahrung von Augenblick zu Augenblick, um Akzeptanz, Achtsamkeit, Mitgefühl, Wahrheit und Liebe in jeden Aspekt unseres Lebens zu tragen. Anders ausgedrückt, es geht darum, wie Sie leben, nicht darum, was Sie nach eigener Aussage glauben.

Da dieses Buch in erster Linie aus diesen Traditionen gespeist wird, werde ich Ihnen von jeder ein wenig erzählen, damit auch Sie an deren Weisheit partizipieren. Jede Tradition hat unterschiedliche Ausprägungen, denen ihre Anhänger folgen. Meine Beschreibungen, die eher liberal gehalten sind, können Ihnen helfen, über die spirituelle Weisheit nachzudenken, die Sie bereits besitzen und die Ihrem Herz und Ihrem Verstand einen Ruheplatz bieten.

Der Buddhismus kreist um Mitgefühl, Güte, Wahrheit, Bewußtsein und eine klare Wahrnehmung der Realität. Viele halten den Buddhismus eher für eine Philosophie als für eine Religion. Im Zentrum der Lehre stehen die vier edlen Wahrheiten: Erstens, das Leiden wohnt dem Leben inne. Zweitens, wir erschaffen unser Leiden selbst durch unsere Bindungen und die Forderung, daß die Dinge anders sein mögen, als sie es sind. Wir können Geld, Besitz, Essen, Glaubenssystemen oder anderen Menschen verhaftet sein. Mit anderen Worten, wenn unser Verstand beschäftigt ist mit Lebensentwürfen, Bildern und Phantasien über das, was wir unserer Meinung nach unbedingt haben müssen, dann enden wir frustriert, enttäuscht und unfähig, im Augenblick zu leben und das Leben zu schätzen, wie es ist – wir leiden. Die dritte heilige Wahrheit besagt, daß wir unser Leiden lindern, wenn wir unsere endlosen Forderungen einstellen und das Leben als das, was es ist, annehmen. Die vierte heilige Wahrheit lautet: Wenn wir das Leben so, wie es ist, vollständig akzeptieren und durch die oberflächlichen Sehnsüchte den wahren Kern der Dinge sehen, werden wir in Frieden und Liebe leben.

Zwischen Schmerz und Leiden läßt sich ein wichtiger Unterschied machen. Schmerzliche Situationen wie Verlust, Tod, Unfälle oder Krankheiten gehören zwar zum Leben, aber wir können das Leiden begrenzen, wenn wir sie als Teil des Lebens akzeptieren. Leiden entsteht in hohem Maße durch innere Auflehnung gegen das Leben, von dem wir verlangen, daß es »fair« sein müsse und keine Hindernisse, Herausforderungen oder Krankheiten enthalten dürfe. Sobald wir diese Aspekte des Lebens jedoch akzeptieren, können wir leichter damit umgehen oder nach Lösungen suchen.

Ein weiterer zentraler Aspekt des Buddhismus spiegelt sich in den acht Wegweisern wider, die anzeigen, daß man sich auf dem spirituellen Weg befindet: rechte Erkenntnis, der rechte Entschluß, rechtes Reden, rechtes Handeln, rechtes Leben, rechte Anstrengung, rechte Achtsamkeit und rechte Sammlung. Wie Sie sehen, bietet der Buddhismus einen recht bodenständigen Ansatz, innerhalb dessen das bewußte Leben im Hier und Jetzt von besonderer Bedeutung ist.

Wenn wir hinsichtlich unseres Verhaftetseins oder unserer Forderungen in Beziehungen Achtsamkeit entwickeln – Sätze wie »Du solltest mir dies geben«, »Du sollst jenes tun« oder »Du sollst so und nicht anders sein« sollten uns aufmerken lassen –, haben wir den ersten Schritt getan, um den Griff unseres fordernden Ego zu lockern. Wann immer wir frustriert, gereizt, manipulativ oder fordernd sind, folgen wir dem Wunsch, jemand oder etwas solle anders sein. Wenn wir versuchen, jemanden nach dem Bild zu formen, das wir vor Augen haben, anstatt ihn so kennenzulernen und zu schätzen, wie er ist, schaffen wir Getrenntheit, Frustration und Einsamkeit. Wenn wir unseren Forderungen gegenüber achtsam werden und weniger darauf bestehen, daß alles nach unserem Kopf läuft, fühlen wir uns zunehmend friedlich und in Kontakt mit unserem Mitgefühl und unserer Zärtlichkeit.

Buddhisten sprechen nicht von Gott, vielmehr beziehen sie sich auf den Kern oder die Energie im Innersten aller Menschen und aller Schöpfung. Es gibt kein höchstes Wesen, an das man

23

sich anlehnen könnte oder das einem sagt, was man tun soll. Zuerst mag das beängstigend erscheinen. Aber es verleiht Ihnen bis in die letzte Konsequenz die Verantwortung für Ihr Verhalten. Buddha lehrte die Menschen, in sich selbst Zuflucht zu suchen, in der Wahrheit und in der spirituellen Gemeinschaft (Sangha). Kurz vor seinem Tod wurde Buddha von Ananda, einer geliebten Anhängerin, gebeten, Anweisungen zu hinterlassen, in welcher Weise man den Orden des Sangha unterweisen solle. Buddha merkte, daß Ananda über seinen bevorstehenden Tod traurig und deprimiert war, und in seinem innigen Wunsch, seinen und ihren Schülern Trost und Zuversicht zu spenden, sagte er:

> »*Ananda, wenn es jemanden gibt, der glaubt, den Sangha führen zu wollen und den Sangha von sich abhängig zu machen, dann laß ihn seine Anweisungen niederschreiben ... Darum, Ananda, mache dich selbst zu deiner Insel [Unterstützung], mache dich selbst und niemand anderen zu deiner Zuflucht, mache das Dharma [die Wahrheit / die Lehre] zu deiner Insel, das Dharma zu deiner Zuflucht ...*«
>
> Walpola Rahula, in: »Was der Buddha lehrt«

Buddha lehrte, daß wir in uns selbst Zuflucht finden können – durch Achtsamkeit gegenüber den Gedanken, den Körperempfindungen und dem Verhaftetsein. Das sollte nicht mit Egozentrik verwechselt werden, es geht vielmehr um Selbsterkenntnis: Wir haben Zugang zu allem Wissen, das wir benötigen, und sind allen Lebewesen durch die Liebe verbunden. Eines der Schlüsselelemente des Buddhismus, das für Beziehungen von entscheidender Bedeutung ist, besteht in der Erkenntnis, daß wir unserem Bild davon, wie Situationen oder Menschen sein sollten, verhaftet sind. Allzu oft versuchen wir, die Menschen so zu formen, wie wir sie haben wollen, anstatt sie so zu respektieren, wie sie sind.

Ein weiterer Aspekt des Buddhismus, der uns auf dem Weg einer spirituellen Form von Beziehungen helfen kann, ist die Vorstellung der Unbeständigkeit. Alles verändert sich ständig – unsere Gedanken, Zellen, Hormone, Bewußtheit, Beziehungen, unser Haaransatz und die Landschaft um uns herum. Anstatt zu versuchen, den gegenwärtigen Augenblick einzufrieren und uns an ihn zu klammern, müssen wir uns daran erinnern, daß das Leben ein Prozeß des ununterbrochenen Loslassens ist. Das Ego verlangt nach verläßlichen Ritualen und nach Menschen, die immer gleich bleiben. Aber frei zu sein heißt, daß wir diese Berührung, diesen Kuß, diesen Sonnenaufgang genießen und dann loslassen. Manchmal heißt es auch, man solle den Boden unter seinen Füßen nicht zu fest werden lassen, nicht nach Sicherheit oder Vorhersehbarkeit greifen.

Ein weiterer Aspekt des Buddhismus besteht darin, ein furchtloses, ungebundenes Mitgefühl für unser eigenes Leiden und das anderer zu entwickeln. Wie Sie noch sehen werden, sprechen wir in diesem Buch oft davon, Frieden zu schließen mit allem, wer Sie sind, weil alles heilig ist, alles ist Teil Ihrer Buddha-Natur – Ihre Angst, Ihre Trauer, Ihre Wut, Ihre Verwirrung, Ihre Schönheit. Wenn wir diese Teile von uns selbst kennenlernen und akzeptieren, haben sie nicht länger Macht über uns. Sie sind einfach nur Teil des Lebens.

Eine der zentralen Übungen im Buddhismus ist die Meditation, mit deren Hilfe wir unseren inneren Prozeß deutlich wahrnehmen können. Dadurch identifizieren wir uns nicht länger mit den endlosen Gedanken, die uns durch den Kopf gehen. Allen östlichen Traditionen ist die Erkenntnis gemeinsam, daß wir nicht unser Verstand, unsere Gedanken, unser Aussehen oder unsere Persönlichkeit sind. Wir sind Essenz, Geist oder Energie. An anderer Stelle, nämlich in Kapitel 31, werde ich die Tonglin-Meditationspraxis beschreiben, die uns eine wirkungsvolle Möglichkeit bietet, um unser Verhaftetsein an unsere Gedanken zu lockern und neuen Raum in Körper und Geist zu schaffen.

Den Sufismus könnte man als Weg zur Liebe oder zur Öffnung des Herzens beschreiben.* Während im Mittelpunkt des Buddhismus die Erkenntnis liegt, daß Sie mit allem, was existiert, verbunden sind, konzentriert sich der Sufismus mehr darauf, Sie als den Menschen Kontur gewinnen zu lassen, der Sie sind. Dennoch leugnet man nicht die Bedeutung des anderen; es ist eher eine Frage der Gewichtung. Der Sufismus stammt aus dem Nahen Osten und ist daher individualistischer als der Buddhismus, der aus dem Fernen Osten stammt, wo der Schwerpunkt mehr auf dem Kollektiv liegt als auf dem Individuum. Obwohl der Sufismus der muslimischen Tradition entstammt, identifizieren sich viel Sufis im Westen nicht mit dem Islam. Das Wesen des Sufismus besteht in der Integration des spirituellen Erbes aller Propheten und aller Religionen. Ebenso wie die Suche nach der eigenen Buddha-Natur nicht in Konflikt mit anderen Religionen steht, kann man an Sufi-Praktiken teilnehmen, ohne dem Islam zugehörig zu sein.

Beim Sufismus geht es darum, sich mit der eigenen Intuition zu verbinden, damit wir uns auf die höchste Schwingung im Universum einstellen können, die Schwingung der reinen Liebe. Es geht darum, sich im mystischen Herzen zu vereinen. Sufis beziehen sich auf einen Gott, der die ganze Natur und alle fühlenden Wesen umfaßt. Einer der heiligsten Sätze im Sufismus lautet »Iskh Allah Mabud Lillah« – »Gott ist Liebe, Liebhaber und Geliebter«. Einander zu lieben heißt, Gott zu lieben, und Gott zu lieben heißt, einander zu lieben – es gibt keine Trennung. Ein weiterer Satz lautet »La illa ha il Allah« – »Es gibt keine Wirklichkeit

---

* Diese Beschreibung des Sufismus stammt aus meinen Gesprächen mit Shahir, Darvesha und Qahira, allesamt Sufi-Lehrerinnen.

als die eine oder als Gott«. Diese Vorstellung liegt auch im Zentrum des Buddhismus.

Musik und Bewegung waren immer schon Teil der Sufi-Praktiken, zusammen mit zahlreichen Atemübungen und Meditationen. Die Tänze des universellen Friedens entstammen der Sufi-Tradition. Der Zikr, ein Gesang, der im Mittelpunkt der Sufi-Praxis steht, basiert auf den Worten »La illa ha il Allah«, und wenn man ihn als Gruppenübung durchführt, soll er erlebbar machen, daß wir alle ein Klang sind, eine Schwingung aus Energie. Letztendlich wird der Zikr getanzt, um das Ego aufzulösen und uns zu erlauben, die Gelassenheit, den Frieden und Sicherheit des Einen zu spüren.

Die Beziehung zwischen Lehrer und Schüler beruht auf gegenseitiger Einstimmung, Freundschaft und Liebe. Der Lehrer stimmt sich auf das ein, was der Schüler in diesem Augenblick braucht. Als mir beispielsweise Shahir, meine Lehrerin, eines Tages einige Atemübungen zeigte, hielt sie plötzlich inne und fragte: »Wie verkraftest Du den Verlust deines Freundes?« Ich wäre beinahe in Tränen ausgebrochen, denn genau darüber wollte ich eigentlich reden. Gleichermaßen stimmt sich der Schüler auf den Lehrer ein und auf die spirituelle Übung, die gerade am besten funktioniert. Der Sufismus hilft ebenso wie der Buddhismus, die innere Quelle der Weisheit zu finden, die uns befähigt, anderen wahrhaft zu helfen.

»Der Sufismus legt großen Wert auf den Dienst an anderen. Je mehr Übungen man durchführt, desto fähiger wird man, die Verantwortung für jene Seelen zu übernehmen, die mitten in der Nacht an die Tür klopfen. Das Erlangen eines höheren Bewußtseins und eines offenen Herzens ist weniger ein Verdienst als eine Verantwortung. Wenn man mit Atemarbeit oder Klangübungen beginnt, dann bringt man

27

damit zum Ausdruck: »Ich bin bereit, mich auf eine höhere Ebene des Dienens zu begeben. Ich bin bereit, das falsche Ego aufzulösen, welches die Illusion erschafft, wir seien getrennt, damit ich die Arbeit der Seele tun kann.« Wenn Sie in der Lage sind, den Geist in sich zu hören – Ihre Verbindung mit dem Einen –, dann werden Sie wissen, was genau Sie zu tun haben.«

Qahira, Sufi-Lehrer

Sufi-Versammlungen sind häufig festlich und farbenfreudig. Es wird gesungen und gechantet, und es gibt verschiedene Kreistänze, die auf Texten aus allen religiösen Traditionen basieren. Die Frauen tragen oft buntbedruckte indische Röcke oder wickeln sich Tücher um die Hüfte, und einige der Männer tragen farbenfrohe, nichtwestliche Kleidung. Obwohl es bei vielen spirituellen Lehrgesprächen darum geht, durch Disziplin, Askese oder Leiden zu wachsen, erinnert uns der Sufismus daran, daß zu den spirituellen Übungen zur Öffnung unseres Herzens auch Schönheit, Freude und Festlichkeit gehören können.

Der Glaube der Quäker wurzelt im Christentum, obwohl viele Quäker und deren Gäste sich nicht als Christen betrachten. Für die Quäker ist vor allem die Wahrheit heilig – mehr als Bücher, Lehren, Rituale oder Übungen. Wie alle anderen mystischen Traditionen konzentriert sich auch das Quäkertum auf die aktive Erfahrung von Liebe, Verbundenheit und Geist, nicht auf ein Dogma oder auf Symbole.

Die Quäker sprechen davon, zu etwas »geführt« oder »gerufen« zu werden. Die Hingabe an sich selbst als Quäker bedeutet, auf die innere Führung zu hören und den Mut zu haben, ihr zu folgen. Bei einem Quäker-Treffen sitzen die Freunde still im Kreis. Wenn jemand das Gefühl hat, vom Geist dazu bewegt zu werden, aufzustehen und etwas zu sagen, dann tut er es; ansonsten bleibt man still. (Von dieser Praxis könnten so gut wie alle Beziehungen profitieren.) Der herkömmliche Quäker-Gottesdienst kennt kein Dogma, keine Heiligenbilder, keine Geistlichen und keine heiligen Texte. Man geht davon aus, daß jeder direkten Zugang zum Geist beziehungsweise zu Gott hat. Es herrscht Freiheit von jeglichem spirituellen Materialismus, und der Schwerpunkt liegt auf Dienst, Stille und Einfachheit. In dieser Beziehung ähneln sich das Quäkertum und der Buddhismus.

Neben den mystischen Aspekten ihrer spirituellen Übungen haben die Quäker seit jeher gesellschaftlichen Aktivismus betrieben. Sie glauben, daß wir unseren Glauben erden, indem wir uns gegen Unterdrückung und Ungerechtigkeit auflehnen und jenen Menschen dienen, die leiden. Der häufig zitierte Satz »Sag den Mächtigen die Wahrheit« dient als nachdrückliche Erinnerung an unsere Verantwortung, gegen Ungerechtigkeit oder Unterdrückung das Wort zu erheben, selbst wenn wir damit der einsame Rufer in der Wüste sind.

Für jedes Quäker-Treffen gibt es ein besonderes Komitee, dessen Aufgabe darin besteht, sich auf den spirituellen Aspekt des Treffens einzustimmen und es wachsen und gedeihen zu lassen. Das ähnelt den Sufi-Lehrern, die sich auf ihre Schüler einstimmen. Alle Treffen, einschließlich Geschäftskonferenzen, Hochzeiten und Trauerfeiern, werden als Möglichkeit zur Gottesverehrung gesehen, was bedeutet, daß wir Nachdenklichkeit und Verehrung in alles einbringen, was wir tun.

Eine weitere Form gegenseitiger Hilfe sind spezielle Komitees, die den Gläubigen helfen, bei Entscheidungen zu Klarheit zu gelangen, beispielsweise in Fragen der Arbeit, der Beziehung oder spiritueller Fragen. Für Quäker ist innere Klarheit der Prüfstein dafür, ob man die Wahrheit über eine gegebene Situation gefunden hat.

Bei den Quäkern gibt es ein Sprichwort: »Spaziere fröhlich über die Erde und schaue [oder antworte auf] Gott in jedem.« Die Buddhisten lehren uns, den leuchtenden Kern in jedem Menschen zu sehen. Die Sufis sprechen davon, daß alle Menschen im mystischen Herzen Gottes leben. Das ist dieselbe Botschaft, nur in unterschiedlichen Worten. In welcher Form auch immer Sie es hören, denken Sie daran, daß Stille, Übung, die Bereitschaft zur Innenschau und das Ende der Identifikation mit dem Kommen und Gehen der Gedanken Sie auf dem spirituellen Weg erden werden. Wenn Sie Ihre Hingabe an die Selbsterkenntnis und an die Freundschaft mit all Ihren Aspekten vertiefen, werden Erbarmen und Mitgefühl ganz natürlich entstehen, denn Sie leben nun aus Ihrem Kern heraus. Das wiederum macht Sie frei, Liebe zu geben und zu empfangen.

Welcher Praxis Sie sich auch bedienen, letztendlich wird Ihre Hingabe daran die Wirkung ausmachen. Sie können einen Chant anstimmen oder beten, sich in der Meditation dissoziieren oder Ihr Wissen deklamieren, um andere Leute zu beeindrucken, oder Sie können jedem Augenblick Ihres Lebens mit Bewußtheit und Mitgefühl begegnen.

Pema Chodron schreibt in »Start Where You Are«: »Was Sie für sich selbst tun – jede Geste der Freundlichkeit, jede Geste der Sanftheit, jede Geste der Ehrlichkeit und des klaren Durchblicks in Ihr Inneres –, beeinflußt, wie Sie Ihre Welt erleben. Ja, es wird sogar die Erfahrungen beeinflussen, die Sie in der Welt machen. Was Sie für sich selbst tun, tun Sie für andere, und was Sie für andere tun, tun Sie für sich.«

3. Was steht hinter der Sehnsucht nach einer intimen Beziehung?

*»Ich wünsche mir Musik und Morgenrot und die Wärme
deiner Wange an der meinen.«*

Rumi

Sie wünschen sich einen Gefährten. Das könnte herrlich sein – eine Zuflucht zu haben, einen Helfer für Sie und Ihre Reise. Vielleicht wünschen wir uns einen Menschen, der an unserer Seite geht, und wir können durch konzertierte Aktionen jemand suchen, ohne dabei von unserem Weg abzukommen. Das erfordert die spirituelle Sehnsucht, sich zu verbinden, unsere Grenzen einzureißen und die Liebe zu spüren – als den Geist des Universums, das zwischen uns strömt.

*»Ich trage einen durstigen Fisch in mir,
der nie genug bekommen kann
von dem, wonach ihm dürstet!
Laß mein Haus in den Fluten untergehen,
die sich letzte Nacht aus meinem Herzen ergossen.«*

Rumi

Der Sufi-Dichter Rumi verflechtet unsere Sehnsucht nach menschlicher Liebe mit unserem Durst nach dem Göttlichen. Die ausdrucksstarken Bilder, einen durstigen Fisch in sich zu tragen oder in den Fluten unterzugehen, kann man als Glücksgefühl und als

Hingabe an einen Geliebten deuten. Sie werden zu ein und dem-selben. Wenn wir unser Ego und unsere Forderungen vollkommen loslassen, und sei es nur für einen Augenblick, schmecken wir die Süße der Liebe. Die Zeile »Der Fisch im Wasser ist nicht durstig« aus den Tänzen des universellen Friedens deutet an, daß wir alle nach dem dürsten, was uns umgibt, wir müssen uns nur für die unbegrenzte Liebe öffnen, die uns zur Verfügung steht, wenn unser Herz dafür offen ist.

Unsere Sehnsucht nach Verbindung ist für die menschliche Existenz ganz natürlich. Wir Menschen gehören alle zum gleichen Stamm, und unsere Gesundheit, unsere Freude und unser Glück sind eng miteinander verwoben, so daß wir miteinander und mit dem Geist verschmelzen. Die Sehnsucht nach einem Geliebten ist ein Ausdruck für das Verlangen, unser Herz zu wecken, um die Liebe kennenzulernen.

Manchmal wird jedoch unsere Sehnsucht nach einem Gefähr-ten zu einer Fixierung, die zu Leiden führt. Die meisten gängigen Musiktitel sind voll mit dem vertrauten Thema der Verzweiflung: »Du bist alles für mich« oder »Ohne dich kann ich nicht leben«. Wer schon einmal einen Partner verloren hat, kennt diesen gewal-tigen Schmerz im Innern, wenn wir uns dieser Leere stellen. Wir hatten unserem besonderen Freund die Macht über unser Glück und Unglück gegeben, und nun leiden wir, weil wir vergessen ha-ben, daß Geist in uns und um uns herum ist. Niemand kann »uns glücklich machen«. Wenn Sie akzeptieren, daß Ihre Sehnsucht nach einem Geliebten nur Ihr Wunsch ist, Ihr rigides Ego zu durchbrechen und frei zu sein, können Sie mit Bewußtsein Ihre Reise antreten.

> *»Zeigt mir den Weg zum Ozean!*
> *Zerschlagt alle Halbherzigkeiten!«*

Rumi

Als unerschrockener Reisender auf dem Weg zur Liebe öffnen Sie sich allem, was Ihnen begegnet – Schmerz, Angst, Bedürftigkeit, Freude, Glückseligkeit. Laden Sie alles ein, beobachten Sie es, schließen Sie Freundschaft, und lassen Sie wieder los. Der Vorsatz, mit wachem Bewußtsein voranzugehen, wird Sie befreien von allem, was sie zurückhält, und Ihnen ermöglichen, daß der lebendige Atmen des Geistes durch Sie hindurchfegt, sinnlich spürbar und lebendig.

Wenn Sie nur Zuflucht, Sicherheit und Bequemlichkeit suchen, sperren Sie Ihre Beziehung ein, und die Vitalität wird schwinden. Krishnamurti, der bekannte spirituelle Lehrer und Autor zahlreicher Bücher, schrieb: »Wenn es in einer Beziehung keine Spannung gibt [will heißen, keine Vertiefung des Wissens über sich und den anderen], hört sie auf, eine Beziehung zu sein, und wird zu nichts weiter als einem bequemen Schlafzustand, einem Opiat – was die meisten Menschen wollen und vorziehen.«

Unsere Sehnsucht verkörpert gleichzeitig unser Verlangen, völlig verstanden zu werden. Stellen Sie sich vor, wie der Mensch, den Sie lieben, zärtlich in Ihre Augen blickt, all Ihre Geheimnisse kennt, Sie zickig und süß gesehen hat, selbstsüchtig und großzügig, und Sie dennoch wahrhaft liebt. Stellen Sie sich vor, Sie könnten dasselbe tun. Das ist das Potential einer bewußten Beziehung.

Unser Ego kämpft möglicherweise gegen diese Erforschung an, weil es sich an die liebgewonnenen Überzeugungen klammern will, wer wir sind, was richtig ist und was wir brauchen. Wir bewegen uns auf die Liebe zu, und plötzlich errichtet unser Ego eine Mauer: Gefahr, nicht näher kommen. Das Ego fürchtet die Unterwerfung. Unsere Seele sehnt sich jedoch danach, daß wir unsere Schale aufbrechen, in den Ozean springen und für uns und andere nackt werden. Wenn wir das tun, werden wir frei und können alles, was ist, in uns erfahren: die Macht unserer Sexualität und Leidenschaft, Kreativität, Großzügigkeit und Zärtlichkeit, aber auch jene Teile von uns, die winseln, sich fürchten, abhängig sind, kontrollieren, leer, gewalttätig oder bedürftig sind – ganz zu schweigen von den Teilen in uns, die neue Tiefen der Hinterlist und Manipulation ausloten.

Obwohl unser Verstand diese Eigenschaften in gut und böse unterteilt, sind sie keines von beiden – sie spiegeln einfach Aspekte unserer Menschlichkeit wider. Im Buddhismus wird kein Urteil darüber gefällt, wo Sie sich auf Ihrem Weg befinden. Die Freuden und die Hindernisse spiegeln einfach Ihren momentanen Bewußtseinszustand wider. Wenn Sie sich aufregen, Angst haben oder von irgend etwas besessen sind, dann ist das nicht schlecht, es ist eine Botschaft. Manchmal ist es ein Schrei von innen, der sagt »Nimm mich wahr, höre auf, dich vor mir zu verstecken, ich brauche deine Aufmerksamkeit«. Wenn Sie Ihrer Innenwelt fasziniert und neugierig gegenüberstehen, bringen Sie in jeder Minute Bewußtheit über Ihre eigenen Urteile, Reaktionen, Ängste und Ihren Schmerz ein – ohne Scham und ohne zu sagen »Ich sollte nicht so fühlen«. Sie fühlen, was Sie fühlen, Sie denken, was Sie denken. Anstatt den Strom dieser Gedanken und Gefühle aufzuhalten, seien Sie einfach bei Ihnen, beobachten Sie sie, erforschen Sie ihre Ursprünge. Sie sind Ihre Lehrer. Jede Transformation beginnt durch Bewußtheit.

4. Bleiben Sie Ihrer Reise treu

*»Euer tägliches Leben ist euer Tempel und eure Religion.
Wann immer ihr ihn betretet, nehmt alles mit, was ihr
habt.«*

Kahlil Gibran, in: »Der Prophet«

Sie sind einzigartig auf der ganzen Welt. Sie haben Gaben, Talente, Stärken und die Fähigkeit zu einer großen Bandbreite an Emotionen. So wie wir Frühling, Sommer, Herbst und Winter kennen, so wie Meere Ebbe und Flut unterliegen, so wie der Mond zu- und wieder abnimmt, so verfügen Sie über eine Innenwelt, die flüchtig ist und sich wandelt. Sie haben ein großes Potential, um Liebe und Haß zu fühlen, Freude und Trauer, Zärtlichkeit und Leidenschaft. Auf Ihrer Reise lernen Sie sich selbst kennen.

Ihrer Reise treu zu bleiben bedeutet, daß Sie sich nie selbst im Stich lassen, indem Sie Kompromisse hinsichtlich Ihrer Integrität machen, Ihre Intuition verwerfen oder die Signale, die Ihr Körper Ihnen gibt, übergehen: der Knoten im Bauch, die emotionale Distanz oder der Energieverlust, der signalisiert, daß etwas nicht stimmt. Sie werden erkennen, wann Sie »an Ihre Grenzen stoßen«, nämlich dann, wenn Sie das Gefühl haben, mit dem Rücken an der Wand zu stehen, oder Angst haben, zu sehen, was Sie sehen, zu wissen, was Sie wissen oder zu fühlen, was Sie fühlen. Wenn Menschen an Ihre Grenzen stoßen, laufen Sie normalerweise davon, indem sie taub werden, sich innerlich distanzieren, das Thema wechseln, zum Gegenangriff übergehen, zuviel essen oder trinken oder anderen die Schuld zuweisen.

Wir können an unsere Grenzen stoßen, wenn uns jemand verletzt oder wenn jemand uns mehr liebt, als wir uns selbst lieben. Manchen Menschen fällt es schwerer, sich das Herz von der Liebe durchbohren zu lassen, als in chaotischen, schmerzlichen Beziehungen zu leben. Ich erinnere mich, daß ein sehr lieber junger Mann namens Eddie mir den Hof machte, als ich noch ein Teenager war. Ich mochte ihn, war gern mit ihm zusammen, aber eines Tages erstarrte ich einfach und konnte nicht mehr mit ihm sprechen. Viele Jahre später verstand ich, daß ich fürchtete, seine Liebe würde mein Herz durchdringen und eine Flut an vergrabenem Kummer und Schmerz auslösen. Es war weniger bedrohlich, sich mit Jungs zu verabreden, die mich emotional aushungerten.

Ihrer Reise treu zu bleiben heißt, sich um sich selbst zu kümmern und daran zu denken, daß Sie in Ihrem Zentrum ein leuchtendes Wesen sind, das zu Mitgefühl und Liebe fähig ist. Buddhisten verwenden viele Bilder, um die innere Vollkommenheit zu beschreiben: die Sonne hinter den Wolken, ein Topf Gold tief im Erdboden, ein Juwel, das im Schmutz am Straßenrand vergraben liegt. Mit Hilfe des Juwel-Bildes können wir uns ins Bewußtsein rufen, daß der kostbare Stein schön, strahlend und funkelnd ist, aber solange er nicht ausgegraben und der Schmutz abgewaschen wird, kann er weder funkeln noch geschätzt werden. Die meisten von uns haben viele Schichten über dem Juwel in ihrem Innern aufgehäuft – die falschen Überzeugungen und Masken, die unsere Verbindung zu unserer perfekten Essenz blockieren.

Stephen Wolinsky schreibt in seinem Buch »Das Tao des Chaos«, daß wir alle das Leben als essentielle Wesen beginnen – absolut spontan und frei, ohne Erinnerungen und Assoziationen: »Die Schönheit der Neugeborenen liegt in ihrer Spontaneität und wie sie einfach sie selbst sind – bevor sie konditioniert und programmiert werden und man ihnen beibringt, wie man schaut, wie man sein soll, wie man sich benimmt, wie man handelt, wie man phantasiert, wie man sich fühlt und wie man denkt ... Wenn das Kleinkind wächst und der Körper sich entwickelt, bildet sich um die Essenz eine Gruppe von Identitäten und daher eine Persönlichkeit.« Wir lernen, der Mutter zu Gefallen zu sein, zu lächeln, um Freunde zu finden, gute Noten zu bekommen und endlos viele Anpassungen vorzunehmen, um aufzufallen und geliebt zu werden. Schließlich verlieren wir den Kontakt zu unserer Essenz und fürchten sie sogar. Wolinsky schreibt weiter: »Wenn eine Identität diese Leere betritt und die Leere zuläßt, entstehen vor ihr Bilder von Auslöschung, Nicht-Existenz oder Tod. Diese innere Leere ist die innere Essenz, die wir alle suchen und die wesentliche Eigenschaften wie Liebe, Frieden, Macht, Unverletzlichkeit und so weiter enthält, die dem Wesen der Essenz innewohnen.«

Auf einem Workshop stellte Stephen Wolinsky die folgende Frage, um den Anwesenden zu helfen, ihre Essenz zu spüren: »Was ist Liebe – ohne Verstand, Erinnerung oder Assoziationen?« Zu dieser Frage fiel mir absolut nichts ein, denn ohne Verstand, Erinnerung oder Assoziationen gibt es nur Essenz.

Ihrer Reise gegenüber loyal zu bleiben bedeutet, die Identitäten zu erkennen, die wir angenommen haben, um zu überleben und anderen zu Gefallen zu sein. Wir müssen sie zuerst anerkennen und uns dann klarmachen, daß es sich bei ihnen nur um eine Abschirmung unseres essentiellen Wesens handelt. Es sind die Stimmen, die sagen: »Vorsicht, komm mir nicht zu nahe, du kannst niemandem vertrauen, wer braucht schon Liebe?« Auf diese Weise haben wir uns als Kinder selbst geschützt. Wir sind jedoch keine Kinder mehr. Wir können jetzt über unsere kindliche Vorstellung von Sicherheit hinaussehen. Wenn diese Identitäten loslassen und nicht länger glauben, sie seien real, sind wir frei und vermögen, mit dem Herzen des geliebten Menschen zu pulsieren – zu berühren, zu geben, zu empfangen, uns zu verbinden.

> *»Der spirituelle Weg vernichtet den Körper und baut ihn danach gesund wieder auf. Er zerstört das Haus, um den Schatz zu finden, und mit diesem Schatz baut er es schöner wieder auf als je zuvor.«*
>
> Rumi

Unserer Reise treu zu bleiben heißt, den Rhythmus, den Klang und den Puls unserer Essenz, unserer Innenwelt zu kennen – das Lied, das uns ganz allein gehört. Wenn zwei Menschen den Reichtum ihrer inneren Musik einander nahebringen, ermöglichen sie eine neue Komposition, einen Kontrapunkt, Harmonie, Stimmen, die zusammenfließen, und sie schaffen ein magisches Musikstück. Sind wir von der Musik unserer Essenz entfremdet und versuchen, Glück im Lied eines anderen zu finden, gibt es Abhängigkeit und eine Beziehung ohne Harmonie.

Wenn Sie planen, auf dem spirituellen Weg eine Beziehung einzugehen, dann sollten Sie über die folgenden Fragen nachdenken:

- Welche Gedanken und Überzeugungen (die falschen Identitäten) engen Ihr Leben ein?
- Wie sehen Ihre Fluchtversuche aus, wenn Sie an Ihre Grenzen stoßen?
- Was würde Ihnen helfen, nicht länger wegzulaufen, sondern stillzusitzen, wenn Sie an Ihre Grenzen stoßen?
- Was würde Ihnen den Mut verleihen, in sich zu schauen, Ihre Überzeugungen zu hinterfragen und mit Ihrer Angst, Ihrer Verwirrung und Ihrem Unbehagen zu leben?

Vielleicht müssen Sie sich diese Fragen oft stellen und in die Stille lauschen, um die Antwort zu hören. Möglicherweise hören Sie auch Ihr Ego, das indigniert fragt: »Wie kannst du es wagen, meine Gedanken, meine Persönlichkeit, meine Überzeugungen in Frage zu stellen?« Aber geben Sie nicht nach.

Indem Sie Ihre Illusionen zerschlagen, können Sie das Juwel finden, das Sie sind. Der spirituelle Weg ist ein Prozeß, bei dem wir uns nicht verändern oder verschleiern, sondern unsere Masken abnehmen. Unsere Aufgabe besteht darin, durchzubrechen und Schicht um Schicht der Persona abzutragen, die wir uns zugelegt haben, um uns von den falschen Grundüberzeugungen zu schützen, die unseren Schmerz, unsere Verluste und unsere Einsamkeit überdecken.

Wir fangen damit an, daß wir uns unserer Masken bewußt werden, neugierig auf ihren Zweck, amüsiert von ihrer Cleverness, und doch immer gewahr, daß Masken nichts als Masken sind – sie können nicht lieben. Wir können uns dieser Schichten auf tausenderlei Weise entledigen, beispielsweise wenn wir mit liebevollem Blick sagen: »Mir liegt an dir«, wenn wir nicht länger prahlen, sondern zugeben: »Ich fürchte, ich fühle mich gerade inkompetent«, oder wenn wir leise zu dem Menschen, den wir lieben, sagen: »Ich habe Angst. Willst du mit mir zusammen diese Angst aushalten?«. Aber vor allem müssen wir erkennen, daß unsere Ängste aus uns selbst kommen, und dürfen sie nicht länger dem Wetter, den Sternen oder einem anderen Menschen zuschreiben.

Wenn Sie Ihre Maske fallenlassen, laden Sie andere ein, dasselbe zu tun. Einige Menschen werden dieser Einladung folgen, andere laufen davon – weil ihnen ihre eigenen Schichten plötzlich überdeutlich bewußt werden. Sie gehen weg, und das beschert Ihnen noch mehr Einsamkeit. Aber denken Sie daran: Wenn Sie Liebe und Freundschaft wollen, wenn Sie Schönheit kennenlernen wollen, dann müssen Sie ohne Masken auf dem Weg wandeln.

Ihrer Reise treu zu bleiben bedeutet, integer zu leben, selbst wenn es weh tut. Wenn wir einem Menschen begegnen und wissen, er paßt einfach nicht zu uns, dann bleiben wir nicht aus Bequemlichkeit bei ihm, während wir darauf warten, daß jemand Besseres des Weges kommt. Wir fügen weder uns noch anderen Schaden zu, indem wir überstürzt unser Leben aufgeben, während wir blind auf eine Illusion zulaufen.

Wir müssen uns unseres inneren Schwindlers bewußt sein – dem Ego in seinen vielen Verkleidungen, das uns in den Schlaf wiegt. Unser Schwindler ist der innere Betrüger – er rationalisiert, erfindet Entschuldigungen, drängt uns fort, träumt vom Märchenprinz, denkt, keiner sei gut genug, oder läßt uns glauben, wir könnten jemand finden, der sich um uns kümmert, uns erlaubt, alles zu tun, was wir wollen, und uns dabei die Verantwortung abnimmt. Manchmal setzt unser Schwindler die Maske eines Weisen oder eines Lehrers auf, voller guter Ratschläge für andere, um uns von unseren eigenen Unsicherheiten und Ängsten abzulenken. Denken Sie daran: Die Schwindlernummer ist nur eine Schutzschicht für unsere Angst. Es ist die Mauer, die uns von unserer Essenz abhält. Auf dem spirituellen Weg müssen wir zu einem sanften Krieger werden – neugierig, gütig und mit wachem Blick auf unsere eigenen Betrügereien –, der uns zuflüstert: »Wach auf.«

5. Achten Sie darauf, was Sie sich selbst erzählen

Die Ursache für schwierige Beziehungen und die Angst vor Verabredungen oder der Liebe zu sich selbst liegt in den Geschichten, die wir uns selbst erzählen. Wir erlebten einen problematischen Vorfall, hatten eine emotionale Reaktion und schufen dann eine Geschichte, um die Sache zu erklären oder unseren Schmerz zu lindern. Im Laufe der Zeit wiederholen wir diese Geschichte, bis sie ein Eigenleben annimmt und zu einem Drehbuch wird, dem wir blind folgen. Laura liebte als junges Mädchen den Geigenunterricht, fand ihn jedoch schwierig. Als sie eines Tages mit einem bestimmten Stück kämpfte, wurde ihr Lehrer frustriert und rief: »Du bist total unmusikalisch.« Von da an scheute Laura vor allem zurück, was mit Musik zu tun hatte. Sie sang nicht, tanzte nicht und spielte auch kein Instrument. Die Geschichte »Du bist total unmusikalisch« war so beherrschend, daß sie in ihrem Kopf zu Zement wurde. Sie sang nicht einmal »Happy Birthday« auf Geburtstagspartys und war vor Angst wie gelähmt, wenn man sie bat, bei Schulfesten an einfachen Volkstänzen teilzunehmen.

Viele Jahre später traf sie einen Mann, der es liebte, zu tanzen. Eines Abends lud er sie ein, ihn zu einem örtlichen Tanzclub zu begleiten. »Nein, ich kann nicht tanzen!« erklärte sie vehement und verspürte dabei intensive Furcht. »He, ich wollte dir keine Angst einjagen«, entgegnete er, als er ihre Panik sah. »Wer hat dir gesagt, daß du nicht tanzen kannst?«

Sie erzählte ihm von ihrer Geigengeschichte und dem Glauben, daß sie kein Talent habe. Er lächelte. »Das heißt aber noch lange nicht, daß das auch stimmt.« Seine Bemerkung war wie ein Laserstrahl aus Licht, der ihre rigide Überzeugung zerschmetterte. Mit seiner Hilfe und viel Geduld war sie allmählich bereit, ein paar einfache Tanzschritte zu lernen. Als sie entdeckte, daß sie nicht nur tanzen lernen konnte, sondern das auch genoß, wurde ihr klar, daß sie ihr Leben drastisch eingeschränkt hatte wegen einer Geschichte, die sie infolge einer einzigen harten, gefühllosen Bemerkung vor langer Zeit erfunden hatte.

Wir alle erfinden Geschichten, die darauf basieren, wie unsere Eltern, die Kirche und die Lehrer uns behandelt haben. Diese Überzeugungen verfestigen sich im limbischen System des Gehirns, und wir glauben so fest daran, als ob es sich um absolute Wahrheiten handeln würde und nicht um Vorstellungen, die uns eingetrichtert wurden. Sie werden zu Reflexreaktionen, die wir scheinbar nicht kontrollieren können. Wir organisieren unsere Erfahrungen um diese falschen Überzeugungen herum, und sie werden zu einem Filter, durch den wir Menschen und Situationen interpretieren und darauf reagieren. Wenn wir von dem Satz »Ich werde immer verlassen« überzeugt sind, dann schaffen wir Situationen, in denen wir verlassen werden, und achten gar nicht darauf, wenn sich manche Menschen als loyale Freunde erweisen. Unsere Aufgabe auf dem spirituellen Weg besteht nun darin, nicht länger dieselben alten Geschichten zu wiederholen, und zu erkennen, daß wir immer nur die Menschen in unser Leben lassen, die unsere Geschichten untermauern.

Obwohl wir als Individuen viele Persönlichkeitszüge aufweisen können, gibt es laut dem Enneagramm, das auf uralten Sufi-Lehren basiert, neun grundlegende Persönlichkeitstypen. Jeder Mensch entspricht vorwiegend einem bestimmten Typus, auch wenn wir für gewöhnlich einige Züge der anderen Typen besitzen. Laut Kathleen Hurley, Autorin von »My Best Self«,* liegt jedem Persönlichkeitstypus »eine unbewußte Motivation zugrunde, die [uns] dazu bringt, auf das Leben auf eine Weise zu reagieren, die so konsistent ist, daß sie zur Triebfeder für die Gestaltung [unseres] Lebens wird«. Es gibt viele Interpretationen des Enneagramms und der neun Persönlichkeitstypen. Ich halte die von Stephen Wolinsky für besonders nützlich. Er bezieht sich auf falsche Grundüberzeugungen und falsche Grundtriebe, die den neuen Persönlichkeitstypen zugrunde liegen. Diese falschen Grundüberzeugungen spiegeln die Schlußfolgerungen über uns selbst wider, die wir infolge unserer frühen Kindheitstraumata oder -erfahrungen gezogen haben. Wolinsky zeigt neun falsche Grundüberzeugungen auf, die den neun Persöhnlichkeitstypen des Enneagramms entsprechen. Unsere falsche Grundüberzeugung übt einen ungeheuren Einfluß darauf aus, wie wir auf Situationen reagieren und zu wem wir uns freundschaftlich oder in Liebe hingezogen fühlen. Wenn wir diese falschen Grundüberzeugungen loslassen oder uns weniger mit ihnen identifizieren, erlangen wir die Freiheit, unserem Wesenskern entsprechend zu leben. Vergleichen Sie, ob eine der folgenden Aussagen etwas in Ihnen zum Klingen bringt:

- Mit mir kann etwas nicht stimmen.
- Ich bin wertlos.
- Ich bin unfähig, zu ...
- Ich bin unzulänglich.
- Ich existiere nicht.
- Ich bin allein.

---

* Kathleen V. Hurley, »My Best Self. Using the Enneagramm to Free the Soul«, San Francisco: Harper 1993.

43

- Ich bin nicht vollständig, etwas fehlt.
- Ich bin machtlos.
- Es gibt keine Liebe – diese Welt ist lieblos.

Kommt Ihnen eine dieser falschen Grundüberzeugungen vertraut vor? Läßt sich daraus ableiten, warum Sie sich in Ihrem Leben zu bestimmten Menschen hingezogen fühlen?

Was wäre, wenn wir einen ganzen Tag oder eine Woche oder den Rest unseres Lebens all den Geschichten zuhören würden, die wir uns selbst erzählen, und sie dabei als das sehen, was sie sind: ein Schutzwall aus falschen Überzeugungen, der uns davon abhält, uns mit unserem Wesenskern zu verbinden, der frei, offen, spontan und kreativ ist? Was wäre, wenn wir jede Geschichte sorgfältig und liebevoll erforschen, während wir uns gleichzeitig daran erinnern, daß wir jetzt erwachsen und somit fähig sind, andere Entscheidungen zu treffen? Unser Ego würde aufbrausen, denn es glaubt, daß diese Geschichten real sind. Uns würden Gedanken durch den Kopf schießen wie: »Es gibt einfach nur lauter Idioten da draußen« oder »Sie war eben völlig verantwortungslos« oder »Meine Eltern waren eben gemein. Man hat mir nie beigebracht, wie man liebt«.

Unser Ego könnte sich auch darüber empören, wenn wir leichten Herzens sind: »Machst du dich über meinen Schmerz lustig?« Eine der Geschichten mit besonders nachhaltiger Wirkung besagt, daß unser Schmerz ernst sei. Aus der buddhistischen Perspektive betrachtet, ist Schmerz ein unvermeidlicher Aspekt der menschlichen Existenz. Da wir aber dem Gedanken verhaftet sind, wir sollten auf ewig frei von Schmerz sein, schaffen wir unser Leiden selbst. Es stimmt, manchmal sind wir verletzt, und das ist ganz sicher nicht unwichtig. Es stimmt, daß Vorfälle aus der Vergangenheit uns immer noch beeinflussen, und es stimmt auch, daß wir uns im Leben schon einigen üblen Dingen stellen mußten, aber das Trauma ist jetzt vorbei. Welche neue Geschichte können wir erschaffen, um uns selbst endlich zu befreien?

Wenn Sie also das nächste Mal eine Annonce in den privaten Kleinanzeigen schalten, zu Ihrer ersten Verabredung gehen, sich sexuell angezogen oder geliebt fühlen, dann achten Sie auf die Geschichten, die Ihnen in den Kopf kommen. Achten Sie auf die Empfindungen in Ihrem Körper und auf alle Veränderungen auf der Energieebene. Wenn ich mich mit meinen negativen Geschichten befasse, dann habe ich das Gefühl, mein Brustkasten zieht sich zusammen. Denken Sie daran: Alle Geschichten werden von Angst festgehalten – der Angst, uns selbst zu sehen, der Angst, uns den falschen Grundüberzeugungen zu stellen, oder der Angst vor natürlichen menschlichen Emotionen wie Freude, Liebe, Verlangen, Verlust, Wut und Leidenschaft und von der Angst, die Stille in unserer Mitte zu fühlen. Wenn Sie den Griff dieser falschen Überzeugungen auch nur ein kleines bißchen lockern können, wird Ihr Leben fließender.

Eine hilfreiche Technik, die in buddhistischen Übungen häufig zu finden ist, besteht darin, einfach »denken« zu sagen, wenn wir von unseren Gedanken vereinnahmt werden, und unsere Aufmerksamkeit auf unseren Atem zu lenken, der ein- und ausgeht. Indem man sich weniger mit seinen Gedanken identifiziert, soll Offenheit und mehr Raum geschaffen werden.

Hinter unseren Geschichten finden wir oft schmerzliche Erinnerungen. Meditation, eine spezielle Therapie (Augenbewegung, Desensibilisierung und Neuprogrammierung) und die Quantenpsychologie, wie sie von Stephen Wolinsky beschrieben wird, sind geeignete Methoden, um diese falschen Grundüberzeugungen zu überwinden (siehe Anhang). Der Schlüssel, um diese Erinnerungen in unser Herz zu lassen, ist das Mitgefühl. Wir können uns zum Trost daran erinnern, daß wir gelitten haben oder allein waren und das Beste taten, was uns möglich war. Wir können zu diesem Teil von uns selbst sagen: »Ich verstehe, warum du so fühlst, aber jetzt ist es vorbei, jetzt kannst du loslassen.«

6. Akzeptieren Sie den Tanz des Einsseins und des Getrenntseins

*»Stellen Sie sich ein Neugeborenes vor, ungefähr zwei
Monate alt, in den Armen seiner Mutter, die es stillt...
treibend in der ozeanischen, zeitlosen, grenzenlosen Welt
der frühen Kindheit verschmelzen sein Wesen und das
seiner fürsorglichen menschlichen Partnerin.«*

Maggie Scarf, in: »Autonomie und Nähe«

Intimität erfordert die Fähigkeit, sowohl zu verschmelzen als
auch getrennt zu sein, zusammenzukommen und auseinanderzu-
gehen, als ob man auf einer gigantischen Schaukel vom Einssein
zu Getrenntsein schwingt und dabei einen konstanten Rhythmus
schafft, der in vielen Menschen auch Gefühle der Angst hervorrufen kann. Manchmal haben wir Angst, weil das Verliebtsein und
der Anfang einer neuen Beziehung all die vergrabenen Gefühle
über unsere ursprüngliche Bindung zu unsere Mutter beziehungsweise unsere wichtigste Bezugsperson ans Licht bringt. Wir
waren einst vollkommen mit unserer Mutter verschmolzen und
sehnen uns, häufig unbewußt, immer noch danach, dieses Gefühl
der Verbundenheit wiederzufinden. Wir wollen, daß uns jemand
vollständig einhüllt und sich um uns kümmert.

Als Kinder mußten wir im Arm gehalten und beschützt werden, damit wir nicht das Gefühl hatten, in einen Abgrund zu stürzen; gleichzeitig mußten wir frei sein, die Arme unserer Mutter zu
verlassen, um die faszinierende Welt um uns herum zu erfor-

schen. Das erforderte eine Mutter, die uns in der einen Minute festhielt und uns in der nächsten losließ. Wenn unsere Eltern ungelöste Probleme mit dem Einssein und dem Getrenntsein hatten, verhielten sie sich möglicherweise gleichgültig, wenn sie uns im Arm hielten, oder fühlten sich unbehaglich, wenn wir für uns allein sein, unseren eigenen Interessen nachgehen oder mit unseren Freunden zusammensein wollten. Unsere Eltern haben vielleicht das Drehbuch für uns geschrieben oder uns als Spiegelbild ihres eigenen Wertes gesehen und nicht als eigenständige Menschen.

Solange Marcie sich erinnern kann, hat ihre Mutter sie ermuntert, Ärztin zu werden. Sie schenkte ihr Doktorspielzeuge und Bücher über Ärzte und sprach unablässig über die künftige Karriere ihrer Tochter.

> »Es war, als ob sie eines Tages sagen wollte: ›Meine Tochter, die Ärztin.‹ Ich denke nicht, daß sie mich je gefragt hat, was ich gern werden möchte. Sie sprach außerdem fast jeden Tag darüber, was ich aß, und stellte mich ständig auf die Waage – man hätte glauben können, es sei ihr Körper. Sie war unglaublich besorgt hinsichtlich der gesellschaftlichen Stellung der Jungs, mit denen ich ausging, und gab ein Vermögen dafür aus, um mich in hochelegante, feminine Kleider zu stecken, obwohl ich Blue jeans bevorzugte. Sie war völlig besessen von mir, aber nie wirklich daran interessiert, wer ich war.«

Marcie wurde von Schuldgefühlen geplagt, wann immer sie Aktivitäten nachging, die ihr gefielen, jedoch nicht die Zustimmung ihrer Mutter fanden. Sie fühlte sich unglaublich illoyal, als sie mit einem Mann ausging, der aus der unteren Mittelklasse stammte. Ihre Mutter ließ keine Gelegenheit aus, ihn herabzusetzen.

Marcies Mutter entspricht dem klassischen Bild einer Narzißtin – einer Person, die die Welt nur durch ihre eigenen Augen sieht, die Drehbücher für andere schreibt und nicht begreifen kann, welchen Einfluß sie auf die Menschen ihrer Umgebung ausübt.

Aufdringliche oder narzißtische Eltern übermitteln ihren Kindern die unterschwellige Botschaft, daß die Herausbildung einer eigenen Identität ein Verbrechen ist, das mit Verlassen bestraft wird. Mit anderen Worten, die Eltern verankern die Botschaft: »Du tust mir weh, wenn du anderer Meinung bist als ich, du tust mir weh, wenn du jemand anderen liebst oder nicht so bist, wie ich es gern hätte.« Das bringt die Kinder in eine Zwickmühle zwischen ihrem natürlich Verlangen nach einem authentischen Selbst und ihrem Wunsch, die Bestätigung ihrer Eltern zu erhalten. Falsche Überzeugungen werden eingepflanzt: »Ich bin verantwortlich für das Glück aller anderen«, »Die Wahrheit verletzt die Menschen«, »Du wirst mir weh tun«, »Ich selbst zu sein ist falsch«. Das macht sowohl den spirituellen Weg als auch die Aufnahme von Beziehungen sehr schwer, denn wir haben dadurch ungeheure Angst, authentisch zu sein, einen Konflikt zu erzeugen oder auch nur eine eigene Meinung zu vertreten. Solange wir uns nicht emotional von einem aufdringlichen oder kontrollierenden Elternteil trennen und die begleitenden Schuldgefühle loslassen – die in Wirklichkeit nur eine Schutzhülle für unsere Wut und unseren Zorn sind –, erleben wir höchstwahrscheinlich nur entfremdete oder chaotische Beziehungen, schwankend zwischen Anziehung und Zurückweisung.

Wann immer uns jemand nahekommt, neigen wir dazu, ihn als ein kritisches oder aufdringliches Elternteil anzusehen, und fehlinterpretieren seine Motivation und seine Absichten. Offen über unsere Ängste und Ansichten zu sprechen fällt uns dann so schwer, wie eigenhändig einen Angelhaken aus unserem Hals zu entfernen. Anstatt Einsseins und Getrenntsein zu erfahren, wechseln wir unablässig zwischen Gefälligkeiten und Abwehr hin und her – sind das gute oder das böse Kind, das gehorsame oder das aufsässige.

Wenn wir uns von einem kontrollierenden Elternteil lossagen, quält manche von uns unter Umständen das Gefühl, treulos und grausam zu sein. Wieder andere haben das Gefühl, als ob sie eine Sucht aufgeben hätten. Und die Schuld – das Symptom des Entzugs – empfinden wir wie einen Schlag in die Magengrube.

Um die Schuld loszulassen, müssen wir uns mit dem Groll und der Wut verbinden, die dem Ganzen zugrunde liegen. Dieses »Verbrechen«, einen symbiotisch-loyalen Bund zu lösen, ist jedoch ein notwendiger Schritt, denn nur wenn wir eine getrennte Identität schmieden und unsere authentische Stimme finden, können wir unser wahres Selbst gebären und andere klar wahrnehmen.

Marcie war fest entschlossen, sich von ihrer Mutter zu trennen. Obwohl es schon half, daß sie auf ein 2000 Kilometer entferntes College ging, lebte die Stimme ihrer Mutter immer noch in ihrem Kopf, und sie fühlte sich schuldig, wenn sie nicht alle paar Tage zu Hause anrief. Mit Hilfe intensiver Therapie erkannte sie langsam, daß sie nicht für das Wohlbefinden ihrer Mutter verantwortlich war und daß sie das Recht hatte, jemand anderen zu lieben. Zwei Jahre später unternahm sie einen großen Schritt in Richtung der Trennung von ihrer Mutter, indem sie offenbarte, daß sie eine Frau liebte. In der Woche, bevor sie ihren Coming-out-Brief abschickte, litt sie unter Verdauungsproblemen und Angstattacken, aber sie schickte den Brief trotzdem, was sie letztendlich sehr erleichterte. Als die alten Überzeugungen allmählich brüchig wurden, gewann sie die Freiheit, ihre Verbindung zu Ellie zu vertiefen.

Eine gesunde Beziehung besteht aus zwei Menschen, die einander hingegeben sind, die zwar ihrem eigenen Weg treu bleiben, aber auch miteinander intim werden. Wir müssen bereitwillig die Tür für unseren Partner öffnen und Zeit darauf verwenden, seine Leidenschaften und Lebensziele zu kennenzulernen. Wenn wir uns bedroht fühlen durch die Begeisterung, die unser Partner für seine Arbeit oder seine Hobbys empfindet, ist es unsere Aufgabe, die Eifersucht und Besitzgier als unser Problem zu erkennen. »Oh, ich werde eifersüchtig, ich schäume ja richtig vor Wut. Was hat diese Gefühle entfacht? Welche alten Wunden soll diese Geschichte ›beschützen‹?«

Wenn Sie derjenige sind, der unter Druck steht, sich selbst zu begrenzen oder seine Träume aufzugeben, um den anderen zu besänftigen, dann ist es wichtig, sich gegen diesen Druck zu wehren und auf Ihrem Weg zu bleiben, ruhig, freundlich und mit Mitgefühl für die mißliche Lage ihres Partners. Sie können ihn wissen lassen, daß Sie ihm nicht Ihre Liebe entziehen, Sie erweitern nur Ihr eigenes Leben. Der Mensch, den Sie lieben, versteht Sie oder auch nicht, aber nur wenn Sie sich selbst treu bleiben, besteht Hoffnung auf eine spirituell zentrierte Beziehung, und es ist die einzige Möglichkeit, auf Ihrer Reise zu bleiben.

Achten Sie in all Ihren Beziehungen darauf, welche Gefühle Sie haben, wenn Sie zusammenkommen und wenn Sie sich wieder trennen. Vollzieht sich der Übergang reibungslos, frei und offen oder ist er zäh, zornig und voller Angst? Bleiben Sie oft länger, als Sie eigentlich wollten, oder zögern Telefongespräche hinaus, weil es für Sie schmerzvoll ist, sich zu trennen? Drängen Sie Ihre neue Liebe dazu, ständig in Ihrer Nähe zu sein, und fühlen Sie sich leer, wenn Sie allein sind? Achten Sie einfach darauf. Bleiben Sie in der Erfahrung. Was sagt sie Ihnen?

Wenn wir auf dem spirituellen Weg weiterkommen, finden wir ein Gleichgewicht zwischen dem Zusammensein – offen, präsent und lebendig – und dem Getrenntsein: Das Leben hat in beiden Zuständen reiche Erfahrungen zu bieten.

Der Übergang zwischen Einsseins und Getrenntseins führt oft zu einem Gefühl der Zerrissenheit, das die meisten Menschen auf dem Weg zur spirituellen Entwicklung zu spüren bekommen. Wir wünschen uns inneren Frieden, aber wir haben Angst, unser starres Ego zu unterwerfen oder unseren vollen Terminkalender zu unterbrechen, um die Stille zu erfahren (oder die Erschütterung, die mit dem Versuch einhergeht, still zu sein). Wir wünschen uns einen Partner, aber wir scheuen uns vor dem Schmerz oder dem Unbehagen oder der Möglichkeit des Verlusts. Wir sehnen uns nach Intimität, aber wir wollen die Dinge weiterhin so tun, wie wir es gewohnt sind, ohne dabei unsere Sehnsucht aufzugeben, daß sich jemand um uns kümmert. Diese Ängste entstammen den Geschichten, die unsere Verletzungen verbergen.

Es könnte helfen, sich daran zu erinnern, daß auf der Energieebene alles gleich ist, gewinnen oder verlieren: Bei unseren Tränen der Freude und unseren Tränen des Schmerzes handelt es sich um ein und dieselbe Energie – beide verkörpern den Fluß dessen, der wir sind. Wir können entweder feilschen, uns zurückhalten, uns an Bequemlichkeit und Sicherheit klammern oder tief Luft holen, »Nimm mich« sagen und ins Feuer springen.

7. Seien Sie bereit, sich vom spirituellen Feuer läutern zu lassen

»*Setz für die Liebe alles aufs Spiel...*
Halbherzigkeit wird niemals wahre Größe finden.
Du machst dich auf, Gott zu finden,
doch dann legst du in billigen Herbergen lange Pausen ein.
Warte nicht länger.
Tauche ein in den Ozean,
ziehe los und sei das Meer...«

Rumi

Die meisten Strömungen des Buddhismus nehmen gegenüber Leidenschaft, Vergnügen und Schmerz eine kontemplative Haltung ein. Der Sufismus ermutigt uns, für unsere Leidenschaften offen zu sein – ins Meer einzutauchen, eins zu werden mit der Schönheit und der Kraft der Wellen.

Eine neue Liebe ist eine ergiebige Zeit für den spirituellen Krieger. Wir sind nicht nur aufgefordert, uns den zutiefst primitiven Gefühlen von Sehnsucht, Hunger, Liebe, Verlust und Angst zu stellen, wir sollen darüber hinaus auch die Gefühle der reinen Freude, der Ekstase, des sexuellen Vergnügens und des Segens willkommen heißen. Viele Menschen fürchten sich, wenn große Energien durch ihren Körper pulsieren, die Markierungslinien ihrer Grenzen aufreißen und sie für die Größe all dessen öffnen, was sie sind. Wenn Sie sich erlauben, diese Energie zu spüren, werden Sie reich belohnt. Sie werden einen sanften Fleck in Ihrem

Herzen entdecken, der Ihnen gestattet, alle menschlichen Erfahrungen zu begrüßen und zu lieben. Viele Menschen lösen sich in Tränen auf, wenn der Panzer über ihrem Herz aufbricht. Sie werden von kleinen Gesten der Freundlichkeit berührt oder sind trunken vom Duft der Fliederblüten, der die Luft an einem milden Frühlingsabend durchsetzt.

Wenn wir uns klarmachen, daß alles aus Energie besteht – unser Herz, Körper, Verstand, unsere Gedanken, Emotionen, Gefühle, Verletzungen –, dann fällt es uns leichter, in das spirituelle Feuer zu springen. Nichts ist besser oder schlimmer als etwas anderes. Alles ist Teil der kosmischen Energie, dessen, was das Leben ist. Gleichgültig, was wir getan haben, wie sehr wir verletzt wurden, wie sehr wir uns schämen, es ist nur Energie, einfach irgendwelche Kräfte, die uns von unserer vollkommenen Essenz trennen.

Ein Teil des falschen Kerns, den wir mit Hilfe unserer Geschichten entwickelt und aufrechterhalten haben, setzt dem freien Strom der Energie in unserem Körper Grenzen: »Sei vorsichtig, freu dich nur nicht zu sehr, sei nicht so laut, nicht so überschäumend, so leidenschaftlich, so wild.« Meine Kollegin und Freundin Marylee und ich haben oft Witze gerissen über den Schaden, den die Ideale der WASPs (der weißen angelsächsischen Protestanten) angerichtet haben: Sich zusammenreißen, Haltung bewahren, die Suppe nicht schlürfen, an Orangen nicht saugen, sich nicht mehr gönnen als ein einziges süßes Stückchen und um Gottes willen niemals vor einem anderen Menschen furzen. Wie um alles in der Welt kommen wir von dieser Art der Konditionierung dahin, offenherzige Liebhaber und Geliebte zu sein? Der körperliche Liebesakt ist unsauber, schmierig, flegelhaft, lustig und riecht – und immer ist ein Arm zuviel. Wenn wir für die Kraft und den Humor des Liebesspiels offen sind, reicht unsere Energie von unseren Zehen bis zu den Haarwurzeln.

Der spirituelle Krieger versteckt sich vor gar nichts. Wir springen in das Feuer, wir tauchen in den Ozean. Wir werden zum Meer. Ja, wir sind Teil des Meeres aller Schöpfung, nur eine Illusion gaukelt uns eine Trennung vor. Wenn wir unsere freifließende Energie zulassen wollen, müssen wir nichts weiter tun, als zu sagen: »Nimm mich, ich gebe mich hin – ich bin offen, alles in mir zu fühlen.« Das heißt nicht, daß wir unsere Disziplin oder unser Urteilsvermögen verlieren. Es bedeutet, nichts zu fürchten, was menschlich und natürlich ist.

Durch die Hingabe fühlen wir uns sicher, denn es gibt nichts mehr, was wir verbergen müßten. Wenn wir offen und angstfrei sind, gehen wir nicht länger halbherzig miteinander um. Unsere Worte und Augen übermitteln deutlich die Botschaft: »Ich freue mich an deiner Gesellschaft, du bedeutest mir viel. Wir befreien uns von der Qual, uns zurückzuhalten und auf Nummer sicher zu gehen.«

Im Zuge dieser Öffnung können alte Kindheitsgefühle vor uns auftauchen. Plötzlich fühlen wir uns wie eine verletzte Dreijährige. Wir wollen uns anklammern, machen uns Sorgen, fürchten uns, vergessen unsere Verantwortung und schlottern vor Angst.

Unser Wachstum setzt ein, wenn wir erkennen, daß wir Teilen von uns selbst gegenüberstehen, die immer schon da waren. Es liegt nicht an der Beziehung und nicht an dem anderen Menschen. Niemand hat uns diese Gefühle aufgezwungen, es wurde einfach ein Aspekt in uns berührt, der nicht völlig klar war. Das ist nicht leicht. Wir stöhnen: »O Gott, ich habe mich gerade dazu bereit erklärt, mir einen Kinofilm anzuschauen, den ich hasse; ich hatte gerade Sex, obwohl ich es nicht wollte; ich habe gelächelt, als ich wütend war; ich habe meine neue Freundin unter Druck gesetzt, bei mir zu bleiben, obwohl ich wußte, daß sie nach Hause wollte.« Haben Sie keine Angst. Sie haben nur einen Holzscheit auf das spirituelle Feuer geworfen und sind an eine Grenze gestoßen. Jetzt setzen Sie sich zu ihr. Laufen Sie nicht weg, essen Sie keinen Keks, schalten Sie das Fernsehgerät nicht ein, und gehen Sie nicht einkaufen. Setzen Sie sich, und köcheln Sie vor sich hin. Atmen Sie. Seien Sie sanft, schließen Sie Freundschaft mit diesem Aspekt in Ihnen. Versuchen Sie, eine Unterhaltung zwischen Ihrem ängstlichen Teil und Ihrem inneren spirituellen Führer oder Ihrer Buddha-Natur zu führen. Gehen Sie in die Geschichte hinter der Geschichte hinter der Geschichte.

Denken Sie daran: Was Sie nicht erfahren haben, womit Sie sich nicht offen konfrontiert haben, das können Sie auch nicht akzeptieren. Sie können nicht loslassen, was Sie nicht anfassen und berühren wollen. Wenn Sie stets versuchen, Ihr Leben möglichst reibungslos zu gestalten, dann werden Sie Ihrem Drachen nie begegnen. Sie sind jetzt groß, Sie können die Schranktür öffnen, das Licht einschalten und dem furchterregenden Monster in die Augen blicken, das wahrscheinlich nur ein kleiner Papierdrache ist, der versucht zu brüllen, um seine Angst zu überspielen.

Wenn wir uns Veränderungen unterziehen, dann höhnt unser Ego: »Zeig dich diesem Menschen nur nicht von nahem, sonst sieht er, wie unzulänglich und schlecht du bist.« Da ist er wieder, der Papierdrache. Wenn das Ego das Leben wieder in all diese kleinen Schubladen stopfen will – vorhersehbar, aufgeräumt, sicher –, dann lächeln Sie und antworten: Ach, kleines Kind, laß mich dich in meinen Armen wiegen. Ich verstehe ja, daß du Angst hast. Ist schon gut. Ich bin groß, ich kann dich beschützen.

Manchmal erzählen wir uns die Geschichte, daß das Leben leicht war, bevor wir unsere neue Liebe trafen; unsere Angst und Erregung seien die Schuld unseres neuen Partners. Denken Sie daran: Die Liebe bringt alles hoch, was im verborgenen liegt. Das Leben mag zuvor vielleicht leichter erschienen sein, aber es hilft, wenn Sie sich daran erinnern, daß die Möglichkeiten für spirituelles Wachstum immens zunehmen, sobald wir verletzlich werden und uns auf einen anderen Menschen einlassen. Die Maske entgleitet nicht langsam, sie wird uns plötzlich vom Gesicht gerissen. Es ist Zeit aufzuwachen – und zwar schleunigst.

»Bleibe im spirituellen Feuer,
laß dich von ihm schmoren,
werde zu einem durchgebackenen Brot
und zum Herrn der Tafel.
Du warst eine Quelle des Schmerzes,
jetzt bist du die Wonne.«

Rumi

Fassen Sie Rumis Aufforderung, im spirituellen Feuer zu bleiben, nicht so auf, daß Sie in einer schmerzlichen Beziehung ausharren sollten, die Sie verletzt. Beim spirituellen Feuer geht es um Transformation, nicht um Verbrennungen dritten Grades. Wir suchen einen Partner, der an unserer Seite schreitet, der uns aufheitert und uns hilft, Einheit und Einsseins zu erfahren. Wenn wir unsere Grenzen zu stark überschritten haben und vom Kurs abgekommen sind, dann ist es gut, eine Pause einzulegen und sich auszuruhen. Suchen Sie Ihre Grenzen, erweitern Sie sie, drängen Sie sich voran, aber wenn es Sie überwältigt, dann holen Sie tief Luft und entspannen Sie sich. Denken Sie daran: Alles ist nur eine Geschichte, ein Stück, das auf der Bühne des Lebens spielt, und Sie sind der Autor. Es soll ja keine griechische Tragödie werden!

Dem spirituellen Feuer die Hitze zu nehmen erfordert Übung. Ich habe viele Menschen getroffen, die ein isoliertes Leben führten, die Bücher lasen, fernsahen oder vor dem Computer saßen – und doch die Phantasie hegten, plötzlich eine erfüllende Beziehung zu erleben. Wie soll das gehen? Höchst unwahrscheinlich, daß das funktioniert. Wir offenbaren nicht plötzlich unser Herz, wenn wir seit Jahren nicht offen gesprochen haben. Wir werden in

Gesellschaft anderer Leute natürlicher und entspannter, wenn wir Zeit mit Freunden verbringen, wenn wir uns selbst offenbaren, Konflikte beilegen und Abenteuer erleben. Auf unserem Weg geht es nicht so sehr darum, einen guten Liebhaber zu finden, als ein guter Liebhaber des Lebens, aller Menschen zu sein. Es gibt nicht nur eine magische Beziehung, sondern die Ehrlichkeit, die wir in alle Beziehungen einbringen. Wie können wir jemandem sagen, was wir unbekleidet in der Horizontalen wollen, wenn wir schon Angst davor haben, einen Freund ins Kino einzuladen? Es ist ein Prozeß. Wir können nach der ersten Musikstunde nicht gleich ein Konzert spielen. Wir brauchen Übung.

8. Lassen Sie sich vom Geist führen, nicht vom Ego

Es gibt viele Bücher zum Thema Verabredungen mit unzähligen Regeln darüber, was man bei einer Verabredung sagen oder tun sollte. Auf dem spirituellen Weg sind die »Regeln« einfach: Fragen Sie sich einfach, ob Sie vom Geist oder vom starren Ego geleitet werden.

Bevor wir zwischen dem Geist und dem starren Ego unterscheiden, möchte ich ein paar Worte über das Ego verlieren. Das Ego ist kein Feind, der zerbrochen oder zerstört werden soll, wie es häufig in der spirituellen Literatur zu lesen ist. Wir wollen das Ego nicht loswerden, wir wollen es weicher machen, durchlässig und empfänglich, damit Informationen, Gedanken und Mitgefühl hinein- und herausströmen können. Ein gesundes Ego ermöglicht es uns, die Kraft unserer Überzeugungen zu wahren und doch für andere offen zu bleiben. In der psychologischen Literatur spricht man häufig von Ego-Stärke – einer Sicherheit, was die eigene Person anbelangt, die im Innern ruht, der Wille, unsere Träume zu verwirklichen oder unsere Überzeugungen fest zu vertreten, ohne uns Gedanken um die Konsequenzen zu machen.

Im Gegensatz dazu ist das starre beziehungsweise aufgeblähte Ego rigide und dualistisch: richtig – falsch, gut – böse, Freund – Feind. Es beschränkt sich auf frühere Erfahrungen, die sich im Gehirn verankert haben und zu starren Überzeugungen, Angst vor Veränderung und der Unfähigkeit führen, mehr als nur eine Seite einer Situation zu sehen. Es hält die Geschichten, die wir erfunden haben, für bare Münze und erkennt nicht, daß sie nur die Schicht über unserem Wesenskern sind. Die Stimme des starren Ego ist intensiv, drängend, sorgenvoll, ängstlich. Sie sagt: »Ich muß unbedingt jemanden haben; ich halte es nicht aus, allein zu sein; ich habe keinen Partner, also kann etwas mit mir nicht stimmen.« Wir klammern uns an die erste Person, der wir begegnen, voller Angst, es könnte nie jemand anderen geben. Ehrlichkeit, Integrität und Seelenfrieden weichen dem Anklammern, der Leere und dem stillschweigenden Dulden. Unser Selbstwert befindet sich außerhalb von uns selbst, ist daran gebunden, einen Partner zu haben.

Das starre Ego wird von der Angst angetrieben, dem gefürchteten falschen Kern zu begegnen – ich bin schlecht, ein Verlierer, nicht liebenswert und so weiter. Um diese Angst abzulenken, setzt das aufgeblähte Ego eine Maske auf und verhält sich in Beziehungen künstlich. Wenn wir uns beispielsweise bei einer ersten Verabredung verlieben und ein zweites Mal eingeladen werden, wechselt unser Ego in den Kontrollmodus – wir zensieren unsere Worte, raten, was unser Gegenüber hören will, oder versuchen, uns auf irgendeine Weise zu vermarkten. Auf diese Weise werden wir uns selbst und der Person, die wir treffen, fremd. Es gibt dann gar keine authentische Verbindung; nur zwei Personas, die sich begegnet sind.

Auch wenn wir die Perspektive über die vorliegende Situation verlieren, sind wir von unserem aufgeblähten Ego gefangen. Wir sind wie der Teenager, der »sterben wird«, wenn er nicht zu einem bestimmten Rockkonzert gehen oder einen bestimmten Freund besuchen darf. Weil wir uns einreden, es sei von entscheidender Bedeutung, daß wir eingeladen werden, Sex haben, großartigen Sex haben, Blumen bekommen oder eine Karte zum Geburtstag, erschaffen wir inneren Aufruhr und Angst. Nicht die Zurückweisung oder das Alleinsein an einem Samstagabend verursachen

Schmerz, sondern die Bedeutung, die wir diesen Ereignissen und unserer Forderung beimessen, daß so etwas nicht passieren dürfe. Natürlich können wir Vorlieben haben, aber in dem Moment, wo wir darauf bestehen, daß Menschen oder Situationen anders sein sollten, als sie sind, erleben wir Wut, Feindseligkeit, Trauer und so weiter. Das Verhaftetsein führt uns dazu, eine Maske aufzusetzen, anderen die Schuld zu geben oder uns selbst unvollständig zu fühlen.

Es gibt ein paar Möglichkeiten, zwischen Geist und Ego zu unterscheiden. Hier einige Beispiele für das Feststecken im Ego:

- Wir prahlen mit unseren Leistungen, um jemanden zu beeindrucken.
- Wir wünschen uns, daß uns jemand ganz erfüllt.
- Wir verstecken unsere Leistungen und unsere Intelligenz, um das Ego eines anderen zu schützen.
- Wir verstecken unsere Verletzlichkeit – Ängste, Unbehagen, Fragen, Fürsorge, Zärtlichkeit.
- Wir lügen, täuschen, verführen oder manipulieren – sei es offen, insgeheim oder durch Unterlassung.
- Wir reden ununterbrochen von uns selbst.
- Wir legen uns ein falsches Gebaren zu – fröhlich, cool, hart, charmant, süß.
- Wir suchen jemanden, der perfekt ist, der uns errettet, der uns Vater oder Mutter ist.
- Wir sind wie ein Chamäleon, »lesen« die Gedanken anderer Leute und sagen ihnen dann, was sie hören wollen.
- Wir drängen jemanden, sexy zu sein.
- Wir benutzen Sex, um eine Beziehung aufrechtzuerhalten.
- Wir erteilen ständig ungefragt Ratschläge.
- Wir planen, einen anderen Menschen zu ändern.
- Wir rächen uns, wenn wir wütend sind.

- Wir schaden uns selbst, wenn wir verletzt sind – mit Essen, Drogen, Selbstverstümmelung... und vieles mehr. Ich bin sicher, Ihnen fallen auch noch andere Beispiele ein.

All diesen Verhaltensweisen liegt Angst zugrunde: die Angst, spontan und natürlich zu sein und Ihren eigenen Instinkten zu vertrauen. Die Angst, einfach bei Ihrem Unbehagen zu sitzen, bei Ihrem Kummer, Ihrer Scham und Ihrer Leere. Die Angst, nicht zu wissen, was Sie tun sollen. Wir alle haben hin und wieder solche Ängste, zeitweise sogar recht oft.

Um uns auf unsere vom Ego angetriebenen Verhaltensweisen einzustimmen, müssen wir zu zuverlässigen Zeugen unserer eigenen Motivation werden. Wir gehen hinter die Geschichten und Reflexreaktionen und fragen uns: »Was ist wirklich mit mir los?« Häufig sind wir wütend und wollen es nicht zugeben. Oder wir haben Angst, jemanden zu verlieren, und wollen uns nicht traurig fühlen. Der Schlüssel liegt in der Selbstbeobachtung und in der Akzeptanz. »Ich preise diesen Kerl wie Sauerbier an, wovor habe ich nur Angst?« Oder: »Ich mache mir wirklich Sorgen, ob ich auch das ›Richtige‹ sage. Was soll das?« Oder: »Ich verspüre plötzlich diesen Drang, seinen besten Freund zu verführen. Woher kommt das nur?« Erst wenn wir innehalten und über unsere eigenen Prozesse und Motive nachdenken, können wir unser Ego aufweichen. Im Zen spricht man davon, »zum Herrscher über Körper und Verstand« zu werden, und davon, durch unsere Ego-Geschichten und die begleitenden Ängste hindurch uns selbst, andere Menschen und Situationen so zu sehen, wie sie sind – unverzerrt.

Wenn wir eine Situation aus einem anderen Winkel betrachten, können wir uns fragen: »Wenn ich jetzt keinen Rat erteile, wenn ich jetzt nicht mit meinen Leistungen prahle, wenn ich jetzt nicht seinen besten Freund verführe, wie würde ich mich dann fühlen? Einsam, dämlich, traurig, unsichtbar, ungeliebt oder unzulänglich?« Wir müssen uns klarmachen, daß wir mit diesen Gefühlen umgehen können. Es ist besser, ihnen zu begegnen, als unseren Weg aus den Augen zu verlieren.

Wir verhalten uns weise, wenn wir uns gegen die große Versuchung wehren, aus unserem aufgeblähten Ego heraus zu handeln, und uns statt dessen fragen: »Wie kann ich im Geist zentriert bleiben? Wie kann ich vermeiden, mir selbst oder dem anderen Schaden zuzufügen?« Das sind im Grunde die beiden Ziele des buddhistischen Lebens: den klaren Verstand zu erfahren, der die Dinge so sieht, wie sie sind, sowie das mitfühlende Herz, das alle Menschen umschließt.

Wenn wir uns verletzt fühlen, dann hilft es manchmal, sich an eine Grundwahrheit zu erinnern: Einige Menschen werden uns mögen und andere nicht. Jeder sieht die anderen durch die Geschichten, die er sich erzählt – Sie, ich, jeder. Gleichgültig, wie sehr wir uns anstrengen, haben wir zu manchen Menschen einen Draht und zu anderen eben nicht. Darum können Sie es auch gleich ganz aufgeben, in den Schuhen eines anderen zu tanzen, und einfach Sie selbst sein. Auf diese Weise sind Sie weniger einsam, Sie sind mit sich selbst gut befreundet, und Ihre Füße tun Ihnen nicht weh.

Wenn wir aus dem Geist heraus handeln, bewegen wir uns in Richtung der folgenden Beispiele:

- Wir sehen uns selbst, Situationen und andere Menschen klar.
- Wir hören aufmerksam zu, stimmen uns auf die Erfahrung des anderen ein und verstricken ihn nicht in unsere Handlungsstränge.
- Wir offenbaren uns selbst im Interesse einer authentischen Verbindung und beeindrucken oder beschwichtigen niemanden.

- Wir stellen uns selbst so dar, wie wir sind, ohne uns aufzuspielen oder uns herabzusetzen.
- Wir bitten um das, was wir wollen, ohne zu fordern oder beunruhigt zu sein, wenn wir es nicht bekommen.
- Wir bleiben mit unseren inneren Erfahrungen und unseren Reaktionen in Kontakt. Wir werden von inneren Hinweisen und Erfahrungen geführt.
- Wir sagen die Wahrheit, so gut wir es vermögen – freundlich, mit Mitgefühl –, nicht, um jemanden zu verändern, sondern weil die Wahrheit unser Weg ist und die einzige Basis für eine liebevolle Beziehung.
- Wir betrachten alle Ereignisse unter einer breiten Perspektive und erinnern uns stets daran, daß alles ein Experiment ist, um ein Leben zu führen mit mehr Bewußtsein, mehr Präsenz und mehr Liebe.

Wir befinden uns auf sicherem Boden, wenn wir unser Verlangen nach einem Partner mit dem Verlangen nach mehr Selbsterkenntnis und größerem Wachbewußtsein verschmelzen. Das Ego sagt: »Ich will jemanden, der mich ganz und gar erfüllt.« Der Geist sagt: »Ich werde jemanden finden, der mir hilft aufzuwachen, der mich auf meine blinden Flecke aufmerksam macht, der mir auf meiner Reise Gefährte und Spielkamerad ist.«

9. Spirituelle Gleichberechtigung: gleiche Regeln für Männer und Frauen

»Saatkörner nähren sich eine Weile im Boden,
dann steigen sie zur Sonne auf.
Gleichermaßen sollst du das Licht schmecken
und dir deinen Weg zur Weisheit erarbeiten,
ohne persönliche Schutzschicht.
So bist du hierhergekommen, als Stern ohne Namen.«

Rumi

Auf der spirituellen Ebene sind wir alle gleich – Essenz, reine Energie. Wir sind »als Stern ohne Namen hierhergekommen«. Wir sind reines Potential. Körperlich gesehen, aus der Perspektive der Molekularbiologie, bestehen wir alle aus demselben Stoff, gleichgültig, welcher Hautfarbe, Rasse, Völkergruppe oder welchem Geschlecht wir angehören. Als Konzept sind wir identisch.

Wenn wir geboren werden, zeigen sich körperliche Unterschiede, und anschließend werden wir entsprechend den kulturellen Stereotypen dazu konditioniert, was es bedeutet, ein Mann beziehungsweise eine Frau zu sein. Wie können wir mit dieser offensichtlichen Dichotomie – gleich, aber doch anders zu sein – Frieden schließen? Die Antwort ist spirituell, und ich werde am Ende dieses Kapitels darauf zurückkommen. Im Augenblick wollen wir jedoch das Konzept der geschlechtsspezifischen Regeln für Romantik, Liebe und Verabredungen erforschen.

Die riesige Kluft, die zwischen den für Männer und für Frauen getrennten Regeln besteht, findet sich symbolisch auf meinem Schreibtisch. Auf der einen Seite liegt ein Stapel Bücher zum Thema Verabredungen von John Gray, Tracy Cabot, Ellen Fein und Sherrie Schneider, Patricia Allen und anderen, voller getrennter Beschreibungen für Männer und Frauen – was sie tun oder sagen sollen, um dem anderen Geschlecht zu gefallen, es zu betören und, aus meiner Sicht, oft auch zu einer Beziehung zu manipulieren.

Auf der anderen Seite liegt ein Stapel Bücher über Buddhismus, Quäker-Traditionen, Sufismus, spirituelle Beziehungen im Zen-Buddhismus und über die Weisheit – von John Welwood, Ram Dass, Krishnamurti, Stephen und Ondrea Levine und anderen. Keines der Bücher in diesem Stapel macht einen Unterschied zwischen Männern und Frauen. Einen weiteren winzigen Haufen bilden meine beiden Lieblingsbücher zum Thema Verabredungen von Susan Page und Barbara DeAngelis. Sie ermutigen Männer und Frauen, authentisch zu sein und einsichtsvoll und integer zu handeln.

Meine Fragen zu allen Regeln oder Vorschriften für die Liebe aus spiritueller Sicht sind diese: Helfen sie den Menschen, aus ihrer Essenz heraus zu agieren – diesem klarsichtigen Teil von uns, der Liebe, Freundlichkeit und Wahrheit ist –, oder begrenzen sie die Menschen und trennen sie von ihrem authentischen Selbst?

Der Buddhist Rowan Conrad, Schüler von Thich Nhat Hanh, meinte dazu: »Die Art von Ratschlägen in diesen Büchern scheint dazu bestimmt, etwas zu schaffen, was man ›karmischen Rückprall‹ nennt – löst man ein Problem, pflanzt man damit den Samen für weitere Probleme.« Wenn wir uns beispielsweise sehr bemühen, unseren ganzen Charme spielen zu lassen, um jemanden an uns zu fesseln, legen wir den Samen für Wut und Mißtrauen, sobald die Maske fällt und all die anderen Teil von uns entblößt werden. Ganz zu schweigen davon, was wir selbst in diesem Prozeß verlieren, indem wir mit einem bloßen Bild von uns selbst verschmelzen, anstatt natürlich und wahrhaftig zu sein.

Ich sprach mit einem guten Freund, dem Buddhisten und Psychotherapeuten Keith Walker, über die Vorschriften für Verabredungen. »Mir scheint, daß es viel zu oft um Gewinnen, Bekommen und Bedürfniserfüllung geht, im Gegensatz zu einer aufrichtigen lebendigen Beziehung, die auf Ehrlichkeit und Offenheit beruht. Das ist irgendwie primitiv. Wie kann man nur jemanden in die Falle locken, wie kann man nur emotional an seinen Fäden ziehen, damit er uns begehrt? Geht es nicht mehr darum, mich selbst zu fragen, wie ich mich öffnen kann und in echten Kontakt zu einem anderen menschlichen Wesen treten? Einige dieser Werke kommen mir fast wie Benutzerhandbücher vor, aber ich will kein Benutzer sein, wenn es um Beziehungen geht.«

Ich fragte Keith auch nach den getrennten Regeln für Männer und Frauen. Er meinte: »Letztendlich geht es bei Beziehungen um dieselbe Energie, die jedoch in eine unterschiedliche Biologie übersetzt wird. Es wird zuviel von den Unterschieden gesprochen und nicht genug von der Essenz der Liebe. Bewußtsein transzendiert das Geschlecht. Es ist formlos.«

Wir müssen uns so darstellen, wie wir sind und wie wir in der Beziehung sein wollen. Nur dann können wir das Problem des karmischen Rückpralls vermeiden.

Wenn sich jemand in unsere Maske verliebt, haben wir die Wahl: Entweder behalten wir die Maske auf und verlieren uns selbst, oder wir nehmen die Maske ab und riskieren, die Beziehung zu verlieren. Je mehr wir uns selbst ehrlich darstellen, sei es heterosexuell, lesbisch, bisexuell oder schwul, desto stärker wird unser spirituelles Band und desto größer unser Vergnügen am Zusammensein. Der spirituelle Geliebte wünscht sich keine Jagd und keinen Wettbewerb – er sucht einen Menschen, den er liebt und der ihn ebenfalls liebt. Beide wollen eine gemeinsame Vereinigung erschaffen und die Süße der Verbindung kosten.

Neben den persönlichen Vorteilen, die man erzielt, wenn man wahre Intimität erlangt, wird die Gleichberechtigung der Geschlechter auch die fundamentale Einstellung von Herrschaft und Unterwerfung auflösen, die es für Männer und Frauen so schwer gemacht hat, einander von Angesicht zu Angesicht zu begegnen, von Herz zu Herz, und von Geist zu Geist – die Grundlage für Intimität und Liebe. Wir werden niemals wahre Intimität erzielen, wenn wir uns einander als mehr oder weniger darstellen, als wir sind. Wir müssen uns als anders, aber gleichberechtigt sehen.

In der Untersuchung erfolgreicher Paarbeziehungen, die ich für mein Buch »Women, Sex and Addiction« durchgeführt habe, stellte ich wiederholt fest, daß beide Individuen einer solchen Partnerschaft ein breites Spektrum an Emotionen aufwiesen, einschließlich der Fähigkeit, zu geben und zu nehmen, passiv und bestimmend zu sein, leidenschaftlich und zärtlich, zuzuhören und zu reden. Sie wurden nicht durch geschlechtsspezifische Stereotype eingeschränkt, wenn es um Emotionen oder Verhaltensweisen ging. Beide bauten den anderen auf. Sie besaßen Eigenschaften, die einander ergänzten, erlebten aber auch Spannungen oder Probleme, das versteht sich von selbst. Doch die Tiefe ihrer Verbindung, das gemeinsame Empfinden, ein Paar zu sein, war so reich, daß es die Motivation bot, alle Schwierigkeiten mit dem größten Respekt füreinander abzuarbeiten.

Intimität macht es erforderlich, sich von Augenblick zu Augenblick neu auf den geliebten Menschen und auf uns selbst einzustellen. Das schafft eine umfassende, fließende Einstellung, frei von Annahmen. Wir weben eine Verbindung zu dem geliebten Menschen und bleiben gleichzeitig offen für die Fluktuationen in uns selbst und unserem Partner. Wir wissen, daß manche Menschen sich zurückziehen, um Probleme zu lösen, andere sprechen sie durch. Wieder andere führen gern schweigend gemeinsame Aktivitäten durch, weil Worte die Stille und die Verbindung unterbrechen. Andere ziehen es vor, sich Geschichten zu erzählen oder zu reden, wenn sie zusammen sind. Nichts ist in Stein gemeißelt. Am Dienstag sind wir vielleicht lieber still und spazieren durch den Park, und am Freitag ist uns nach reden. Wenn wir eine Annahme über alle Männer und alle Frauen treffen, oder auch nur über einen einzigen Menschen, liegen wir meistens falsch. In der Quäker-Tradition hören wir auf die stille, leise Stimme in uns, die uns führt. Wir leben in einem Strom aus aktiver Bewußtheit des Augenblicks.

Diese Wahrnehmung der Beziehungsdynamik unterscheidet sich beträchtlich von der Mars-und-Venus-Perspektive* eines John Gray. Sein Buch basiert auf Geschichten, die die Kultur über alle Männer und alle Frauen erschaffen hat, Geschichten, die den falschen Kern stärken. So geht er beispielsweise davon aus, daß Frauen Männer einfach brauchen und er schreibt über die Probleme, die starke, unabhängige Frauen damit haben, Männer anzuziehen:

»In alter Zeit war eine Frau in vielerlei Hinsicht hilflos und konnte sich nicht selbst versorgen. Ohne einen Mann kam sie nicht zurecht. Diese Hilflosigkeit machte sie jedoch enorm attraktiv für Männer und gab dem Mann das Vertrauen, ihr nachzusetzen. Es vermittelte ihm das Gefühl, gebraucht zu werden, und er übernahm die Verantwortung, für sie zu sorgen und ihr zu helfen.«

---

* vgl. hierzu John Gray, »Jeden Tag mehr Liebe, Männer sind vom Mars, Frauen von der Venus«, München: Mosaik 1999; ders.: »Männer sind anders, Frauen auch«, München: Goldmann 1992.

Das Bild eines Mannes, der die hilflose Frau beschützt, erinnert stark an eine Eltern-Kind-Beziehung, nicht an zwei gleichberechtigte Partner. Es ist eindeutig ein kulturelles Stereotyp, das beiden Menschen ihr Potential und ihre Ganzheit raubt. Ungleichheit dieser Art ist die Garantie für den Tod einer Beziehung. In Wirklichkeit ist das gar keine Beziehung, sondern es sind zwei Masken, die zusammenleben. Es mag zwar sein, daß sich einige Männer von hilflosen Frauen angezogen fühlen, aber es ist nicht gesund, diese Vorstellung auch noch zu unterstützen. Je mehr wir uns spirituell weiterentwickeln, desto angenehmer ist es für uns, einander mit dem Reichtum unserer Menschlichkeit zu begegnen – unseren Talenten, Stärken, Freuden, Ängsten, unserer Trauer, Bedürftigkeit und Sehnsucht.

John Gray bietet ebenso wie andere Autoren zahlreiche Listen mit bestimmten Dingen, die man einem geliebten Menschen sagen oder nicht sagen darf. Das ist erschreckend. Selbst wenn man diese Listen alle auswendig lernen könnte, unterstellen sie doch, daß wir nur das Richtige sagen oder tun müssen, und schon funktioniert unsere Beziehung. Das wäre zwar ganz nett, aber wir wissen alle, daß Beziehungen komplizierter sind. Außerdem sind wir viel leichter zu durchschauen, als wir das zu sein glauben. Die Menschen spüren, wenn wir heucheln oder »versuchen, es richtig zu machen«.

Keith Walker meint über das Befolgen von Regeln bei Verabredungen: »Wenn man sich zwingt, einer Regel, einem Gedanken oder einem Modell zu glauben oder es zu akzeptieren, ohne es zu verstehen und sich mit ihm zu identifizieren, heißt das, sich selbst Gewalt anzutun. Es ist gleichbedeutend mit der Annahme, daß jemand anderes genauer weiß als ich selbst, was für mich am besten ist. Das bringt uns sofort vom spirituellen Weg ab.«

Wir müssen unsere Hinweise in uns selbst finden – fühlen wir uns klar und entspannt oder aufgeregt? –, anstatt gehorsam die

Worte eines anderen nachzuplappern. Natürlich und authentisch zu sein kann sich merkwürdig oder beängstigend anfühlen, aber nur durch diese Erforschung unserer Innenwelt lernen wir uns selbst kennen. Das soll nicht heißen, daß wir nicht auf vernünftige Ratschläge hören oder Kommunikationsfähigkeit erlernen sollten, aber nichts darf wider unser besseres Wissen oder unsere innerste Überzeugung geschehen. Es ist besser, aus voller Überzeugung zu handeln und dabei einen Fehler zu begehen aus dem wir dann lernen, als mechanisch Regeln zu folgen, die unserer Erfahrung fremd sind oder sich nicht authentisch anfühlen.

Der Dichter Kabir schrieb: »Der Fluß, der in dir strömt, strömt auch in mir.« Das ist das Bild einer gesunden Beziehung. Der Fluß des Geistes ist in uns, zwischen uns, um uns herum, er verbindet uns miteinander und mit allem Lebendigen. Bei jeder Begegnung mit einem anderen Menschen müssen Sie zur Wahrheit verpflichten, unabhängig von den Folgen. Sie müssen spüren, wie das Wasser über Sie hinwegspült, und Sie müssen die Schönheit eines Lebens im Einklang mit der inneren Weisheit in sich aufnehmen, wenn Sie in den fließenden Strom eintreten wollen.

Wie wäre es, wenn wir uns nicht den Weg zueinander mit stereotypen Vorstellungen verstellen würden und uns statt dessen mit einem offenen Geist begegnen und uns fragen würden:

»*Wer bist du?*«
»*Was magst du?*«
»*Verstehe ich dich auch richtig?*«
»*Was hilft dir, dich geliebt zu fühlen?*«
»*Wie sollen wir Konflikte angehen?*«

Wenn wir diese Fragen stellen, ehren wir das einzigartige Individuum, das wir im Innern sind. Wir lernen es kennen auf der Basis dessen, der wir jetzt und heute sind, und nicht aufgrund von Annahmen, Klischees, Projektionen oder Hoffnungen. Da sind nur wir beide, die einander in die Augen schauen, zuhören, reagieren und den speziellen Teppich unserer Beziehung weben. Dabei können Sie feststellen, was für ein heller, funkelnder Stern Sie in Wahrheit sind.

10. Praktizieren Sie liebevolle Freundlichkeit – sich selbst und anderen gegenüber

»Der Gast ist in dir und auch in mir:
Du weißt, die Knospe ist im Samen verborgen.
Wir kämpfen alle: Keiner von uns ist weit gekommen.
Laß deinen Dünkel los, und schau dich in dir um.«

Kabir

Freundlichkeit spiegelt ein warmes, offenes Herz wider. Wenn wir in eine neue Beziehung eintreten, wird unsere Fähigkeit, freundlich zu sein, häufig auf die Probe gestellt. Plötzlich ist unser potentieller Gefährte unhöflich zu unserer besten Freundin oder kommt zu spät und entschuldigt sich nicht oder sagt, er hilft uns, und hält sich dann nicht an sein Versprechen. Wir sind aufgerüttelt, enttäuscht. Es ist leicht, schnell zu urteilen und selbstgerecht darauf zu reagieren – dieser unsensible Klotz, diese egozentrische Zicke, sagen wir zu uns selbst. Wir fühlen uns möglicherweise verletzt und gekränkt und würden am liebsten ausrufen: »Ich kann nicht glauben, daß du etwas so Gemeines tun konntest.« Wenn wir kritisch werden, ist es an der Zeit, einen Augenblick zurückzutreten und nachzudenken, damit wir nicht zwei Menschen haben, die von ihrem Herz abgeschnitten sind.

Jesus von Nazareth hat Freundlichkeit folgendermaßen in Worte gefaßt: »Wer unter euch ohne Sünde ist, der werfe den ersten Stein.« Anstatt sofort mit dem Finger auf andere zu weisen, können wir nach innen schauen. Wir werden feststellen, daß jeder in uns ist, denn die ganze Bandbreite menschlicher Emotion lebt in uns. Wenn wir uns von jemand anderem distanzieren, dann schaffen wir in uns selbst eine Distanz. Das heißt nicht, daß wir beleidigendes Verhalten tolerieren sollten, es bedeutet, mehr über uns selbst zu lernen, indem wir unser Verhalten in Beziehungen beobachten.

Andere Menschen halten uns unablässig einen Spiegel vor. Wenn jemand mit seiner Trauer zu uns kommt und wir uns nicht auf ihn einstimmen, sondern selbst anfangen zu weinen, sind wir auf unsere eigene unaufgelöste Trauer gestoßen. Wenn wir uns ständig ängstigen, daß jemand wütend auf uns sein könnte, dann müssen wir auf unsere eigene vergrabene Wut schauen. Je mehr wir für die vielen Aspekte in uns Akzeptanz und Mitgefühl entwickeln, desto entspannter können wir reagieren, wenn andere sich auf diese Weise verhalten. Regt sich beispielsweise jemand auf, können wir mitfühlender Zeuge sein, anstatt uns gezwungen zu fühlen, ihn zu beruhigen, ihn zum Schweigen zu bringen, ihn zu bessern, zu analysieren oder zu verurteilen oder ihn von uns zu wegzustoßen.

Freundlichkeit bedeutet nicht, daß uns die Persönlichkeit jedes Menschen gefallen muß oder wir willig Zeit mit ihnen verbringen sollen. Wir können uns die Menschen aussuchen, deren Gesellschaft wir genießen. Aber Sie müssen auch niemanden aus Ihrem Herz ausschließen. Sie müssen den Schmerz des anderen nicht lindern, wegnehmen oder dem Betreffenden einen herablassenden Klaps auf den Rücken geben. Sie können einfach beobachten, wie dieser Mensch seine Gefühle erlebt, als Teil seiner Reise – und entscheiden, ob oder wie Sie sich mit ihm verbinden möchten.

Ein weiterer Aspekt der liebevollen Freundlichkeit besteht darin, sich daran zu erinnern, daß nicht Vollkommenheit entscheidend für eine Beziehung ist, sondern das ehrliche Eingeständnis unserer Fehler und Mängel. Wenn wir unsere Menschlichkeit akzeptieren, sind wir in der Lage, uns für unsere Unhöflichkeit, Gefühllosigkeit oder Unehrlichkeit zu entschuldigen – nicht aber zu Kreuze zu kriechen. Wenn wir uns bei jemandem entschuldigen, so ist das eine Form von Mitgefühl gegenüber uns selbst, denn es symbolisiert Akzeptanz, und diese steht im Zentrum der Intimität. Wenn wir mit diversen Ängsten und Schwächen kämpfen, anstatt sie zu verbergen, können wir sie offenlegen, hoffentlich mitfühlend und amüsiert. Durch diese Selbstentblößung finden wir heraus, ob der neue Freund sich uns auf unserer Reise anschließen kann.

Meditation über die Freundlichkeit (Sie können das allein visualisieren oder die Übung mitten in einer Menschenmenge durchführen):
Wenn Sie sich in einer Menschenmenge befinden, sehen Sie sich all die verschiedenen Menschen an. Achten Sie auf Ihre Kleidung, Gesichter, Frisuren, Körperformen. Sehen Sie sich ihre Gesten und Bewegungen an, achten Sie darauf, ob sie locker, steif oder frei sind. Nehmen Sie es einfach auf, ohne zu urteilen, als ob Sie einen Garten voller Menschen betrachten. Nehmen Sie sie alle als Energiefelder wahr, wie Sie selbst eines sind. Einfach Energie. Während Sie weiter zusehen, denken Sie bei sich: Jede Person hier mußte jeden Tag ihres Lebens leben, so wie ich. Sie mußte jeden Tag aufstehen, sich überlegen, was sie anziehen sollte, war mit Verlust, Erfolg, Schmerz, Scham konfrontiert, ebenso wie ich. Jeder ist hingefallen, als er laufen lernte, jeder fühlte sich wahrscheinlich ängstlich, als er das erste Mal geküßt wurde, so wie ich. Jeder hat eine Geschichte zu erzählen. Einige der Kapitel sind heldenhaft, andere handeln von Verlusten, manche von Ängsten, Leistungen oder von Freude, ebenso wie meine Geschichte. Stellen Sie sich diese Menschen daraufhin wieder als Energie vor, empfangen als Ei- und Samenzelle, ebenso wie Sie.

Wenn Sie sich von jemandem verabschieden oder beschließen, ihn nicht wiederzusehen, denken Sie daran, daß Sie ein Augenblick in der Geschichte dieses Menschen sind. Machen Sie es zu einer Geschichte, die keine Narbe hinterläßt.

Teil 2

Wecken Sie Ihr Verlangen:
Wer sind Sie?
Was wollen Sie?

11. Rufe Sie das Universum

»Aber wenn du liebst und Wünsche haben mußt, sollst du
dir dies wünschen:
Zu schmelzen und wie ein plätschernder Bach zu sein, der
seine Melodie der Nacht singt.
Den Schmerz allzu vieler Zärtlichkeit zu kennen.
Vom eigenen Verstehen der Liebe verwundet zu sein;
Und willig und freudig zu bluten.«

Kahlil Gibran, in: »Der Prophet«

Wenn wir einen potentiellen Geliebten, Gefährten oder Ehepartner für uns interessieren wollen, können wir unsere Absicht dem Universum mitteilen. Ich bin hier, ich bin bereit, ich bin offen. Wenn Ihnen die Übermittlung einer Botschaft an das Universum zu abstrakt erscheint, denken Sie an Funkwellen oder Schallvibrationen. Hätten Sie jetzt ein Kurzwellenradio bei sich, könnten Sie sich in Stationen einschalten, die Tausende von Meilen weit weg sind. Das kommt daher, daß die Schallwellen die ganze Welt umrunden. Ob es Ihnen klar ist oder nicht, Sie sind ein kraftvolles Energiefeld, das ständig Botschaften aussendet. Je mehr Sie sich bewußt auf diese Botschaften konzentrieren, desto mächtiger sind sie.

Vor mehreren Jahren, nach dem Ende einer langjährigen Beziehung, sprach ich mit meiner Freundin Laura, Medium und Astrologin, über meine Sehnsucht nach einem Gefährten, der

sich mir auf meinem spirituellen Weg wahrhaft anschließen würde. Wir gingen zum Abendessen aus – den Zettel mit den Daten
meines Geburtshoroskops in der Hand. Sie sah sich mein Horoskop an und meinte, ich müsse mich an meine Verletzlichkeit
erinnern und mit den alten Gefühlen des Schmerzes, die ich als
Kleinkind durchlebt hatte, verbunden bleiben, damit mir diese
Gefühle nicht in den Weg kämen. »Aber es gibt keinen Grund,
warum du keinen Gefährten haben solltest«, meinte sie zärtlich.
»Angesichts all der Energie, die du in die Welt aussendest, sollte es
jemand Besonderen für dich geben. Du verdienst es, du solltest
nicht allein sein.« Ihre Worte waren wie Manna für mich, denn
ein Teil von mir glaubte, daß es mir nicht bestimmt war, einen
Partner zu haben.

Nachdem ich wieder zu Hause war, spazierte ich auf den Berg
hinter meinem Haus. Lauras Worte, »Du verdienst einen Gefährten«, gingen mir wie eine Melodie durch den Kopf. Anstatt meiner für gewöhnlich leicht quengeligen Bitten an das Universum
rief ich mit all meiner Kraft: »Sieh her, ich bin gut gewesen, ich
habe der Welt viel Energie gegeben, ich habe hart gearbeitet. Ich
möchte jemand an meiner Seite. Ich verdiene es.« Die Energie
hallte in mir wider wie ein Gong – pulsierend und vibrierend,
lebendig. Ich fing an, es selbst zu glauben.

Obwohl sich mein Schrei an das Universum gut anfühlte,
klang er für mich nicht gerade sehr buddhistisch, darum rief ich
meinen buddhistischen Freund Keith Walker an, um ihn nach seiner Sicht der Dinge zu fragen. Er lachte leise und hielt dann kurz
inne, bevor er antwortete: »Im Buddhismus geht es darum, frei zu
sein, um all das zu manifestieren, was du bist, indem du die Barrieren entfernst, die dem im Weg stehen. Zwar scheint der Buddhismus manchmal unpersönlich und leidenschaftslos, aber in
Wirklichkeit bekräftigt uns der Buddhismus in unserer Menschlichkeit, und dazu gehört zweifellos die Sehnsucht nach einem

Gefährten. Wenn du auf einem Berg stehst und rufst, daß du einen Gefährten verdient hast, dann ist das ein Durchbruch durch eine Barriere. Du hast dich befreit, um ein sehr menschliches Verlangen zu manifestieren.«

Bevor Sie dem Universum etwas zurufen, denken Sie genau darüber nach, was Sie von einem Partner erwarten. Es ist wichtig, an seine Wertvorstellungen, Interessen und seine bevorzugte Lebensweise zu denken, obwohl wir oft nicht wissen, wen wir wollen oder was wir wollen, bis wir eine von Herzen kommende Verbindung zu jemandem hergestellt haben. Wenn Sie eine Menge körperlicher Merkmale auflisten, die Sie sich in einem Lebensgefährten wünschen – er solle beispielsweise schlank, rothaarig oder jung sein –, dann projizieren Sie ein Bild und fragen nicht nach Eigenschaften und Werten. Aus spiritueller Sicht ist es wichtig, sich mit dem Wesen der Beziehung zu beschäftigen. Hier ein Beispiel für eine offene Botschaft an das Universum:

> »Bitte schicke mir einen Partner, der mir wahrhaft
> gleichgestellt ist in seinem Wunsch, zu wachsen, zu lernen
> und sich spirituell zu entwickeln – jemanden, der ehrlich,
> großzügig, verspielt und schwungvoll ist, mit ähnlichen
> Interessen, um meine Reise teilen zu können. Ich möchte
> einen Menschen, der mich ebenso begehrt, wie ich ihn
> begehre.«

Wenn Sie dem Universum eine Botschaft schicken, dann gestalten Sie sie immer positiv. Die Energieschwingungen im kosmischen Feld werden absolut buchstabengetreu verstanden. Wenn Sie ausrufen »Ich will niemand, der gemein ist«, dann wird der Gedanke »gemein« durch den bloßen Gebrauch des Wortes übertragen. Verwenden Sie also Wörter wie liebevoll, warm, sexy, humorvoll, mitfühlend und so weiter.

Eine weitere Möglichkeit, unsere Absichten dem Universum kundzutun, besteht in dem Öffnen unserer sexuellen Energie. Ebenso wie Tiere in Hitze kommen und Gerüche und Energie aussenden, um einen Gefährten anzulocken, müssen Menschen übermitteln, daß sie offen für die körperliche Liebe sind. Das bedeutet nicht, sich wie ein Don Juan oder ein Vamp aufzuführen, oder sofort Sex mit jemandem zu haben – es geht darum, sich entspannt und offen zu fühlen, um den Fluß Ihrer sexuellen Energie zu befreien, der eins ist mit Ihrer Lebenskraft. Sie können dazu beitragen, Ihre sexuelle Energie zu befreien, indem Sie mit sich selbst Liebe machen – über den schnellen Orgasmus hinaus ein intimer Freund Ihres Körpers werden. Schwelgen Sie in Sinnlichkeit, erforschen Sie Ihren Körper, experimentieren Sie mit verschiedenen Berührungen – werden Sie der Liebhaber oder die Geliebte, denen Sie immer begegnen wollten.

Wir können auch ganz buchstäblich Raum für einen Gefährten schaffen. Aus der Feng-Shui-Perspektive läßt sich das Verlangen nach einem Partner in den Wohnräumen widerspiegeln, insbesondere im Schlafzimmer. Feng Shui ist die Kunst, in Ihrer Umgebung Gleichgewicht, Harmonie und Wohlstand zu schaffen. Es basiert auf uraltem chinesischen Wissen über den Fluß der Energie in der physischen Welt und wird manchmal auch ›die Kunst der Plazierung‹ genannt.

Laut Johna Koontz, einer Feng-Shui-Beraterin aus Missoula, Montana, kann man auf die folgende Weise im Schlafzimmer Platz für eine neue Liebe schaffen:

- Räumen Sie Ihren Schrank und Ihre Kommode aus. Wenn man einen vollen Raum sieht, hat man auf der psychischen Ebene das Gefühl, es sei kein Platz für einen Partner vorhanden.
- Schaffen Sie eine symbolische Einladung für einen Menschen,

sich Ihnen in Ihrem Bett anzuschließen: zwei Nachttische, zwei Leselampen oder zwei Kissen.

- Entfernen Sie den Fernsehapparat und andere elektronische Geräte aus dem Schlafzimmer – sie lenken nur ab.

- Entfernen Sie aus Ihrer gesamten Wohnung sentimentale Erinnerungsstücke an frühere Gefährten. Wenn Sie verwitwet sind, entfernen Sie jedes Foto Ihres ehemaligen Partners aus dem Schlafzimmer. Die meisten Menschen machen nicht gern Liebe, wenn ein Geist zusieht.

- Werfen Sie alles Gerümpel aus dem Wohnzimmer, den Schränken und dem Keller.

- Denken Sie darüber nach, wodurch Liebe und Ehe für Sie symbolisiert werden. Das können Blumen, Skulpturen, Windspiele oder schöne Bilder sein. Sie können die Objekte paarweise ins Schlafzimmer stellen – zwei Kerzen, zwei Rosen, zwei kleine Tierfiguren oder Statuen, die einander ansehen, um dadurch Ihr Verlangen mitzuteilen, Teil eines Paares zu sein.

Wenn Sie Feng Shui genauer kennenlernen wollen, empfehle ich das Buch »Feng Shui im Westen« von Terah Kathryn Collins* oder gehen Sie in eine Buchhandlung, und blättern Sie in den zahllosen Büchern zu diesem Thema. Vielleicht möchten Sie auch Ihre Wohnung nach Feng-Shui-Prinzipien einrichten lassen von jemand, der auf diesem Gebiet eine Ausbildung gemacht hat.

Wenn Sie kein Buch lesen und keinen Experten konsultieren möchten, öffnen Sie einfach Ihre Augen für Ihren Wohnraum, als ob Sie ihn zum ersten Mal sehen. Gibt es einen freien Fluß der Energie – entspannt, hell, warm und geräumig –, der eine Einladung an die Liebe aussendet? Wenn Sie Ihren Wohnraum ausräu-

---

* Terah Kathrin Collins, »Feng-Shui im Westen. Der Weg zu Gesundheit, Harmonie und Wohlstand«, Übersetzung von Gisela Kretzschmar, München: Goldmann 1998.

men, räumen Sie auch einige Aspekte, denen Sie verhaftet sind, aus Ihrem Leben aus. Johna sagt: »Wenn Ihre Besitztümer keinem Zweck dienen, dann bringen sie Sie nicht weiter. Werden Sie sie los.«

Sollten Sie es mit einem oder mehreren dieser Ansätze versuchen, denken Sie auch daran, daß schon das Öffnen Ihres Herzens Energie in das Universum ausstrahlt. Wenn Sie Freude und Vitalität ausstrahlen, senden Sie eine unter Hochspannung stehende Einladung an die Liebe aus.

12. Suchen Sie nach Ihrem wahren Seelenpartner

»Das Ziel zweier Liebender ist beinahe immer dasselbe: einen Sinn für ihr Leben als Einzelperson und für ihr gemeinsames Leben zu finden.«

Paul Pearsall, in: »Heilung aus dem Herzen«

Laut dem »I Ging« erblühen Liebesbeziehungen, wenn beide Partner den Weg des jeweils anderen unterstützen, ernst nehmen und gutheißen. Anpassung, Hingabe und bedingungslose Unterstützung, die beide Partner einander in gleichem Maße zukommen lassen, bergen die Essenz der Gleichberechtigung. Gleichberechtigung bedeutet nicht, unisex, androgyn oder genau identisch zu sein; vielmehr spiegelt sie zwei Menschen wider, die einander anbeten und von ganzem Herzen und aus einem gut entwickelten Selbstgefühl heraus füreinander da sind. Männer müssen sich als Männer schätzen, Frauen als Frauen. Ob wir heterosexuell, bisexuell, schwul oder lesbisch sind, wir müssen in dem sicheren Bewußtsein zusammenkommen, wer wir sind, damit wir den kraftvollen Austausch von Liebe und Ehrlichkeit spüren können, der uns im Fluß des Geistes miteinander verbindet.

Unser Maß an Gleichberechtigung läßt sich auf vielerlei Weise messen – zum Beispiel in Hinblick auf Geld, Macht, Aussehen oder Status. Es kann sich auch in unserer persönlichen Macht widerspiegeln – in der Fähigkeit, Gefühle zu artikulieren, zu sagen, was wir wollen, und unseren Werten trotz Druck von außen treu zu bleiben. Gleichberechtigung kann auch durch das Maß an Hingabe an den spirituellen Weg deutlich werden – unsere Bereitschaft, zu wachsen, nachzudenken und uns unseren Ängsten zu stellen. Aber am wichtigsten in einer intimen Beziehung ist die Wahrnehmung der Gleichberechtigung; sie ist ein bestimmender Faktor.

Gleichberechtigung bedeutet nicht, daß beide gleich viel Geld verdienen, dieselbe gesellschaftliche Stellung einnehmen oder gleich gut aussehen. Es bedeutet, daß die Partner einander als Gleichberechtigte schätzen, wenn es darum geht, Pläne zu schmieden, Liebe zu machen oder Entscheidungen zu treffen. Ihre Stimmen sind gleichberechtigt. Keiner opfert sich dem anderen. Sie verehren und schätzen einander in gleichem Maße. Vielleicht tragen Sie auf unterschiedliche Weise zur Beziehung bei, aber sie fühlen sich beide gleichermaßen verantwortlich, die Partnerschaft lebendig und im Wachstum zu halten. Ich habe in dieser Hinsicht eine persönliche These, die da lautet: Um wahrhaft gleichberechtigt zu sein, müssen beide Partner wissen, daß sie sich auch allein finanziell durchbringen können, damit es ihnen jederzeit frei steht, die Beziehung zu verlassen.

Es gibt viele gute Gründe für eine gleichberechtigte Partnerschaft. Erstens befreit sie beide Partner von der Angst. Wenn sich Menschen untergeordnet oder abhängig fühlen, fürchten sie mit der Zeit, von ihrem Partner verlassen zu werden. Um dies zu verhindern, zensieren sie ihre Worte, halten sich zurück und stimmen sich auf die Bedürfnisse des Partners ein, so wie sie sie wahrnehmen, anstatt auf ihre eigenen Wahrheiten. Letztendlich entwickeln sie eine unausgesprochene Wut, die sich verdeckt ausdrückt – der wohlbedachte Seitenhieb, Verabredungen, die man einfach »vergißt«, Verspotten des Partners und so weiter. Menschen, die sich in der dominanten Position befinden, fürchten, daß sie nur wegen ihres Reichtums, ihrer Statussymbole oder ihrer Stellung geliebt werden und ihr Partner sie verlassen würde, sobald er wahrhaft gleichberechtigt wäre.

Der zweite gute Grund für eine Gleichberechtigung ist der, daß sich in einer blühenden Beziehung beide Partner weiterentwickeln, indem sie auf ihr eigenes Verhalten achten. In einer ungleichen Beziehung sieht sich der Dominante nie dazu veranlaßt, über sich nachzudenken, weil der unterlegene Partner immer nachgibt. Wachstum, Flexibilität oder die Verschmelzung im Herzen gibt es nicht oder nur im Ansatz – es entwickelt sich kein »uns«, das zwei Menschen zu einer spirituellen Einheit macht.

Der dritte Grund für gleichberechtigte Partnerschaften ist der, daß Ungleichheit für gewöhnlich zu langweiligen, mechanischen, nichtssagenden Beziehungen führt, da diese häufig die Sehnsucht nach Sicherheit widerspiegelt – man richtet sich lieber in einer genau definierten Rolle ein, statt seine Grenzen zu erweitern. Wenn die Energie nicht frei in uns fließt, dann tut sie es auch nicht zwischen uns.

Ein weiterer großartiger Grund für die Gleichberechtigung ist der Umstand, daß sie den Sex lebendig hält. Der sicherste Weg, Leidenschaft und sexuelle Attraktivität zu dämpfen, besteht darin, daß einer die Elternrolle einnimmt und versucht, den anderen zu beschützen, zu bessern, zu ändern oder zu »reparieren«. Spielt andererseits einer das Kind, bittet um Erlaubnis und Rat und fügt sich jederzeit dem anderen, dann kann es keine Gleichberechtigung geben. Wenn wir nicht wollen, daß unser Feuer erlischt, müssen wir frei, offen und ehrlich miteinander umgehen, etwas, das per se unmöglich ist, wenn sich die Partner nicht gleichberechtigt fühlen.

Zwei gleichberechtigte Menschen können Verbündete werden und gemeinsam die Schichten der falschen Überzeugungen erforschen, die ihr innerstes Wesen überdecken. Sie können Seite an Seite reisen, ihre Verkleidungen ablegen, sich vollständig offenbaren und auf eine Beziehung zubewegen, die von Güte geprägt ist.

Wenn wir uns auf der spirituellen Ebene oder der unseres Wesens verbinden, fangen wir an, die Süße von Einheit und Freude zu schmecken. Wir fühlen uns sicher genug, um miteinander zu verschmelzen, einen gemeinsamen Körper der Liebe zu erschaffen, der uns einen Blick in das herrliche Einssein des Universums ermöglicht. Auf dieser spirituellen Ebene der Verbindung sind wir nicht nur gleichberechtigt, wir sind ein- und dieselbe Energie. Unsere Zärtlichkeit für den geliebten Menschen wird zu einer Liebkosung unseres eigenen Herzens.

13. Erkunden Sie die Art und Weise, wie Sie sich an andere binden

Wir binden uns auf vielen Ebenen. Durch das äußere Erscheinungsbild, durch Wertvorstellungen, Interessen, Talente und Temperament fühlen wir uns zu jemandem hingezogen. Je mehr unsere Bindung in der Spiritualität gründet, desto größer die Chance für eine lebendige, vitale Beziehung.

Eine spirituelle Verbindung liegt dann vor, wenn wir durch unser höchstes, klügstes Selbst in Wahrheit, Mitgefühl und mit einem offenen Herzen miteinander verbunden sind. Um die diversen Ebenen einer Bindung zu erforschen, lesen Sie die folgenden Abschnitte, und denken Sie dabei an frühere Beziehungen, aber auch an die Beziehung, die Sie gern hätten. Auf welchen Ebenen haben Sie sich verbunden? Was hat für Sie gut funktioniert? Was fehlte? Wenn Sie neue Menschen kennenlernen, dann achten Sie darauf, auf welchen Ebenen Sie mit Ihnen in Bezug treten. Häufig fangen wir mit früheren Ebenen an und nehmen allmählich immer mehr hinzu, je weiter wir uns einem spirituellen Band nähern. Die sexuelle Bindung habe ich hier nicht aufgeführt. Sie verdient ein eigenes Kapitel, weil sie alle anderen Ebenen durchdringt.

1. Körperlich / materiell
2. Intellekt
3. Interessen
4. Werte / Lebensweise

5. Psychologisch / emotional
6. Kreativität / Leidenschaft
7. Spiritualität
8. Essenz

Achten Sie bei der Lektüre der nachfolgenden Beschreibungen von Bindungsarten und den anschaulichen Kleinanzeigen darauf, was sich für Sie vertraut anfühlt. Manche haben das Gefühl, daß diese Erläuterungen Licht auf die Schwierigkeiten früherer Beziehungen werfen. Andere halten es für eine Bestätigung dessen, was sie bereits wissen. Erinnern Sie sich jedoch in jedem Fall daran, daß die Zukunft lang ist und Ihre Romanzen Gezeiten unterliegen. In vielen schwierigen Beziehungen haben die Betroffenen einfach nicht ihre Werte, Interessen oder Träume unter die Lupe genommen, bevor sie sich einen Gefährten aussuchten.

1. Körperlich / materiell:

Ein körperliches oder materielles Band basiert auf projizierten Bildern und Rollen – Aussehen, Haarfarbe, Status, Geld und Besitztümern. Wir wollen, daß unser Partner zu unserer Phantasie und unserem Drehbuch paßt. Ich suche eine Ehefrau. Ich suche jemand mit Geld. Ich suche eine schlanke, junge Frau mit langen Haaren. Ich suche jemanden mit schwarzen Haaren und dunkler Hautfarbe. Wenn wir uns jedoch ins Gedächtnis rufen, daß unser Bild von einer attraktiven Person eben wirklich nur ein Bild ist, können wir einen Schritt zurücktreten und offen sein für Menschen, die diesem nicht entsprechen. Wenn Sie einmal die Kleinanzeigen durchsehen, werden Sie feststellen, in welchem Maße diese Art der Bindung in unserer Gesellschaft vorherrscht: »Großer, gutaussehender, moralisch gefestigter Mann, 87 kg, 42, sucht dünne christliche Frau zwischen 32 und 36 mit zarten Gesichtszügen und angenehmer Persönlichkeit.« Oder: »Selbstsichere,

Blondine, 165 cm, 29, mit langen Beinen sucht großen, gutausse-
henden, finanziell abgesicherten Mann zwischen 30 und 35 für
Sport und Romantik.«

2. Intellekt:

Der Intellekt kann der Diener des Ego oder des Geistes sein. Wenn
unsere Intelligenz der Diener des Geistes ist, verwandelt sie sich in
Weisheit. Wir erforschen Ideen und Lehren mit dem Ziel, unsere
Kreativität zu entfachen, um Probleme zu lösen und einander zu
helfen. Die Ideen sind eher das Mittel als der Zweck.

Wenn der Intellekt jedoch dem Ego dient, dann halten wir
unsere Ideen für real und für einen bedeutenden Maßstab unseres
Wertes. Wir verwenden Informationen und Wissen, um Leute zu
beeindrucken, Standpunkte zu verteidigen, Diskussionen zu gewinnen und um unsere Macht zu festigen. Doch auch, wenn wir
immer nur Einsen bekommen oder an einer Universität lehren,
kann es uns an Weisheit und Mitgefühl mangeln. Wenn der Intellekt dem Ego dient, sind die Betreffenden häufig humorlos,
selbstgerecht und distanziert. »Mann, 49, 175 cm, 85 kg, sportlich, gutaussehend, gebildet, attraktiv, belesen, neugierig, erfolgreich, finanziell abgesichert, sucht intelligente, schlanke Frau
über 170 cm, um mit ihr sein Haus am See zu teilen.«

3. Interessen:

Häufig verbinden sich die Menschen anfänglich durch gemeinsame Interessen. Sie gehören beide einem Wanderverein an oder
treffen neue Bekannte bei Tanz- oder Bowlingveranstaltungen.
Zu diesen Interessen gehören Kino, Kochen, Jagd, Sportereignis-
se, Musik, Wandern, Radfahren, Zelten, Skifahren, Reisen, Muse-
en, Tanzveranstaltungen und vieles mehr. Gemeinsame Interessen können intensive geteilte Freuden bringen, die den Spaß am
Zusammensein noch erhöhen. Wenn die Interessen von Ihnen

und Ihrem Partner jedoch Welten auseinanderliegen, müssen Sie sich fragen, ob Sie bereit sind, die Dinge, die Ihnen Spaß machen, auch allein oder mit Freunden zu tun. Können Sie einen Partner akzeptieren, der viele seiner Leidenschaften mit anderen Menschen teilt? Werden Sie beide die Kraft haben, das, was Ihnen Freude bereitet, nicht einfach zu opfern, um Ihrem Partner zu Gefallen zu sein? Andererseits sind gemeinsame Interessen nur ein Baustein, nicht das Fundament für eine enge Beziehung. Paare, die kein spirituelles Band haben, können sich streiten und einsam fühlen, selbst wenn sie sich an einem herrlichen Erholungsort, auf einem Berggipfel oder in einem französischen Café befinden. »Alleinstehender Mann, 32, liebt Aktivitäten im Freien, Radfahren, Essengehen, Pferde, Kino, Zelten und Angeln. Suche jemand, der dieselben Interessen hat.«

4. Werte / Lebensweise:
Werte, die objektiv oder subjektiv sein können, durchdringen alle Ebenen unserer Bindung. Dabei kann es sich um materielle Besitztümer handeln, darum, wie man die Kinder erzieht, um die Lebensführung, Eßgewohnheiten, Religion oder spirituelle Überzeugungen. Werte können die Art und Weise widerspiegeln, wie wir unsere Zeit verbringen, welchen Beitrag wir für die Gemeinschaft leisten und wie wir gesellschaftlich mit anderen verkehren. Darüber hinaus gehören zu den Werten Eigenschaften wie Güte, Offenheit, Ehrlichkeit und Einfühlungsvermögen.

Wir müssen ehrlich zu uns selbst sein, was die Werte betrifft, die uns wichtig sind. Wenn jemand, mit dem wir ausgehen, ganz bestimmte, von uns hochgeschätzte Werte nicht teilt, können wir uns nie darauf verlassen, daß er für uns da ist. Denken Sie daran, nachdem das rosige Glühen der ersten Verliebtheit vorüber ist, liegt ein langes Leben vor Ihnen. Was wird geschehen, wenn Sie in der Stadt leben und Kinder haben wollen, und er will aufs Land ziehen und Ziegen züchten? Was wird sein, wenn Sie Wandern und Zelten lieben und er Luxushotels bevorzugt? Wenn Sie in Ihrer Spiritualität aufgehen und Ihr Partner kein Interesse daran hat, welchen Einfluß wird das auf Ihre täglichen Gespräche haben? Kann man über die Unterschiede verhandeln oder wird einer von Ihnen gezwungen sein, seine Interessen unterzuordnen und seine Träume zu opfern? Und welcher der Partner wird derart gefällig sein? Diese Gedanken mögen nebensächlich erscheinen, solange man verliebt ist, aber Werte reichen tief und ändern sich nicht so leicht. Aus diesem Grund müssen Sie unbedingt herausfinden, welche Werte für Sie von größter Bedeutung sind, wo sich Kompromisse finden lassen oder welche Werte Ihnen nicht so wichtig sind. Manchmal mögen wir jemanden lieben und passen dennoch nicht zu ihm, weil unsere Werte und unsere Lebensart so anders ist, daß einer der Partner enorme Kompromisse eingehen müßte. »Lebhafte Frau, 32, auf dem Lande lebend, Musikerin, Dichterin, sportlich, ökologisch, genießt Aktivitäten im Freien, Kinofilme, Überraschungen. Sucht Mann mit ähnlichen Interessen, der Integrität, Humor, Intimität, Familie, Gemeinschaft und Abenteuer schätzt.«

5. Psychologisch / Emotional:

Ein gesundes psychologisches Band beinhaltet, daß wir ehrlich zueinander sind, in Worten und in unserem Verhalten. Unsere Fähigkeit, ehrlich zu sein, hat mit Zugänglichkeit zu tun und dem Fluß unserer Emotionen, unserer Freiheit von all den Geschichten, die wir über uns erfunden haben, und unserer Fähigkeit, uns aufeinander einzustimmen und aus unserer Essenz miteinander in Beziehung zu treten. Unsere psychologische Entwicklung zeigt sich auch in unserer Fähigkeit, unsere Bedürfnisse und Gefühle zu artikulieren und uns keine übermäßigen Sorgen zu machen, wie unser Partner auf uns reagiert. Ein psychologisches Band erfordert Zeit. Durch gemeinsame Erfahrungen lernen wir die gegenseitigen Gewohnheiten, Freuden und Leidenschaften kennen. Wir werden geschickt darin, gemeinsam Pläne zu schmieden und Auseinandersetzungen beizulegen. Wir behandeln einander mit Zartgefühl und wehren uns gegen jeden Drang, unser Wissen über die Schwächen des anderen auszunutzen. »Abenteuerlustiger Mann, 49, 171 cm, zuverlässig, professionell, sucht besondere Beziehung, basierend auf Ehrlichkeit, Fürsorge und Hingabe mit jemandem, der die alltäglichen Geschenke des Lebens zu schätzen weiß. Mag Wandern, Cool Jazz, Gespräche, Verspieltheit. Schätze Offenheit, Wärme, Ehrlichkeit, Kreativität und Humor.«

6. Kreativität / Leidenschaft:

Kreativität ist die Manifestation des Geistes, die durch uns entsteht und unser Leben mit Neugier, Faszination, Vorstellungskraft und Originalität durchwebt. Ob wir uns lieben, musizieren, eine Fischmahlzeit zubereiten, Wiegenlieder singen, Möbel aufstellen, Probleme lösen oder etwas reparieren, Kreativität bringt eine spielerische Ausgelassenheit in eine Beziehung. Es ist, als ob zwei Menschen und ihre Musen sich zusammentun wegen der Freude und des Vergnügens, gemeinsam etwas zu erschaffen, was sie allein nicht hätten zustande bringen können. Eins plus eins ist weit mehr als zwei. Eine solche Zusammenarbeit kann sich überaus persönlich und intim gestalten, weil sich unser Geist und unsere Seele durch unsere Kreativität offenbaren. »Zimmermann, 42, passabel aussehend, sportlich, spielerisch. Komm, laß uns singen, tanzen, spielen und ins Leben eintauchen. Laß uns die Grenzen dessen erforschen, was es heißt, lebendig zu sein. Laß uns die Künste, Theater, Spaziergänge, Geheimverstecke genießen. Ich schätze Wärme, Freundlichkeit und Ehrlichkeit.«

7. Spiritualität:

Ein spirituelles Band wird durch die von ganzem Herzen kommende Hingabe geschaffen, uns selbst genau zu kennen und uns von einem anderen Menschen verändern, transformieren und beeinflussen zu lassen. Durch das offengelegte Herz schaffen wir das geteilte Herz. Obwohl wir unserem eigenen Weg verpflichtet sind, geben wir uns in die Beziehung. Es gibt mich, dich und uns. Wie zwei Tropfen Wasser, die sich im Ozean vereinen, existieren wir als Individuen, als Paar und als Teil von etwas Größerem. Ein spirituelles Band erlaubt es den Paaren, einander auszuschöpfen, sich auf die Schwingungen des anderen einzustimmen. Häufig werden wir telepathisch und sind in der Lage, vorherzusehen, was der andere denkt oder braucht.

Menschen in einer spirituellen Verbindung behandeln ihre Verbindung wie ein leuchtendes Juwel. Unterschiede oder Konflikte werden begrüßt als etwas, das sich lösen läßt, nicht als Anlaß für eine Attacke. Das Ziel besteht darin, zur Einheit zurückzukehren, nicht zu gewinnen. Wenn Verlust oder Trauma das Leben des Paares überschatten, trägt ihr Band sie, und sie können einander umarmen, statt Distanz zwischen sich zu schaffen. Ihr Band ist eine ständige Quelle der Dankbarkeit. Die Partner sind großzügig mit zärtlichen Blicken, Ehrlichkeit, Güte. Sie verbergen nichts, fordern nichts und wollen nur, was in Liebe gegeben wird. Ebenso wie Jesus von Nazareth sagte, »seid in der Welt, nicht von der Welt«, wissen auch diese Paare, wie man in einer Beziehung ist, nicht von ihr. Sie sind im Herzen des anderen, und ihre Beziehung ist im Herzen des Geliebten.

»Schließe dich mir auf der magischen Reise an. Lebhafte Frau, Kunstlehrerin, 43, sportlich, verspielt, kreativ, sucht Gleichgesinnten, der Intimität, Integrität und Gemeinschaft schätzt, um Freundschaft, Liebe und spirituelle Verbundenheit zu erforschen. Interessen: Jazz, Klassik, Theater, Wandern, Kanufahren, Abenteuer, Kino und romantische Hüttenatmosphäre. Sage mir, wer du bist.«

8. Essenz:

Essenz heißt, einfach zu sein. Wir leben ohne Verstand, Erinnerung oder Assoziation früherer Erfahrungen oder Lehren. Es gibt keine Trennung, nur die stille Verbindung mit der ruhigen Mitte in uns, die mit der großen Leere des Universums verbunden ist – ein Energiefeld über Gedanken hinaus, über das Ego hinaus. Wenn wir aus der Essenz heraus in Beziehung treten, sind wir herzlich, freundlich und mitfühlend. Wir sehen die Menschen so, wie sie sind, ohne Projektionen und Idealisierung. Auf der Ebene der Essenz sind wir ein ständiger Strom von Bewußtsein, lebendig im Augenblick, ohne Sorgen über die Vergangenheit oder die Zukunft. Wenn wir auf dieser Ebene vollkommen zentriert wären, würden wir wahrscheinlich keine Anzeige schalten. Wenn doch, würde sie lauten: »Wer bin ich? Wer bist du? Laß uns diese Reise Seite an Seite machen.«

Je mehr Ebenen der Bindung wir verinnerlichen – insbesondere die psychologische, kreative und spirituelle Ebene –, desto näher kommen wir dem Punkt, wo wir aus der Essenz heraus leben: Unsere Masken fallen ab, die Ängste schwinden, wir tanzen leichtfüßig auf unserer Reise und genießen die Einzelheiten des flüchtigen Augenblicks.

14. Vereint oder frei: den Weg der Intimität verstehen

»Der einzige Weg zu ganzer Erkenntnis ist der Akt der Liebe:
Dieser Akt transzendiert alles Denken und alle Worte. Es ist
der kühne Sprung in das Erleben von Einheit. ... Die Liebe
ist nicht einfach nur ein starkes Gefühl – sie ist eine
Entscheidung, ein Urteil, sie ist ein Versprechen.«

Erich Fromm, in: »Die Kunst des Liebens«

Ganz egal, wie Sie sich angesichts der Aussicht einer Verabredung fühlen – klar und zuversichtlich oder nervös und dünnhäutig –, die Aufgabe ist für uns alle dieselbe: Wir müssen den Weg beschreiten, auf dem wir wissen, wer wir sind, auf dem wir lernen, andere klar zu sehen, und auf dem wir unsere Bilder und Erwartungen fallenlassen, damit wir stärker aus unserer Essenz heraus leben können. Dadurch gelingt uns der kühne Sprung in die Verbundenheit.

Differenzierung ist ein psychologischer Ausdruck, der zuerst von dem Familientherapeuten Murray Bowen verwendet wurde, um die Grundlage der Intimität zu beschreiben. Differenzierung meint die Fähigkeit, Ihre Identität zu wahren, obwohl Sie in einer engen Beziehung zu einem anderen Menschen oder einer Ideologie stecken: Sie sind in der Lage, sicher in sich selbst zu ruhen, und werden von den Emotionen, Meinungen und Stimmungen anderer Menschen nicht mitgerissen. Gleichzeitig sind Sie offen für andere. Differenzierung bringt ein weites, offenes Gefühl mit sich, denn unser Verstand ist frei.

Verschmelzung, das Gegenteil der Differenzierung, liegt dann vor, wenn wir uns mit jemandem verstricken. Er hat Kopfschmerzen, wir nehmen ein Aspirin. Er ist arbeitslos, wir lesen die Stellenanzeigen. In vielen Familien wird Verschmelzung mit Liebe verwechselt. Wenn du dich nicht aufregst, wenn ich aufgeregt bin, dann liebst du mich nicht. Wenn du keine Lust auf Sex hast, wenn ich Sex will, dann weist du mich zurück. Wenn wir verschmelzen, werden Unterschiede als Bedrohung wahrgenommen, weil alles entweder richtig oder falsch sein muß. Wenn wir also zwei unterschiedliche Meinungen vertreten, muß sich »natürlich« einer irren. Diese Einstellung führt unvermeidlich zu Streit und Schuldzuweisungen. Aus diesem Grund steht die Verschmelzung der Intimität im Weg. Sie läßt nicht zu, daß zwei unterschiedliche Menschen unterschiedlich denken, wahrnehmen oder mit Situationen umgehen.

Wir alle begannen unser Leben in der völligen Verschmelzung mit unserer Mutter. Der Schritt von der Verschmelzung zur Differenzierung ist ein Entwicklungsprozeß, der sich unser Leben lang fortsetzt, er entspricht vollständig unserer Evolution auf der spirituellen Reise. Spiritualität und Differenzierung sind zwei Bezugsrahmen für das Verständnis derselben Konzepte. Ich habe die Eigenschaft von Verschmelzung und Differenzierung nachfolgend aufgeführt, weil ich bei der Arbeit mit meinen Klienten feststellen konnte, daß manche Menschen eine Liste mögen, die rote Warnlichter aufzeigt, während andere eine Liste mögen, die Ihnen genau zeigt, wohin sie gehen wollen. In den folgenden Listen stelle ich die Eigenschaften der Verschmelzung ohne viele Erklärungen dar und schließe die Eigenschaften der Differenzierung an. Es könnte hilfreich für Sie sein, diese Listen täglich durchzulesen oder sich ein oder zwei Punkte auszusuchen, auf die Sie sich konzentrieren wollen. Ein Wort der Warnung sei in diesem Zusammenhang gesagt: Das Ego, das Kategorien wie richtig und falsch liebt, könnte zu dem Schluß kommen, daß Verschmelzung prinzipiell schlecht und Differenzierung dagegen immer gut ist. Diese Listen wollen Ihnen nicht sagen, was die »richtige« oder »falsche« Vorgehensweise ist; sie wollen Sie nur daran erinnern, jeden Tag aufs neue achtsam zu sein. Es gibt weder gut noch schlecht, nur das, was im Augenblick ist. Wir können nur verändern, was uns bewußt ist. Im Buddhismus würde man sagen: »Sei nicht der Stelle verhaftet, an der du dich auf dem Weg befindest, bringe einfach Neugier und Faszination für den Ort mit, wo immer du in diesem Augenblick bist.« Es ist ganz natürlich, zwischen verschiedenen Ausprägungen von Verschmelzung und Differenzierung zu wechseln, sowohl in unterschiedlichen Situationen, als auch bei den Menschen, denen wir im Laufe unseres Tages begegnen.

Eigenschaften der Verschmelzung:
1. Wir gehen ganz in einer engen Beziehung auf, kommen den Absichten anderer zuvor, überwachen unser Verhalten, um anderen zu gefallen, machen uns Sorgen, was andere von uns denken könnten.
2. Die Sorgen und Kümmernisse anderer beeinflussen unser Selbstwertgefühl, unsere Stimmung oder gehen ganz auf uns über.
3. Wir machen unser Selbstwertgefühl vom Lob anderer Menschen, von guten Noten, Geld, Status, Aussehen, Gewicht und so weiter abhängig.
4. Wir reagieren unbewußt aus Kindheitskonditionierungen, -lehren oder -traumata heraus. (Wir haben häufig plötzliche Anfälle von Angst, Schmerz, Wut, Furcht oder Groll, die intensiver sind, als es der Situation angemessen ist.)
5. Wir geben anderen die Schuld: Wir haben das Gefühl, daß die Welt, die Menschen und Maschinen »uns etwas antun«, anstatt

unseren Anteil an dem Schauspiel des Lebens oder an unseren Erfahrungen zu sehen.

6. Angesichts von Kritik, andersartigen Ideologien, Ansätzen oder Überzeugungen verteidigen wir uns.

7. Wir müssen immer recht haben oder wir glauben stets, unrecht zu haben.

8. Wir sind von anderen abhängig, wenn wir Trost oder Besänftigung brauchen.

9. Wir haben Schwierigkeiten, anderen zu geben, oder wir geben nach Terminkalender.

10. Wir gehen unsere Bindungen selbstgerecht, schmerzvoll oder als »Opfer« ein. (Wir stellen uns selbst tief verletzt oder als trauriges Opfer des Lebens dar, um Sympathie oder Mitleid hervorzurufen.)

11. Wir geben uns zwanghaften oder suchterzeugenden Verhaltensweisen hin.

12. Wir verändern unsere Persona beziehungsweise unser Verhalten, um anderen zu Gefallen zu sein oder sie zu kontrollieren.

13. Wir retten andere, machen uns um sie Sorgen, reagieren angesichts von Problemen allzu drastisch.

14. Wir bleiben aus Angst und Abhängigkeit in schmerzlichen, schädlichen Beziehungen oder weil wir uns davor fürchten, auf uns allein gestellt zu sein.

Eigenschaften der Differenzierung:

1. Wir bewahren in unseren Beziehungen unsere Mitte. Dazu gehört, daß wir in allen Aspekten unseres Lebens unsere Integrität wahren und in der Lage sind, uns selbst zu definieren – also auch ja, nein und vielleicht zu sagen. Das bedeutet zugleich, Gefühle artikulieren zu können, uns gut um uns selbst zu kümmern und wahrhaftig zu sein, auch wenn wir dafür schwierige Themen anschneiden müssen.

2. Unser Selbstwertgefühl und unsere Stimmung ändern sich nicht angesichts der Sorgen und Kümmernisse anderer. Wir bleiben mitfühlend, ohne emotional verwickelt zu werden, wenn ein geliebter Mensch ängstlich oder depressiv ist oder eine schwere Zeit durchmacht. Anstatt diese Gefühle in uns aufzunehmen oder uns dafür verantwortlich zu fühlen, sein Problem zu lösen, es herunterzuspielen oder gute Ratschläge zu erteilen, bleiben wir einfach ein liebevoller Zeuge.

3. Wir wissen, daß unser Wert unveränderlich ist. Unser Selbstwertgefühl bleibt immer gleich, ob wir gewinnen oder verlieren, Erfolg haben oder scheitern, angesichts von Schmerz oder Vergnügen, denn wir wissen, daß unser Wert zum Lebendigsein dazugehört. Wir sind alle heilige Wesen, wechselseitig verbunden mit allem Leben.

4. Wir entwickeln unsere Wertvorstellungen durch Nachdenken, Bewußtheit, Lernen und Experimentieren. Anstatt uns bei der Bestimmung unserer Werte und Überzeugungen auf äußere Autoritäten zu verlassen, lernen wir, unserer inneren Weisheit zu vertrauen, die wir durch Erfahrung, Kontemplation und Meditation gewinnen. Das bedeutet häufig, viel von dem abzuwerfen, was wir in unserer Familie, in der Schule oder in religiösen Einrichtungen gelernt haben.

5. Wir fühlen uns wohl oder sogar fasziniert angesichts von unterschiedlichen Theorien, Glaubenssystemen und Lebensperspektiven. Da wir in unseren Werten und Überzeugungen sicher sind, kommt es nicht darauf an, ob andere uns zustimmen oder nicht. Unterschiede sind natürlich, unbedrohlich und interessant – sie bieten einen Blick in die Welt der anderen. Anstatt sofort mit unserer Rüstung zu rasseln – »Ich mache das aber so!« –, zeigen wir Neugier. Wie funktioniert diese Überzeugung für den Betreffenden, wie ist er dazu gekommen, was bedeutet sie für ihn?

6. Wir erkennen Verführung, Kontrolle und Manipulation – bei uns selbst und bei anderen. Der spirituelle Krieger nimmt Zeichen der Manipulation und der emotionalen Verführung wahr – bei sich und bei anderen. Wir vertrauen nicht blind, wir vertrauen weise, basierend auf der Realität. Außerdem prüfen wir unsere Motivation und betrügen uns nicht selbst oder verstecken uns hinter vorgetäuschter Unschuld, Charme oder Naivität.

7. Wir sind in der Lage, über uns selbst nachzudenken und uns selbst gegenüberzutreten. Menschen mit hohem Differenzierungsvermögen denken regelmäßig über ihr Verhalten nach und konfrontieren sich selbst damit. Inwiefern habe ich zu diesem Problem, zu diesem langweiligen Sexleben, dieser zerbrechenden Beziehung beigetragen? Warum bleibe ich bei diesem gemeinen Menschen? Wir richten unsere Aufmerksamkeit nach innen, gestehen unsere Fehler ein, entschuldigen uns, wenn es angebracht ist, und verlassen Menschen, die nicht gut für uns sind.

8. Wir bitten um Hilfe und nehmen sie an, ohne uns deshalb schwach oder kompromittiert zu fühlen. Da wir unsere Menschlichkeit und unsere Fehlbarkeit akzeptieren, suchen wir Hilfe, wenn wir in Not sind. Uns ist klar, daß wir durch das Annehmen der Hilfe den anderen erlauben, das Geschenk des Gebens zu erfahren. Der Akt des Gebens und Empfangens vereint uns zu einem Kreis der Verbindung.

9. Wir geben ohne festen Terminkalender oder das Gefühl, einen Teil von uns selbst zu verschenken. Menschen mit hohem Differenzierungsvermögen freuen sich, wenn sie aus ihrer Fülle heraus geben können, ohne die Gefälligkeiten gegeneinander aufzurechnen und ohne Hintergedanken.

10. Wir sehen andere deutlich. Aufgrund unseres Differenzierungsvermögens stecken wir andere Menschen nicht länger

in Schubladen; wir lassen unsere Erwartungen und vorgefaßten Meinungen fallen und lernen sie als die Menschen kennen, die sie sind. Das erlaubt uns, wahre Intimität zu schaffen.

11. Wir lernen, uns selbst zu trösten und zu beschwichtigen, wenn wir uns in einer Streßsituation befinden oder uns Schwierigkeiten gegenübersehen. Auch angesichts von Wut, Feindseligkeit oder Trauma besitzen Menschen mit hohem Differenzierungsvermögen die inneren Ressourcen, um sich wieder zu beruhigen und einen Schritt von der Situation zurückzutreten, anstatt impulsiv zu reagieren. Wir brechen dann keinen Streit vom Zaun, verlieren nicht die Fassung, können langsamer machen und tragen so nicht zu dem Tohuwabohu bei. Die Aufregung des anderen geht nicht auf uns über.

Alles in allem kommen wir durch die Differenzierung von der Furcht zu Aufregung, vom Getrenntsein zur Verbundenheit, von der Unsicherheit zur Zuversicht, von der Ernsthaftigkeit zur Verspieltheit und einem leichten Herzen. Wir sind in der Lage, einen Schritt zurückzutreten und uns selbst mit Freundlichkeit, Neugier und Humor zu betrachten. Das schafft eine solide Grundlage, auf der wir eine vibrierende, dauerhafte Beziehung aufbauen können. Wenn wir in der Lage sind, Zuflucht bei uns selbst zu nehmen, können wir ohne Furcht verschmelzen, denn wir fühlen uns vollständig, gleichgültig, wo wir uns befinden.

>*In einer gesunden Ehe bringen daher beide Partner die Summe dessen, was sie sind, in die Verbindung ein, und jeder Partner wird durch den anderen bereichert. Um eine solche Verbindung aufzubauen, muß jeder der Partner für den anderen offen sein. Das traf in vollem Maße auf die*

Paare zu, die mir begegnet sind: Sie waren füreinander da, sie waren offen für das, was ihr Partner sagte, sie hörten einander zu, sie beobachteten einander, sie nahmen einander auf.«

Catherine Johnson, in: »Lucky in Love«

15. Definieren Sie das, was Sie wollen

*»Nun aber bleiben Glaube, Hoffnung, Liebe, diese drei; aber
die Liebe ist die größte unter ihnen. Strebt nach der Liebe!
Bemüht euch um die Gaben des Geistes!«*

1. Korinther 13,13 und 14,1

Nun, da wir uns diese Bindungsebenen angeschaut haben, ist es
an der Zeit, daß Sie genau definieren, was Sie sich von Ihrem Partner wünschen. Wir schreiten hier auf einem schmalen Grat, denn
obwohl wir genau wissen müssen, was für uns wichtig ist, müssen
wir auf einer anderen Ebene offen bleiben, damit wir auch Raum
für einen guten Partner schaffen, der nicht in dem von uns
gewünschten Paketangebot geliefert wird!

Sie dachten immer, ein großartiger Liebhaber müßte volles
Haar haben, aber nun treffen Sie einen herrlichen, wenn auch kah-
len Mann? Oder Sie wünschten sich eine jüdische Partnerin, und
jetzt sind Sie von dieser entzückenden Katholikin hingerissen – sie
ist so lebendig, intelligent und unterstützt Sie in Ihrer ganzen Art.
Oder Sie wollten nie jemand mit Kindern, aber die beiden kleinen
Töchter des Mannes, den Sie gerade kennengelernt haben, sind
reizend, und Sie sind wirklich gern mit ihnen zusammen?

Eine Frau gab eine Anzeige auf und erhielt drei Antworten, die
sie interessierten. Ein Mann erwähnte seine Vorliebe für Aktivitäten im Freien – Wandern, Kanufahren und Zelten. Ein anderer
arbeitete für zahlreiche Organisationen, die Sie bewunderte, und

auch er teilte ihr Interesse an der freien Natur. Der dritte, den sie fast nicht angerufen hätte, erwähnte unter anderem, daß er ein Motel leitete. Sie konnte sich nicht vorstellen, daß sie einen Draht zueinander finden würden, aber etwas an seiner Stimme auf dem Band sprach sie an. Sie traf sich mit allen drei – und jetzt raten Sie mal? Sie fühlte sich dem Motelbesitzer am engsten verbunden. Er hatte das Geschäft geerbt, und es gefiel ihm, weil er dabei genügend Freizeit hatte, seine eigenen Interessen zu verfolgen. Er leistete großzügig Dienst an der Gemeinde, genoß Aktivitäten im Freien und, was am wichtigsten war, er hatte ein freundliches und liebevolles Wesen. Als sie von ihrer vorgefaßten Meinung zurücktreten und sich auf die Erfahrung einlassen konnte, entdeckte sie, daß es wirklich angenehm war, mit ihm zusammen zu sein. Und es stellte sich heraus, daß er »der Richtige« war.

Vorschlag:
- Bleiben Sie offen, und lassen Sie sich überraschen.
- Erinnern Sie sich gleichzeitig an die Werte, die Ihnen wichtig sind.

Hier eine Zusammenfassung der Dinge, die Menschen miteinander verbinden, wie sie im 13. Kapitel zu finden war:

1. Körperlich / materiell: Aussehen, Status, Alter, Ausbildung, Vermögen.
2. Intellekt: Intelligenzquotient, Einsatz von Intelligenz und Weisheit.
3. Interessen: Hobbys, Arbeit, Freizeit.
4. Werte / Lebensweise: Religion, Anzahl der Kinder, Einstellung in Sachen Erziehung.
5. Psychologisch / emotional: Fähigkeit zur Intimität, emotionale Reife.

6. Kreativität / Leidenschaft: Verspieltheit, Talente, Maß an Energie und Freude.

7. Spiritualität: Hingabe an den Weg der Wahrheit, der Integrität und des Dienstes.

8. Essenz: Die Fähigkeit, aus Liebe, Wahrheit, Güte und Kraft zu fließen.

Die folgenden Schritte werden Ihnen helfen, eine Beschreibung Ihres Wunschpartners anzufertigen.

1. Schritt: Schreiben Sie, ohne sich selbst zu zensieren, unter jeden der oben genannten Punkte alles auf, was Ihnen zu Ihrem Wunschpartner einfällt. Seien Sie ehrlich. Wenn Ihnen schlank, gute Arbeitsstelle, üppiges braunes Haar und frei von irgendwelchen Süchten einfällt, dann schreiben Sie es auf. Wenn Sie jemand wollen, der hochintelligent ist, Tennis spielt, Ihrer Glaubensgemeinschaft angehört oder gerne wandert, dann notieren Sie das auch. Lassen Sie sich Zeit, um wirklich alles aufzuschreiben. Wenn Sie fertig sind, lesen Sie Ihre Liste durch, und denken Sie über das nach, was Sie aufgeschrieben haben.

2. Schritt: Nehmen Sie sich Ihre Liste vor, und sehen Sie nach, wo Sie Ihren Schwerpunkt gesetzt haben. Liegt er auf der materiellen und Interessensebene oder mehr auf der spirituellen Ebene? Zieht er sich durch alle Ebenen hindurch? Wenn Sie bei Aussehen und Alter sehr konkret geworden sind, dann fragen Sie sich, warum. Was bedeutet es für Sie, wenn Ihr Partner schlank ist? Warum soll er Ihr Interesse an Golf teilen? Warum wollen Sie einen Mann, der eine gewisse gesellschaftliche Stellung einnimmt? Warum ist es wichtig, daß Ihre Partnerin sich ihrer eigenen spirituellen Reise bewußt ist? Suchen Sie in der Tiefe nach Antworten.

3. Schritt: Nehmen Sie sich Ihre Liste vor, und bewerten Sie jeden einzelnen Punkt von 1 bis 3 nach den folgenden Kategorien: 1.) von entscheidender Bedeutung, keine Kompromisse, 2.) wünschenswert, aber nicht absolut notwendig und 3.) wäre schön, muß aber nicht sein.

4. **Schritt:** Verfassen Sie auf der Basis dessen, was Ihnen jetzt vorliegt, eine kurze Personenbeschreibung. Entwerfen Sie darin das Bild des Menschen, dem Sie begegnen wollen. Fügen Sie Werte, Interessen, Aussehen und alles, was Ihnen sonst noch in den Sinn kommt, hinzu. Der Zweck liegt nur darin, ein Bild von diesem Menschen zu entwerfen. Verwenden Sie fünfzig Wörter, nicht mehr. Denken Sie daran, daß die meisten Menschen gern ins Kino gehen, auswärts essen und zärtlich sind, seien Sie also so kreativ wie möglich.

5. **Schritt:** Engen Sie Ihre Liste jetzt auf weniger als zehn entscheidende Worte ein, dann auf fünf. Können Sie anschließend ein einziges Wort finden, das die Essenz Ihrer Wünsche beinhaltet? Als Julia beschloß, eine Anzeige zu schalten, die einen Seelenverwandten anzog, dachte sie an jemanden, der dem spirituellen Weg verpflichtet war, aber sie wollte auch nicht bierernst klingen. Das Wort »Namaste« fiel ihr ein: Es ist ein Hindu-Gruß, der oft bei spirituellen Versammlungen ausgesprochen wird und soviel wie »Ich grüße das Göttliche in dir« bedeutet. Das funktionierte. Ein Mann, der noch nie auf eine Anzeige geantwortet hatte, spürte beim Durchblättern der Zeitung einen Ruck, als er den vertrauten Gruß entdeckte. Es gab ihm den Antrieb, den Hörer zu nehmen und auf die Anzeige zu reagieren.

6. **Schritt:** Stellen Sie sich vor, wie Sie Zeit mit dem Menschen aus Ihrer 50-Wort-Beschreibung verbringen. Haben Sie die Werte, Interessen und Eigenschaften berücksichtigt, die Sie sich in einem Partner wünschen?

7. **Schritt:** Entwerfen Sie eine Kleinanzeige, die auf Ihrer Liste basiert. Sie müssen diese Anzeige nicht wirklich in einer Zeitung schalten, stellen Sie sich das einfach als konkrete Version Ihres Briefes an das Universum vor. Denken Sie daran: Was immer Sie

tun, übermittelt eine Botschaft. Wenn Sie Ihre Anzeige formulieren, dann seien Sie so kreativ wie möglich.

Diese Übung erinnert mich an ein Paar mittleren Alters, das mir bei einem BMW-Motorradtreffen begegnet ist. Sie hielten einen Diavortrag über ihre dreijährige gemeinsame Motorradreise rund um den Globus. Offensichtlich hatten beide viel Vergnügen an diesem Abenteuer und zeigten eine erstaunliche Fähigkeit, locker zu bleiben, wenn wegen bürokratischer Regeln oder verschlammter Straßen tagelange Verzögerungen eintraten. Erstaunt über ihre Fähigkeit, so viel Zeit miteinander zu verbringen und sich dabei so wohl zu fühlen, fragte ich sie, ob sie sich durch ihr gemeinsames Interesse am Motorradfahren kennengelernt hatten.

»Nein«, erwiderte die Frau lachend. Sie hatte noch nie zuvor auf einem Motorrad gesessen. Er suchte jemand ohne Kinder, der mit ihm um die Welt reiste, und als sie ihn kennenlernte, versuchte sie es mit Motorradfahren und beschloß, es mit ihm zu probieren. Das unterstreicht, wie wichtig es ist, sich über das, was Sie wollen, völlige Klarheit zu verschaffen, dabei jedoch auch offen für etwas Neues zu sein. Er wußte genau, was er wollte, nämlich eine Gefährtin, die mit ihm auf Reisen ging. Sie wußte, was sie in einem Partner suchte, und akzeptierte eine völlige Veränderung ihrer Lebensweise, um mit ihm zusammenzusein.

Denken Sie also daran: Seien Sie ehrlich bei dem, was Sie suchen. Wenn Sie sich jemanden wünschen, der mit Ihnen im Heißluftballon in die Lüfte steigt, dann gestehen Sie sich das auch ein. Wenn Sie in einer Berghütte in den Appalachen oder oder in einer eleganten Wohnung mitten in New York wohnen wollen, schreiben Sie es auf. Erlauben Sie sich keine Ausflüchte. Wenn jemand mit einer neuen Idee anklopft, dann schlagen Sie ihm nicht die Tür vor der Nase zu, bevor Sie diesen Menschen getroffen haben.

16. Definieren Sie, was Sie zu geben haben

Der nächste Schritt besteht darin, darüber nachzudenken, was Sie zu geben haben, was Sie zu geben bereit sind und wieviel Energie Sie im Moment haben, um es zu geben. Manche suchen für den Anfang einen »Mann für gewisse Stunden«, andere wünschen sich einen patenten Kameraden oder Freund, wieder andere sehnen sich nach einer dauerhaften Beziehung, die Zeit und emotionale Energie erfordert.

Je ehrlicher wir sind, desto weniger verwirrend wird es für andere. Andy antwortete auf die Anzeige einer Frau, die eine feste Bindung suchte. Was er ihr bei ihrer ersten Begegnung jedoch verschwieg, war, daß ihm hauptsächlich an ihrem Interesse für Tennis und Radfahren lag, und er zwar vage dachte, eine feste Beziehung könne ganz nett sein, er jedoch weder die Zeit noch die emotionale Energie hatte, die nötig ist, um eine solche Verbindung einzugehen. Es versteht sich von selbst, daß es viel Verwirrung und Schmerz gab, als Andy eine Menge Interesse an Julia zeigte – er war wirklich gern mit ihr zusammen –, aber sich stets zurückzog, wenn sie sich nahekamen oder sie sich geliebt hatten. »Ich möchte nur dein Freund sein«, gestand er endlich. »Ich habe bereits Freunde«, erwiderte sie verstimmt. »Warum hast du mit mir geschlafen, wenn du nur eine Freundin wolltest? Ich habe eine Anzeige aufgegeben, um einen Mann zu finden, der eine feste Bindung sucht – ich wünschte, du hättest mir das gleich gesagt.«

Wenn Sie einschätzen wollen, was Sie zu geben haben, dann gehen Sie wie folgt vor:

1. Schritt: Nehmen Sie die Liste aus dem 13. Kapitel zur Hand (wie sich Menschen miteinander verbinden), und überlegen Sie, was Sie einer Beziehung in jeder Kategorie zu geben haben, von körperlich / materiell bis hin zu Essenz. Gehen Sie die Liste durch, und schreiben Sie alles auf, was Ihnen zu den einzelnen Punkten in den Sinn kommt. Fügen Sie Ihre strahlendsten Eigenschaften ebenso hinzu wie Ihre eher schwierigen Eigenarten – Sie bekommen Schreikrämpfe, sind anspruchsvoll, neigen zu innerem Rückzug, schnattern bei Nervosität, sind leicht verletzlich, besitzergreifend, eifersüchtig und so weiter.

2. Schritt: Verfassen Sie eine genaue Personenbeschreibung von sich, in der Sie Ihr ganzes Wesen zu Papier bringen – das kann von einer Seite bis zu zehn Seiten reichen.

3. Schritt: Verfassen Sie eine Anzeige, die Sie unter den Partnerschaftskleinanzeigen schalten könnten. Schreiben Sie alles hinein, was Sie sich wünschen, und alles, was Sie zu geben haben.

4. Schritt: Lesen Sie einen Tag später noch einmal durch, was Sie geschrieben haben, und nehmen Sie alle Veränderungen vor, die Ihnen einfallen. Denken Sie daran, Sie müssen nicht vollkommen sein, um einen Gefährten zu finden. Wir können alle mit unseren problematischen Charakterzügen tanzen, wenn wir einen Schritt zurücktreten und sie als das sehen, was sie sind – ein Teil von uns, aber nicht das essentielle Selbst.

17. Wann Sie der Macht der Anziehungskraft vertrauen dürfen

»Die meisten glücklichen Ehen werden durch ein
machtvolles und dauerhaftes sexuelles Band zusammen-
gehalten – selbst wenn das den Partnern nicht klar ist.«
Catherine Johnson, in: »Lucky in Love«

Die Anziehungskraft ist ein erstaunliches Phänomen, ein wundersames Beispiel für eine komplexe Interaktion von Körper und Geist. Sie betreten halb gelangweilt einen Raum, treffen auf jemanden, den Sie aufregend finden, und innerhalb von Minuten schnellt Ihre Energie hoch, Ihr Herz schlägt schneller, Ihre Handflächen schwitzen, und Sie fühlen sich sexuell erregt. Das ist die Folge einer gewaltigen Kette biochemischer Reaktionen, an denen der Hypothalamus, das Sympathikussystem, die Hirnanhangdrüse und die Nebenniere beteiligt sind, die gemeinsam Epinephrin freisetzen – eine chemische Substanz, die uns das Gefühl vermittelt, »angetörnt« zu sein.

Über das Verliebtsein wird viel geredet. Man fühlt sich von jemandem angezogen, weil er die eigenen, nicht eingestandenen Eigenschaften oder das verletzte Selbst widerspiegelt oder weil man mit einer all-liebenden Mutter beziehungsweise einem all-liebenden Gott verschmelzen will. Das mag zwar Teil der Wahrheit sein, aber wir dürfen dabei nicht vergessen, daß wir als Spezies dazu angelegt sind, uns zu verlieben, damit wir uns paaren. Aus diesem Grund ist die sexuelle Erregung eine so angenehme Empfindung – sie wurde geschaffen, um die Fortpflanzung sicherzustellen.

Weil das Verlieben eine intensive biologische Erfahrung ist, schalten wir unseren Neokortex – den Teil unseres Gehirns, der für Vernunft, Reflexion und Intelligenz verantwortlich ist – häufig einfach aus, um in den angenehmen Gefühlen zu schwelgen. Leider kann unser Vergnügen an Romantik und dem Gefühl, »angetörnt« zu sein – der Epinephrinrausch –, uns dazu führen, diese Empfindungen mit Liebe zu verwechseln und eine Beziehung mit nicht mehr Vernunft zu beginnen als zwei sich paarende Katzen. Andererseits nahmen viele dauerhafte Paarbindungen in einer intensiven körperlichen und sexuellen gegenseitigen Anziehung ihren Anfang. Zuerst war die sinnliche Lust da, bevor ein dauerhaftes Band geknüpft wurde.

Wir brauchen die sexuelle Chemie und eine starke Anziehungskraft, um ein beständiges Feuer mit einem Partner zu entfachen. Catherine Johnson, die Autorin von »Lucky in Love«, einer Langzeitstudie über glückliche Beziehungen, schreibt: »Kratzt man an der oberflächlichen Ruhe dieser [glücklichen] Ehen, dann zeigt sich häufig eine starke und vibrierende Sexualität, eine eindeutige sexuelle Chemie. Sicherlich begannen viele, vielleicht die meisten dieser glücklichen Ehen mit einer starken sexuellen Anziehung, selbst wenn diese über die Jahre ruhiger geworden ist.«

Einige von uns haben das Glück, eine starke Anziehung zu verspüren, sie verlieben sich und gehen eine gute Beziehung ein. Andere müssen bei ihrer sexuellen Anziehung etwas wachsamer sein. Wir müssen prüfen, ob unsere Hormone in Übereinstimmung mit unserem Herz und unserem Verstand arbeiten.

Wenn Sie eine Entscheidung bezüglich eines Partners fällen wollen, eine der wichtigsten Entscheidungen, die wir jemals treffen, dann sind Sie gut beraten, sich diese Schlüsselfragen zu stellen:

- Fühle ich mich zu diesem Menschen aus meinem Erwachsenen-Ich hingezogen oder aus meinem Kind-Ich?
- Fühle ich mich aus dem Geist oder aus dem Ego zu ihm hingezogen?
- Agiere ich aus den Hormonen oder aus dem Herzen heraus, aus Instinkt oder Weisheit oder aus einer Kombination von allem?

Unser Erwachsenen-Ich sucht einen Gefährten oder Ehepartner als Liebhaber, Helfer, Freund und Begleiter auf der spirituellen Reise. Unser Kind-Ich sucht jemanden, der uns das Gefühl gibt, wichtig zu sein, und uns Sicherheit, Bequemlichkeit oder sexuelle Höhepunkte verschafft. Aus diesem kindlichen Zustand heraus verfallen wir in Phantasien von Aschenputtel und dem Prinzen und hegen den Traum, für immer »verliebt« zu sein.

Interessanterweise führt laut Paul Pearsall, Autor von »Heilung aus dem Herzen«, die biochemische Reaktion einer ständigen Betörung, des ständigen »Verliebtseins« oder der Suche nach einem sexuellen Höhepunkt ohne eine authentische persönliche Verbindung dazu, daß große Mengen Epinephrin ausgestoßen werden, was chronische autonome Agitation oder Gefühle der Ruhelosigkeit und Nervosität zur Folge hat. Dies wiederum kann zu Reizbarkeit, Müdigkeit und dem Zusammenbruch des Immunsystems führen, was chronische Angstzustände und Depressionen nach sich zieht. Sie sind dann wirklich krank durch die Liebe. Wenn die Menschen süchtig nach dem Epinephrin-Hoch werden und nur den erregenden Schauer suchen, dann tut es für sie so gut wie jeder. Pearsall schreibt: »Heißer reaktiver Sex, gefolgt von kühlen Gefühlen des Bedauerns oder der Einsamkeit können unserem Immunsystem letztlich beibringen, so ... zusammenhanglos und distanziert zu reagieren, wie wir es in unseren intimen Entscheidungen sind.«

Andererseits produziert unser Körper das Hormon Oxytocin, das zu Gefühlen intensiver Nähe, Vertrauen und Sinnlichkeit führt, wenn wir eine achtsame, liebevolle persönliche Bindung zu einem anderen Menschen eingehen, zu dem wir uns sexuell hingezogen fühlen. Zufällig ist Oxytocin dasselbe Hormon, das ausgestoßen wird, wenn eine Mutter ihr Baby stillt. Laut Pearsall »trägt die Neurochemie einer intimen Verbindung dazu bei, das Immunsystem im Gleichgewicht zu halten«. Es braucht fast vier Jahre einer wachsenden, gegenseitigen, liebevollen Vereinigung, damit unser Körper aufhört, ein Epinephrin-Hoch zu schaffen, und statt dessen Oxytocin ausstößt. Das bedeutet, daß viele Menschen niemals die Erfahrung der intensiven Intimität machen.

Wenn wir das Wissen um unsere Biochemie mit unserem spirituellen Wissen verbinden, dann können wir erkennen, daß das, was für unsere spirituelle Reise gut ist, auch gut ist für unsere Beziehungen und für unser Immunsystem. Zwischen diesen dreien gibt es keine Trennung. Es ist, als ob unser Körper uns anfleht, zu lieben, unsere Intelligenz zu gebrauchen und in unserer Wahl weise vorzugehen.

Unsere Gedanken, Gefühle, Zellen, Hormone und Drüsen, unser Bewußtsein und Mitgefühl, unsere Zärtlichkeit, Sexualität und Integrität sind wie die Teile eines Kaleidoskops, die miteinander interagieren und das Muster dessen erschaffen, wer wir sind und wie wir fühlen. Je besser sie als integriertes Ganzes zusammenwirken, desto mehr können wir unserer Anziehungskraft vertrauen.

Obwohl viele Therapeuten und Autoren von Beziehungsbüchern erklären, daß das anfängliche Feuer einer neuen Beziehung unweigerlich in eine ruhigere Partnerschaft übergehen wird, die die sexuelle Anziehung ersetzt, stimmen dem nicht alle Experten zu. Wenn wir uns einen Partner wählen, zu dem wir uns sehr hingezogen fühlen, und wenn wir unserer spirituellen Reise treu bleiben, indem wir freundlich und aufrichtig zueinander sind, kann die sexuelle Anziehung stark bleiben. Es ist sogar die starke Anziehung, die den Menschen hilft, die besten Eigenschaften im anderen zu sehen. Diese innige Liebe zu unserem Partner, die uns einander schätzen läßt – selbst unsere Schwächen –, trägt dazu bei, romantische Gefühle lebendig zu halten. Die meisten der glücklichen Paare, die Catherine Johnson befragte, waren immer noch sehr ineinander verliebt, fühlten sich sexuell zueinander hingezogen und lebten eindeutig im Herzen des geliebten Menschen. Sie strahlten die Anmut, Vertrautheit, innige Liebe und unverkennbare sexuelle Energie aus, die zwischen ihnen herrschte.

18. Befreien Sie Ihr Herz: Schließen Sie Frieden mit Ihren Eltern

Um einen intimen Gefährten zu haben, müssen wir »das Nest verlassen«. In dem christlichen Ehegelübde, »allen anderen zu entsagen und nur ihm (oder ihr) treu zu sein«, wird deutlich, daß unser Partner das Wichtigste in unserem Leben werden muß. Das soll nicht heißen, daß wir unsere Eltern (oder Kinder) verlassen sollen, es bedeutet, sich von ihnen zu differenzieren, ein Konzept, über das ich im 14. Kapitel gesprochen habe.

Es gibt zwei grundlegende Aspekte der »Nestflucht«. Zum einen müssen wir die Werte und Einstellungen erforschen, die wir erlernt haben, wir müssen sie durchforsten, diejenigen behalten, die unserem spirituellen Weg zugute kommen, und diejenigen loslassen, die unserer Reise im Weg stehen. Zweitens müssen wir alle Schlußfolgerungen prüfen, die wir in Folge unserer Erziehung über uns selbst gezogen haben. Man hört häufig Aussagen wie »Ich habe Angst vor intimer Nähe, weil meine Mutter so kalt war«. Dabei übersieht man einen entscheidenden Schritt. In Wirklichkeit haben wir keine Angst vor Intimität, weil unsere Mutter kalt war. Wir haben Angst vor der Intimität, weil wir ihr Verhalten dahingehend interpretierten, daß wir nicht liebenswert seien und dann den Schluß zogen, Intimität sei gefährlich. Wir müssen die Kette aus Annahmen und Schlußfolgerungen hinterfragen, damit sie nicht länger unser Verhalten bestimmt, ansonsten interpretieren wir die Menschen, die wir lieben, ständig falsch. Unser Partner sagt »Ich kann heute abend nicht mit dir zusammensein«, und wir interpretieren daraus, daß wir ihm nicht wichtig sind. Im Grunde sind wir in eine kindliche Trance gefallen und sehen den anderen Menschen als das Elternteil, das uns regelmäßig ignorierte.

Unser Maß an Differenzierung von unseren Eltern spiegelt im allgemeinen das Maß wider, in dem wir Frieden mit uns selbst geschlossen haben. Wenn Sie erforschen wollen, inwieweit Sie sich von Ihren Eltern oder Ihren wichtigsten Bezugspersonen differenziert haben, dann gehen Sie die folgende Liste durch und bewerten Sie mit 1 (stimmt überhaupt nicht) bis 10 (stimmt haargenau) Punkten die beiden wichtigsten Bezugspersonen in Ihrer Vergangenheit (die meisten Fragen können auch dann noch angewendet werden, wenn diese Personen bereits verstorben sind). Falls Sie erwachsene Kinder haben, gehen Sie die Liste auch ein drittes Mal durch, und denken Sie dabei an Ihre Sprößlinge. Je niedriger die Werte, desto mehr haben Sie sich von Ihren Eltern (oder Ihren erwachsenen Kindern) differenziert. Auch hier ist es wichtig, daß Sie nicht darauf aus sind, die »korrekte« Antwort zu geben. Sagen Sie lieber aus einer kontemplativen Haltung heraus: »Das ist ja interessant, und wie beeinflußt das mein Leben?«

Wenn wir Frieden mit unseren Eltern schließen, erkennen wir, wo wir ihnen ähneln und wo wir uns von ihnen unterscheiden. Wir neigen dazu, in unseren Eltern eben jene Eigenschaften zu hassen, die wir an uns selbst nicht ausstehen können. Wir müssen uns mit diesen Teilen von uns selbst anfreunden. Vielleicht sind wir uns dieser Eigenschaften gar nicht bewußt und behaupten, daß wir ganz anders sind. Doch wenn wir uns von den Geschichten befreien, die wir über uns selbst erfunden haben, wird sich Mitgefühl in unser Herz ergießen und auch in diese gigantischen Bilder namens Vater und Mutter, die langsam zu »diesem Mann« oder »dieser Frau« werden, unvollkommenen menschlichen Wesen, die auf ihrem eigenen Weg unterwegs sind.

Bezugsperson 1 / Bezugsperson 2

_____ / _____ 1. Ich habe Angst, anders zu sein als sie, sie zu enttäuschen oder sie zu verletzen.

_____ / _____ 2. Ich versuche, das genaue Gegenteil von ihnen zu sein.

_____ / _____ 3. Ich habe Angst, ehrlich zu ihnen zu sein oder nein zu ihnen zu sagen.

_____ / _____ 4. Ich versuche immer noch, ihre Bestätigung zu erlangen. Ich fühle mich immer noch schlecht, weil ich nie ihre Bestätigung bekommen habe.

_____ / _____ 5. Ich fühle mich immer noch verletzt oder wütend aufgrund von Erlebnissen in meiner Kindheit.

_____ / _____ 6. Sie sind für mich oft wichtiger als mein Partner.

_____ / _____ 7. Ich rufe sie ständig an, mache mir Sorgen um sie oder fühle mich für ihr Glück verantwortlich.

_____ / _____ 8. Andere Menschen erinnern mich oft auf negative Weise an meine Eltern.

_____ / _____ 9. Sie sind oder waren meine einzigen engen Freunde beziehungsweise meine engsten Freunde.

Unsere Sichtweise des Verhaltens unserer Eltern kann sich dramatisch ändern, wenn wir unsere Masken durchschauen und unsere Eltern und uns selbst mit Klarheit und Zärtlichkeit sehen. Ich verwandelte mich von einem zornigen Teenager in eine verständnisvolle Tochter, was meinen Vater angeht. Dabei mußte ich viele Schichten von Schmerz und Wut abtragen, damit ich zu der Bewunderung und Liebe vorstoßen konnte, die darunter vergraben lagen. Diese Verwandlung vollzog sich stufenweise, je mehr ich in der Lage war, einen Schritt zurückzutreten und ihn als Mann mit einer Geschichte, einer Familie und einem Erbe zu sehen. Er wurde zu einem fehlerbehafteten, aber außerordentlichen menschlichen Wesen wie der Rest von uns – kompetent und ängstlich, fürsorglich und egozentrisch lebte er in seinem eigenen Gefängnis, in dem er stets das Gefühl hatte, nicht genug geleistet zu haben. Wenn ich mich jetzt an ihn erinnere, weiß ich seine Freundlichkeit gegenüber meinen Freunden zu schätzen, unsere Wanderungen in der Wildnis, seinen lebhaften Intellekt und seine Ermutigung, alles zu hinterfragen – außer sich selbst natürlich. Ich kann mich jetzt voller Mitgefühl als Teenager sehen und weiß, daß die verbalen Dolche, die ich meinem Vater in den Rücken stieß, nur meinen primitiven Versuch verkörperten, mich selbst zu schützen.

Der Schlüssel liegt darin, sanft unsere Verletzungen zu berühren, unsere falschen Grundüberzeugungen zu erforschen und uns selbst und unsere Eltern in unser Herz zu tragen, wo alle Heilung möglich ist. Unseren Eltern zu vergeben heißt häufig auch, uns selbst zu vergeben, uns selbst zu vergeben heißt, unseren Eltern zu vergeben.

19. Lösen Sie »Unerledigtes« mit Familienangehörigen, Freunden und früheren Gefährten oder Ehepartnern auf

»Hinter den Gedanken liegt ein Feld. Willst du mich dort treffen?«

Rumi

Wenn wir uns auf dem Feld hinter den Gedanken treffen wollen, an diesem Ort des Friedens und der Liebe, ist es ganz hilfreich, frei von Groll und Schmerz aus der Vergangenheit zu sein. Für einige ist das eine gewaltige Aufgabe, aber wenn wir erst einmal die Leichtigkeit spüren, die entsteht, wenn man die Atmosphäre mit anderen bereinigt, gewinnen wir den Mut, mit dieser Aufgabe fortzufahren.

Es ist sowohl ein innerer wie ein äußerer Prozeß, alte Verletzungen durch Klärung zu heilen und Konflikte zu lösen. Manchmal kann uns eine frühere Beziehung immer noch nachgehen, weil wir uns ständig erzählen, was das über uns sagt – wir haben uns wie ein Trottel aufgeführt, waren dämlich oder irregeleitet. In diesem Fall sollten wir unsere fehlerhaften Annahmen dringend hinterfragen. Möglicherweise müssen wir dafür gar nicht mit dem Betreffenden reden. Wenn dieser Mensch noch Teil unseres Lebens ist oder wenn wir glauben, daß ein Gespräch helfen könnte, können wir aber auch beschließen, uns mit ihm zu unterhalten.

Wie auch immer, wir müssen uns dabei unbedingt bewußtmachen, daß ungelöste Verluste und Konflikte als eine Form von

Energie in uns leben. Plötzlich spüren Sie einen Knoten im Magen, einen dumpfen Schmerz in der Brust, eine Spannung in Ihrem Hals, wenn Sie an einen früheren Partner denken, der sich ohne ein Wort des Abschieds davonmachte, oder an die Zeit, als Sie Ihren Partner anbrüllten und zur Tür hinausmarschierten, an den Tod Ihres Ehepartners, an den Streit mit Ihrem Bruder, mit dem Sie seitdem nicht mehr sprechen. Spüren Sie Ihren Körperempfindungen nach, sobald Sie an diese »unerledigten Dinge« denken, das hilft Ihnen bei der Erkenntnis, wie kostspielig es ist, seinen Schmerz mit sich herumzutragen. Um sich die unerledigten Dinge in Ihrem Leben bewußtzumachen, stellen Sie sich die folgenden fünf Fragen.

1. Wer fällt mir ein, wenn ich an unerledigte Trauer, Schmerz oder Verletzungen denke?
2. Bei wem muß ich mich entschuldigen?
3. Mit wem muß ich über einen Konflikt reden und irgendeine Form der Lösung suchen?
4. Bei wem muß ich mich bedanken?
5. Wie lauten die Schlußfolgerungen, die ich aus dieser Situation über mich selbst getroffen habe?

Ihre Liste kann lang oder kurz ausfallen. Sie kann sich im Verlauf dieses Vorgangs auch verändern. Sie klären die Luft mit einem Menschen, und eine andere Situation scheint sich vor Ihrem inneren Auge aufzulösen, oder Ihnen fällt plötzlich noch eine weitere Sache ein, die Sie angehen müssen.

Wenn es Ihnen mit spirituell geschlossenen Beziehungen ernst ist, nehmen Sie sich diese Liste vor, und arbeiten Sie sie durch. Obwohl wir manchmal unerledigte Konflikte gewissermaßen auf einem Regal lagern können, ist es so deren Art, herunterzufallen und uns unerwartet auf den Kopf zu knallen. Wir dachten, wir hätten keine alten Wunden mehr, aber dann erwähnt eine Freundin einen ehemaligen Partner von uns, und wir spüren plötzlich Trauer oder ein beißendes Brennen in unserer Brust.

Entschuldigungen:
Die Fähigkeit, sich zu entschuldigen, ist für alle Beziehungen von entscheidender Bedeutung. Entschuldigungen bauen die Brücken wieder auf, die beschädigt wurden, als wir eine andere Person verletzten, sei es absichtlich oder zufällig. Sich zu entschuldigen heißt nicht, zu Kreuze zu kriechen oder uns in Schuldgefühlen zu suhlen. Wir erkennen einfach an, daß unsere Taten unsensibel, garstig oder gar schädlich waren und sagen, daß es uns leid tut. Selbst wenn die unerledigte Situation dreißig Jahre zurückreicht, kann es eine ungeheuere Erleichterung sein, Wiedergutmachung zu leisten.

Alte Konflikte beilegen:
Erstellen Sie zuerst eine Liste von Menschen, mit denen Sie noch unerledigte Konflikte haben. Fangen Sie mit dem Konflikt an, der am leichtesten zu handhaben scheint. Wenn dieser Konflikt eine lange Zeit zurückreicht, kann ein Brief weniger schockieren als ein Anruf und gibt dem anderen außerdem die Gelegenheit, über Ihre Worte nachzudenken und nicht unvorbereitet überfallen zu werden. Außerdem können Sie sich genauer überlegen, was Sie sagen wollen. Aber hören Sie auf Ihre Instinkte.

Der Brief oder die Bitte kann erstaunlich einfach sein. »Ich habe in letzter Zeit viel über Dich nachgedacht und verspüre jetzt aus ganzem Herzen den Wunsch, dich zu treffen und mit dir zu reden, in der Hoffnung, die Atmosphäre zu reinigen. Ich habe keine festen Pläne für die Zukunft, aber vielleicht können wir durch eine Unterhaltung die alten Konflikte beilegen und künftig zumindest ohne Groll aneinander denken. Mit den besten Grüßen.«

Wenn Sie nach zwei Wochen noch nichts von dem anderen gehört haben, können Sie anrufen und um ein Treffen bitten. Sollte der Betreffende sich weigern, dann erkundigen Sie sich, was er zu tun bereit wäre – am Telefon reden? Etwas mehr Bedenkzeit erhalten?

Weigert sich der Betreffende strikt, sich mit Ihnen zu treffen, können Sie einen zweiten Brief schreiben, der alles enthält, was Sie sagen müssen, um sich wieder ganz zu fühlen. Seien Sie direkt, greifen Sie den anderen nicht an, und versuchen Sie, Ihre Gefühle zusammenzufassen, ohne den Brief unendlich lang werden zu lassen. Stellen Sie sich vor, wie Sie sich fühlen würden, wenn Sie einen solchen Brief erhalten. Denken Sie auch an folgendes:

1. Was haben Sie an diesem Menschen gemocht? (Seinen Sinn für Humor, die Art und Weise, wie er Sie in einer Krise unterstützt hat, und so weiter.)
2. Was hat Ihnen in der Beziehung Schwierigkeiten bereitet oder war für Sie schmerzlich? Werden Sie konkret (seine Unzuverlässigkeit, daß er oder sie hinter Ihrem Rücken mit einer alten Freundin über Sie gelästert hat, und so weiter).
3. Was haben Sie von dieser Person und aus dieser Beziehung gelernt? (Die positiven Aspekte – verantwortungsvoller mit Geld umzugehen, Kanufahren und so weiter.)
4. Alles andere, was noch wichtig ist und Ihnen spontan einfällt (vielleicht möchten Sie einfach nur erzählen, was seit Ihrem letzten Kontakt in Ihrem Leben alles geschehen ist).
5. Ihre Bereitschaft (oder mangelnde Bereitschaft), die Tür offen zu halten.

Sie werden überrascht sein, wie wirkungsvoll es sein kann, einen solchen Brief zu schreiben. Ich habe einmal an Marlene geschrieben, eine Frau aus meiner Quäker-Gemeinde, die sich mir gegenüber plötzlich kalt verhielt. Ich glaubte, ihre Verhaltensänderung sei darauf zurückzuführen, daß sie mißbilligte, wie ich meine Tochter während einer schwierigen Zeit in meinem Leben behandelt hatte. In meinem Brief erklärte ich kurz meine Sorge und bat sie um ein Gespräch. Ihre Antwort war kurz und bündig – sie schickte mir eine Karte mit den Worten, sie sei sehr beschäftigt und habe keine Zeit. Doch zu meiner Überraschung lächelte sie, als sie mich das nächste Mal sah, und umarmte mich fest. Offensichtlich hatte die Tatsache, daß ich das »Problem« angesprochen hatte, ihre negativen Gefühle mir gegenüber gelindert. Einfach so löste sich diese Angelegenheit auf. Seitdem sind Marlene und ich gute Bekannte.

Wenn Sie jemand darum bittet, die Luft zu reinigen, dann tun Sie das, außer Sie könnten dabei Schaden erleiden. Auf dem spirituellen Weg verpflichten wir uns, ein Instrument der Heilung zu sein und Trennungen zu überbrücken. Wenn ein Gespräch mit jemand nicht sicher ist, weil er gewalttätig war oder Sie mißhandelt hat, dann bitten Sie um ein Treffen im Beisein einer dritten Person oder schreiben Sie einen Brief.

Trauer:
Unsere Trauer ist vollendet, wenn wir uns friedlich an den Menschen erinnern können und in Ehren halten, was wir von ihm gelernt haben. Wir fühlen nicht länger die quälende Leere, wenn wir den Ort aufsuchen, an dem wir gemeinsam gelebt haben, und spüren auch keine intensive Trauer mehr, wenn wir aufwachen und uns wieder einfällt, daß dieser Mensch nicht mehr am Leben ist.

Wir müssen auf unsere innere Stimme hören, damit wir weder den Prozeß beschleunigen, einen neuen Gefährten zu finden, noch uns die Freiheit versagen, weiterzuleben. Früher wurden die Menschen dazu angehalten, ein Jahr zu warten, bevor sie sich einen neuen Partner suchten – das leere Haus zu erleben, den Urlaub ohne Partner, den Geburtstag allein. Das kann eine nützliche Anregung sein, aber mehr ist es nicht, nur eine Anregung. Ihre innere Weisheit ist Ihr wahrer Ratgeber.

Wenn Sie jemanden treffen, der immer noch über einen Verlust trauert, wäre es klug von Ihnen, zur Seite zu treten und nichts weiter zu sein als ein guter Freund. Ein Mensch, der in seiner Trauer aufgeht, kann einfach nicht in den Fluß des Gebens und Nehmens mit einem anderen Menschen eintreten – erst muß sein Herz heilen.

Dankbarkeit:
Zu den unerledigten Angelegenheiten gehört auch, Liebe und Dankbarkeit auszudrücken. In unzähligen Briefen an die Lebenshilfespalten der Zeitungen wird das Bedauern ausgesprochen, daß man nie »Ich liebe dich« sagte, bevor jemand starb. Wenn wir Menschen danken, die uns auf besondere Weise berührt haben, ist das, als würde sich ein Kreis schließen. Jemand hat uns etwas gegeben, jetzt geben wir es zurück.

Alte Wunden zu schließen und unseren Dank auszudrücken erlaubt unserer Energie, frei zu strömen und die Spannung in unserem Körper freizusetzen. Ich meine das im wörtlichen Sinne. In diesem Winter stand ich tief eingegrabenen Ängsten gegenüber und mußte mit einer unangenehmen Situation klarkommen, die mich emotional gelähmt hatte. Ich ging zum Langlaufskifahren mit einer Freundin, und zum ersten Mal konnte ich mit ihr mithalten, ohne außer Atem zu kommen. Ich fragte sie ständig: »Gerry, machst du mir zuliebe extra langsamer?« Und sie antwortete: »Nein, du bist viel schneller geworden.« Das Freisetzen der Angst hatte tatsächlich meine Atemkapazität erhöht!

Wenn Sie mit dem Prozeß beginnen, Ihre unerledigten Angelegenheiten zu klären, seien Sie nachsichtig mit sich selbst. Der

Buddhismus kennt die Vorstellung von Sünde nicht. Alle schädlichen Taten stammen dort aus dem Unterbewußtsein und entstehen durch Trennung von unserer Essenz. Denken Sie daran: Wir versuchen alle aufzuwachen. Wenn es zwischen zwei Menschen Schmerz gibt, dann bedeutet das, daß wir uns an unsere Illusion der Trennung klammern und wir durch die Schale unserer Persönlichkeit nicht die Essenz des anderen sehen können. Sobald wir diesen Nebelschleier lüften, kehrt oft die Liebe zurück, oder zumindest fühlen wir Frieden, auch wenn wir uns für immer trennen.

20. Erfahren Sie den umfassenden Geist: Beobachten Sie Ihr begrenzendes Denken, was die zwischenmenschlichen Begegnungen der Menschen angeht

»Die wichtigste Voraussetzung, um eine befriedigende intime Beziehung zu finden, besteht darin, eine zu wollen. Von ganzem Herzen, aufrichtig, ernsthaft, entschlossen und ohne Vorbehalte.«

Susan Page, in: »Ich finde mich so toll,
warum bin ich noch Single?«

Ich fordere die Menschen, die beunruhigt sind, weil sie noch keinen Gefährten gefunden haben, stets dazu auf, die negativen Botschaften zu erforschen, die sie übermitteln. Viele Menschen beten eine Litanei von Gründen herunter, warum sie noch niemanden getroffen haben: Ich habe Angst, wieder verletzt zu werden, ich suche mir immer die falschen Partner aus, es gibt da draußen eben keine passenden Partner mehr, ich bin zu alt, zu jung, zu fett, zu klug, zu dumm, zu arm, zu reich, zu festgefahren, zu leidenschaftlich, zu chaotisch, zu engagiert, zu langweilig. Erstellen Sie eine Liste all Ihrer Gründe, und machen Sie sich dann klar, daß sie genau das sind – Ausflüchte und Ausreden. Hören Sie auf die Proteste Ihres Ego, und stellen Sie sich dann vor, welche Vielzahl an Möglichkeiten vor Ihnen auftauchen würde, wenn Ihr innerer griechischer Chor eine Pause einlegen würde oder wenn Sie endlich aufhörten, diese Gedanken ernst zu nehmen.

Um ein Gefühl für die Botschaften zu bekommen, die Sie bisher gänzlich unbewußt aussenden, könnten Sie spöttische Anzeigen verfassen, die auf all den negativen Dingen basieren, die Sie so häufig über sich selbst sagen.

> *»Übergewichtiger Kerl, langweilig, starrsinnig, mit der Neigung, sich von Frauen abhängig zu machen, sucht wunderschöne, talentierte, liebevolle Frau, die sein Ego aufbaut und seine Leere ausfüllt.«*

> *»Frau, 52, völlig außer sich, weil sie über Fünfzig ist, mit Figurproblemen und wahrscheinlich intelligenter als die meisten Menschen, obwohl sie schon eine ganze Reihe schmerzlicher Beziehungen hinter sich hat. Brauche unzuverlässigen Mann, der mich kritisiert und mich nach kurzer Zeit verläßt.«*

Diese Spottanzeigen mögen lächerlich klingen, aber was immer wir uns selbst sagen, übermitteln wir ebenso zuverlässig dem Universum, als ob wir herumgehen und dabei ein Schild mit der Aufschrift »Hallo, ich bin eine wandelnde Katastrophe, komm her und hab mich lieb« vor uns hertragen.

Wir müssen uns klarmachen, daß Verzweiflung etwas anderes ist als die Freude an der Vorstellung, jemand an unserer Seite zu haben. Wenn wir auf extreme Weise den Wunsch verspüren, daß jemand unser leeres Leben auffüllt, dann vertreiben wir die meisten potentiellen Partner. Trotzdem haben auch solche »bedürftigen« Menschen schon Partner gefunden, obwohl es für gewöhnlich jemand ist, der ähnlich unsicher oder problembehaftet ist.

Die Menschen finden Gefährten, wenn sie Angst haben, wenn sie offen sind, wenn sie glücklich sind, wenn sie traurig sind, wenn sie krank sind, wenn es ihnen gutgeht, wenn sie auf der Suche nach einem Partner sind und wenn sie ihr Leben als Single genießen. In gewissem Maß ist es unerklärlich, warum wir zu einem bestimmten Zeitpunkt jemandem begegnen. In der Zwischenzeit können wir jedoch konzertierte Anstrengungen unternehmen, um einen Partner zu finden, aber nur, wenn wir uns nicht an ein Ergebnis klammern.

Je mehr Menschen Sie treffen, je öfter Sie an Aktivitäten teilnehmen und dorthin gehen, wo sich auch andere alleinstehende Menschen aufhalten, desto wahrscheinlicher ist es, daß Sie jemandem begegnen. Das ist das Gesetz der Wahrscheinlichkeit. Es wurde uns beigebracht, systematisch vorzugehen, wenn wir Schuhe kaufen, einen neue Arbeitsstelle suchen, über einen Berufswechsel nachdenken, Geld investieren oder ein Haus kaufen wollen. Wir strengen uns an, um eine gute Entscheidung zu fällen. Dasselbe gilt aber auch für die Suche nach einem Partner, insbesondere für Menschen über Dreißig, die nicht automatisch alleinstehende Leute treffen, wie es bei Menschen Anfang Zwanzig für gewöhnlich noch der Fall ist.

Sie können Ihre Freunde wissen lassen, daß Sie nach jemandem suchen, Sie können sich der Kleinanzeigen oder Partnervermittlungen bedienen oder sich einer Interessensgruppe anschließen. Die meisten Lokalzeitungen führen einen Veranstaltungskalender sowie die Termine für ehrenamtliche Aufgaben und der verschiedenen Selbsthilfegruppen. Ich kenne Menschen, die sich auf einer Kunsthandwerksmesse getroffen haben, beim Zelten, bei einem Treffen alleinerziehender Eltern, bei der Arbeit, in einem Altenwohnheim, bei einem Tennisturnier für Singles, in einer Gruppe für lesbische Mütter, bei einem Hobbykurs, beim Weiterbildungsunterricht, im Café, in einer Karaoke-Bar, im Segelverein oder bei religiösen Veranstaltungen, um nur ein paar Beispiele zu nennen. Der Punkt ist der: Sie müssen draußen in der Welt sein, um Menschen zu treffen. Gelegentlich gibt es Ausnahmen – eine Freundin vor mir traf ihren künftigen Ehemann, als er ihr Haus tapezierte –, aber darauf können wir uns nicht verlassen.

Außerdem können wir offen und wachsam sein für mögliche Partner, ohne ständig davon besessen zu sein oder bei jeder Veranstaltung nach »dem oder der Richtigen« Ausschau zu halten. Es ist ein subtiler Tanz aus Loslassen und Offensein. Es ist ein Prozeß, eine Form von Glauben, wobei wir eine tragende Rolle spielen, aber nicht die völlige Kontrolle haben. Manchmal finden wir niemanden, weil es einfach nicht geschieht, dann wieder spiegelt es unsere unbewußte Ambivalenz wider.

Stellen Sie sich Ihre abwertenden Gedanken als Zaun vor, der Sie umgibt und markiert, wo Ihr Mitgefühl endet und Ihre harten Urteile anfangen. Um sich zu befreien, visualisieren Sie, wie Sie über den Zaun klettern und auf ein gewaltiges Feld gelangen, das so weit reicht wie Ihr Blick. Gestatten Sie der Brise, Ihre Gedanken durchzupusten und sie wegzublasen, und machen Sie sich klar, daß Sie Teil der gewaltigen Energie sind, die uns alle miteinander verbindet.

Teil 3

Treten Sie in das heilige Feuer:
die Reise zur Intimität

21. Tauchen Sie ganz allmählich in die Liebe ein: Erforschen Sie die Vorteile bewußter Liebe

»Einer der größten Fehler, die viele von uns bei der Suche nach dem richtigen Partner begehen, sind vorschnelle Urteile über den anderen. Wenn Sie Ihre Gedanken und Gefühle einander mitteilen, kann das eine starke mentale und emotionale Resonanz erschaffen, die wiederum eine sexuelle Resonanz auslöst. Eine ganz allmähliche Anziehung kann in Wirklichkeit viel authentischer sein als ›Lust auf den ersten Blick‹.«

Barbara DeAngelis, in:
»Wie viele Frösche muß ich küssen?«

Wenn Sie Ihr Gleichgewicht bewahren und bei klarem Verstand bleiben wollen oder wenn Sie bereits zahlreiche problematische Beziehungen hinter sich haben, dann schalten Sie lieber einen Gang zurück. Machen Sie langsam, anders ausgedrückt: »Seien Sie bewußt.« Bewußt zu bleiben kann sich als schwierig erweisen, weil Ihre Überlebensinstinkte Unbequemlichkeiten vermeiden wollen und die Dinge gern fest definiert und geregelt haben. Aber in den frühen Phasen einer Beziehung ist das nicht möglich, weil es so viele unbekannte Faktoren gibt. Sie wissen nicht, ob die gegenseitige Anziehung von Bestand ist. Sie wissen nicht, ob der Betreffende so gut ist, wie er scheint. Sie wissen nicht, ob es zu einer festen Bindung führen wird.

Ganz allmählich in die Liebe einzutauchen unterscheidet sich vom Verlieben oder vom Begehren, weil Sie mit Ihrer Intelligenz verbunden bleiben. Wenn Sie sich verlieben, also gewissermaßen die Gefilde des Neokortex verlassen und in Ihre primitiveren Instinkte zurückfallen, dann mag sich das euphorisch anfühlen, aber dieser Zustand trägt auch alle Eigenschaften einer Depression in sich – die Unfähigkeit, sich zu konzentrieren, zu essen oder zu schlafen, das Zwanghafte, die Gleichgültigkeit gegenüber Ihrer Arbeit und die Unbekümmertheit in Sachen Verantwortung. Diese Anzeichen einer Depression sollten uns nicht überraschen. Wenn wir »uns verlieben« und das Bild des »vollkommenen Partners« auf unsere neue Liebe projizieren, impliziert das, daß wir so, wie wir sind, unvollständig seien.

Droht wilde Vorfreude Sie zu überwältigen und umnebelt sich Ihre Perspektive, dann richten Sie Ihre Aufmerksamkeit auf den Strom Ihres Atems. Gehen Sie in sich, und fragen Sie sich: Welche verrückten Erwartungen nähre ich da gerade? Projiziere ich das Bild der all-liebenden Mutter oder des all-liebenden Vaters, sehe ich eine große Hochzeit oder ein Bilderbuchleben vor mir? Holen Sie sich in die Gegenwart zurück. Schälen Sie Ihre Erwartungen ab, und erkennen Sie den sterblichen Menschen, der vor Ihnen steht.

Manchmal scheint es unmöglich oder völlig unnatürlich, sich zurückzuhalten. Prüfen Sie sich selbst. Handelt es sich um einen vagen, wilden Anflug von Phantasie, oder ist es der Rausch eines starken und mächtigen Flusses? Es kann vollkommen in Ordnung sein, sich von einer starken Strömung mitreißen zu lassen, solange Sie eines nicht vergessen: Der einzig sichere Weg besteht darin, bewußt zu leben, von Augenblick zu Augenblick, und sich nicht an das Ergebnis zu klammern.

Einige Menschen entscheiden sich bewußt dafür, ganz allmählich in die Liebe einzutauchen, selbst wenn ihre Hormone sie in ein Gefühl versetzen, als würden sie in Flammen stehen, denn sie haben durch frühere Erfahrungen gelernt, wie leicht sie sich durch eine starke sexuelle Anziehung täuschen lassen. Diane erzählte mir, daß sie nach vielen Jahren als Single einen Mann getroffen hat, der sofort ihr Interesse weckte, einschließlich ihrem alten Verlangen, sofort seine Geliebte zu werden. Sie erklärte ihm, daß sie schon öfter Liebe mit Sex verwechselt habe und meinte, sie wolle erst viele Erfahrungen mit ihm sammeln, bevor sie mit ihm Sex haben wolle. »Ich dachte mir, wenn er herumdiskutieren oder mich bedrängen würde, wäre er kein guter Partner für mich. Aber wenn er auf mich warten würde, wäre es großartig.« Sie entwickkelten ein stabiles Band, bevor sie Sex hatten, und waren in der Lage, eine gute Beziehung zu schaffen.

In die Liebe gemächlich einzutauchen heißt, achtsam und bewußt zu bleiben. Wir müssen dabei auch den Mut aufbringen, aus dieser leisen, ruhigen Stimme aus dem Innern zu sprechen. Es ist beängstigend, »Du bedeutest mir viel« zu sagen, wenn man sich noch nicht sicher ist, ob die Beziehung wirklich funktionieren wird. Es ist unangenehm, wenn unsere Eigenheiten und schlechten Angewohnheiten offengelegt werden. Bewußtsein trägt die bittersüße Eigenschaft von Hoffnung und Unwohlsein in sich. Bewußt zu bleiben schließt die Euphorie des inneren Schauders, wenn der geliebte Mensch durch die Tür tritt oder die pure Freude, beieinander zu sein, nicht aus. Doch es bedeutet, daß diese Erregung neben Ihren Ängsten und Ihrer Verletzlichkeit existiert.

Häufig kommen Paare in die Psychotherapie, um sich das anfängliche Hoch aus Romantik und Sex zurückzuholen. Sie flogen auf hauchdünnen Flügeln und machten eine Bruchlandung, weil sie Lust mit Liebe verwechselten und ihr beiderseitiges Band nie festigten. Wenn wir gemächlich in die Liebe eintauchen, finden wir viel wahrscheinlicher das wahre Feuer der Herzen, die sich begegnen, weil unsere Verbindung auf einer großen Vielzahl an Erfahrungen, an gemeinsamer Zeit, Vertrautheit und der Fähigkeit, über Konflikte zu sprechen, basiert. Sex und Liebe werden neben dem reichen, warmen Gefühl erblühen, das aus einer dauerhaften Verbindung entsteht, bei der jeder im Herzen des anderen wohnt.

22. Wie man sich Kleinanzeigen, Partneragenturen und Single-Clubs zunutze macht

»Wenn Sie sich auf die aktive Suche nach einem Partner machen, dann agieren Sie aus dem Gefühl der Fülle heraus, nicht aus dem Gefühl des Mangels. Erhöhen Sie bewußt den Strom der Menschen in Ihrem Leben.«

Susan Page, in: »Ich finde mich so toll,
warum bin ich noch Single?«

Ich habe schon mit zahllosen Menschen gesprochen, die sich nach einem Partner sehnen, sich jedoch davor fürchten, eine Anzeige zu schalten, zu einer Partneragentur zu gehen oder die Veranstaltungen eines Single-Clubs zu besuchen. Zu ihren diversen Ausreden gehören: »Ich will meine Zeit nicht damit verschwenden, langweilige Leute zu treffen«, »Ich fürchte, ich weiß nicht, was ich bei der ersten Verabredung sagen soll«, »Ich hasse es, die Gefühle eines anderen zu verletzen, indem ich nein zu ihm sage«, »Ich bin einfach nicht der Typ Mensch, der eine Anzeige schaltet« und »Wenn es sein soll, dann treffe ich schon jemand«.

Obwohl niemand Dinge tun sollte, die seinen Überzeugungen zuwiderlaufen, sollten Sie sich von Ihren Ängsten nicht davon abhalten lassen, einige dieser Ansätze auszuprobieren. Hier einige Gedanken, die Ihnen helfen sollen, die Geschichten loszulassen, die Sie selbst erschaffen haben und die Sie von der Erforschung dieser Möglichkeiten abhalten:

- Alles Wertvolle erfordert Zeit und Mühe. Wir schauen uns intensiv um, wenn wir Schuhe, ein Auto oder ein Haus kaufen wollen. Warum nicht wenigstens dieselbe Anstrengung aufwenden, um einen Partner zu finden?
- Das Leben ist kurz. Warum sich grämen, wenn man aktiv werden und die Chancen, jemandem zu begegnen, signifikant erhöhen kann?
- Es ist ein Abenteuer.
- Sie lassen sich nicht auf einer Auktion versteigern, Sie schauen sich einfach um, ob es jemanden gibt, der zu Ihnen paßt.
- Das Unbehagen, Leute durch Anzeigen oder Single-Clubs zu treffen, wird Ihnen helfen, sich Ihren Ängsten zu stellen und daran zu wachsen.
- Wenn Sie bei der ersten Verabredung nicht wissen, was Sie sagen sollen, können Sie immer noch erklären: »Ich weiß nicht, was ich sagen soll, ich bin irgendwie nervös.«
- Sie könnten jemandem begegnen, der ein guter Freund wird.
- Was haben Sie schon zu verlieren? Aber wieviel könnten Sie gewinnen?

Anzeigen:
Obwohl es in der westlichen Kultur keine abgesprochenen Ehen mehr gibt, könnten Sie die Kleinanzeigen als eine moderne Version dieser Praxis betrachten, bei der die Kontrolle des Arrangements in Ihren Händen liegt. Eine Anzeige ist eine offene Erklärung Ihrer Sehnsucht. Ich suche nach einem Freund / Gefährten / Ehepartner, hier bin ich, wer bist du, bist du interessiert? Es ist eine direkte Möglichkeit, Menschen zu treffen, außerdem ist sie nicht teuer, für jeden zugänglich und bringt den Prozeß rasch in Gang.

Ein weiterer Aspekt der Anzeigen ist der, daß sie hilfreich sein können, weil das Aussehen nicht der erste Schritt beim Knüpfen der Verbindung ist. Ihr Verstand und Ihre Intuition kommen ins

Spiel, wenn Sie die Anzeige lesen, eine Nachricht unter einer Sondernummer hinterlassen oder ein paarmal mit jemandem telefonieren, der auf Ihre Anzeige reagiert hat. Ich will die Bedeutung der körperlichen Anziehungskraft nicht leugnen, aber eine Verbindung auf der Ebene der Wertvorstellungen, Interessen und der gesamten Intuition kann uns helfen, schneller hinter die Fassade des anderen zu schauen.

Anzeigen sind besonders hilfreich für die wachsende Zahl an Menschen über Dreißig, Vierzig, Fünfzig oder gar Sechzig, die normalerweise keine frei verfügbaren Kandidaten treffen. Es werden nicht nur unzählige Menschen Ihre Anzeige lesen, durch das Aufgeben übermitteln Sie auch Energie in das Universum: »Hier bin ich, bereit, das Risiko einzugehen, den Sprung in eine Beziehung zu wagen – na ja, ganz allmählich einzutauchen.«

Wenn wir eine Anzeige aufgeben, auf eine antworten (oder eine Partneragentur einschalten) erhalten wir auch Übung darin, uns selbst zu definieren, genau zu bestimmen, was wir wollen, und uns abzugrenzen – ja, nein, ich möchte gern, es gefiele mir weniger, wenn. Diese Fähigkeiten sind später auch für die Beziehung wichtig. Ich habe schon ein paarmal Anzeigen geschaltet, und zweimal ist mir jemand begegnet, der ein wichtiger Teil meines Lebens wurde. Die anderen, ach, lassen Sie es mich einfach so formulieren: Ich habe eine Menge gelernt!

Momentan geht der Trend dahin, eine Anzeige zu schalten und eine zwei- oder dreiminütige Ansage unter einer Sondernummer auf Band zu sprechen. Die potentiellen Kandidaten reagieren darauf, indem sie Ihre Anzeige lesen, dann unter der angegebenen Telefonnummer anrufen, Ihre aufgezeichnete Botschaft abhören und, wenn sie ihnen gefällt, eine Nachricht hinterlassen, einschließlich ihres Vornamens und einer Telefonnummer. Sie hören sich daraufhin deren Nachrichten an und entscheiden, ob Sie zurückrufen wollen. Es ist erstaunlich, was man aus einer kurzen Nachricht alles heraushören kann. Klingt die Stimme lebendig, warm und fließend, oder steif, eingeübt und angespannt? Reagiert dieser Mensch auf das, was Sie sagen, spricht er nur über sich selbst, oder sagt er praktisch nichts? Bringt die Nachricht als Ganzes eine Saite in Ihnen zum Klingen?

Wenn Sie beschließen, jemanden zurückzurufen, müssen Sie weder Ihren Nachnamen noch Ihre Telefonnummer angeben. Klingt das für Sie unhöflich, so lassen Sie sich gesagt sein, daß Sie sich selbst schützen müssen, nur für den Fall der Fälle. Unsere Masken abzusetzen bedeutet nicht, unsere Vorsicht aufzugeben. Manche Menschen fühlen sich verpflichtet, jeden Anruf zu erwidern und jeden Anrufer zu treffen. Das ist zwar eine Möglichkeit, aber keineswegs eine Verpflichtung.

Wenn Sie schließlich mit jemandem reden, lauschen Sie Ihren inneren Reaktionen. Wie würde der andere auf einer Skala von eins bis zehn abschneiden? Gestalten Sie die Unterhaltung einfach, und denken Sie daran, daß Sie bei diesem Anruf nur feststellen müssen, ob Sie beide sich treffen wollen – es geht nicht darum, in Ihre tiefsten Geheimnisse einzutauchen. Stellen Sie alle relevanten Fragen, die Ihre Grundsätze berühren. Wenn ich eine Anzeige geschaltet habe, versuchte ich immer herauszufinden, welche Einstellung der Betreffende zu Alkohol und anderen Suchtmitteln hatte, weil ich nicht mit jemandem zusammensein wollte, der täglich trinkt oder Drogen nimmt. Ein Mann war beleidigt und brüllte mich förmlich an: »Ich habe das Recht, nach einem harten Tag ein Bier zu trinken. Es schmeckt gut!« Schnell beendete ich das Gespräch.

Wenn Sie merken, daß Sie und der andere nicht zusammenpassen, dann sagen Sie das freundlich, und schmieden Sie keine gemeinsamen Pläne. Verschwenden Sie weder Ihre Zeit noch die der anderen. Denken Sie daran: Ehrlichkeit ist der Kern der Spiritualität. Die meisten Menschen, ich nehme mich da nicht aus, unterdrücken Ihre Instinkte und verabreden sich lustlos ein paar-mal, bevor sie endlich auf ihre innere Stimme hören. Das ist auch in Ordnung. Sie gewinnen wertvolle Fähigkeiten bei diesen Abenteuerausflügen ins Bewußtsein.

Single-Clubs / Interessengemeinschaften:

In vielen Städten gibt es ein riesiges Spektrum an Single-Clubs. Einige von ihnen veranstalten eine Vielzahl von Treffen und unterhalten eigene Interessengruppen – Chöre, Wandervereine, Tennismannschaften, Tanzgruppen und so weiter. Anfangs kann die Teilnahme unangenehm sein – schließlich suchen die Leute jemanden, mit dem sie zusammensein können, Sie ja auch. Manchmal hilft es, wenn man zuerst mit einem Freund oder einer Freundin hingeht. Wenn Sie sich einer Interessengruppe anschließen, die Sie anspricht, werden Sie neue Menschen kennenlernen, während Sie gleichzeitig etwas tun, was Ihnen Spaß macht. Hegen Sie nicht die Hoffnung, den Märchenprinzen oder die Märchenprinzessin zu finden, halten Sie sich einfach an die Vorstellung, eine schöne Zeit zu verbringen.

Je öfter Sie ausgehen und je mehr Menschen Sie treffen, desto mehr lernen Sie über sich selbst und darüber, was Sie wollen. Mehrere Leute, mit denen ich gesprochen haben, meinten, sie hätten zwar keinen Partner gefunden, aber wunderbare neue Freundschaften geschlossen.

Partneragenturen:

Alle Vorschläge hinsichtlich der Kleinanzeigen gelten auch für Begegnungen mittels einer Partneragentur. Wie bei den Anzeigen müssen Sie immer daran denken, daß Sie wahrscheinlich mit dreißig oder mehr Menschen reden müssen, bevor Sie jemanden finden, der zu Ihnen paßt. Partneragenturen sind alle unterschiedlich, aber im allgemeinen besteht ihre Dienstleistung in ausführlichen Befragungen mittels eines Fragebogens, der in einen Computer eingegeben wird. Vielleicht werden auch Fotos oder Videoaufnahmen gemacht. Wenn Sie beschließen, zu einer Partneragentur zu gehen, bitten Sie vorher um diesen Fragebogen, und prüfen Sie, ob die Fragen Ihre Wertvorstellungen widerspiegeln. Ich habe einmal viel Geld bezahlt und einen ausführlichen Fragebogen ausgefüllt, bei dem ich Angaben zu meinen Interessen, meiner Ausbildung und meinem Erscheinungsbild machen mußte – alles über mein Leben. Doch der einzige Punkt, nach dem ich offensichtlich verpaart wurde, war meine Größe. Alle Männer, die mir vermittelt wurden, waren kleiner als 1,75 Meter! Wir hatten nicht nur nichts gemeinsam, zwischen unseren Weltanschauungen klaffte überdies ein Abgrund. Ich rief die Agentur an und meinte: »Hören Sie, ich bin eine liberale Pazifistin. Ich interessiere mich für soziale Gerechtigkeit. Gibt es denn keine Möglichkeit, diese Punkte abzugleichen?« Die Antwort lautete, nein, nach politischen Ansichten würde nicht gefragt. Ich bat sie, mich wenigstens mit jemandem zusammenzubringen, der mehr mit mir gemeinsam hatte als die Größe.

Der nächste Mann, den ich am Telefon kennenlernte, war ein reicher Manager, dem daran gelegen war, die amerikanische Vormachtstellung durch eine militärische Präsenz im Weltall aufrechtzuerhalten. Mir gefielen zwar seine Stimme und seine starke Energie, aber weltanschaulich standen wir einfach zu weit auseinander. Wir unterhielten uns recht lange, und ich fragte ihn, ob er Interesse an einem kleinen Buch habe, in dem der Preis, den der Mensch für den Krieg zu zahlen hat, abgehandelt wird. Er sagte ja, also schickte ich es ihm: »Der 100. Affe – Plädoyer gegen den Atomwahn« von Ken Keyes.* Ich brach außerdem den Kontakt zu

---

* Ken Keyes, »Der 100. Affe. Das Plädoyer gegen den Atomwahn«, Übersetzung von Peter Hubner, Waldeck-Dehringhausen: Hubner 1983.

der Partneragentur ab, aber das sind nur meine Erlebnisse. Ihre können völlig anders aussehen.

Das Internet:

Man hört immer öfter von Menschen, die sich über das Internet kennengelernt haben – einige absichtlich, andere ungeplant. Caryl, eine Frau, die in San Francisco lebt, unterhielt sich in einem Chatroom über Basketball. Ihr gefiel die Bemerkung eines Mannes aus Salmon in Idaho, und sie schickte ihm eine Mail. Die beiden hatten daraufhin einen langen Austausch über Sport. Kurz darauf rief er sie an. Einige Wochen später lud er sie zu sich ein, und nicht lange danach verlobten sie sich und heirateten.

Ein Paar, das sich über Internet kennenlernte, schickte einander Fotos und Videoaufnahmen, sobald sie sich zueinander hingezogen fühlten. Ich dränge die Menschen, die sich über große Entfernungen kennenlernen, immer dazu, Fotos oder Videos auszutauschen, weil man abklären muß, ob eine körperliche Anziehung besteht. Es ist natürlich kein absolut sicherer Indikator, aber anhand eines Fotos erfährt man zumindest, ob man nicht interessiert ist. Wenn Sie Zweifel hegen und der andere auf einer anderen Ebene gut zu Ihnen paßt, dann versuchen Sie es mit einem Treffen.

Der Nachteil im Internet ist der, daß die Menschen, die sich dort begegnen, häufig in verschiedenen Städten wohnen und nicht die Gelegenheit haben, täglich zusammenzukommen, außer einer von ihnen zieht um. Weil es so unendlich einfach ist, in eine Phantasiewelt abzugleiten und den anderen zu einem Traumwesen zu machen, wenn man weit voneinander entfernt wohnt, können Beziehungen über große Distanzen riskant sein. Dennoch treffen sich Menschen auch auf diesem Wege. Alles ist möglich.

Sie müssen unbedingt Ihren Instinkten folgen, wenn Sie es mit einem oder allen dieser Ansätze versuchen. Die Einstellung, mit der Sie an eine Situation herangehen, wird Ihre Erfahrung beeinflussen. Wenn Sie Single-Treffen für pure Fleischbeschau halten, wo jeder nur auf Sex aus ist, dann wird das Ihre Erfahrung sein. Wenn Sie mit einem abenteuerlustigen Geist hingehen und den Wunsch nach Liebe in jedem sehen, dann wird das Ihre Erfahrung sein.

Wie bei allem anderen auch müssen Sie die Schichten Ihrer Erwartungen, Projektionen und Hoffnungen abstreifen, damit Sie Menschen treffen, ohne daß Filter und Erinnerungen aus der Vergangenheit Ihre Sicht behindern. Fragen Sie sich stets: Wer ist dieser Mensch in diesem Augenblick? Wer bin ich in diesem Augenblick?

Alles in allem sollten Sie bei Anzeigen und Partneragenturen daran denken, sich nicht an das Ergebnis zu klammern, sondern es einfach als eine Möglichkeit zu sehen, das Feld zu erweitern und Ihre Absicht dem Universum mitzuteilen.

23. Denken Sie daran: Die erste Verabredung ist nur ein flüchtiger Augenblick

»Wenn sich ein Mann und eine Frau, die dazu bestimmt sind, glücklich verheiratet zu sein, treffen, dann fühlen sie sich fast sofort eins miteinander. Ganz sicher spüren sie keine dunklen Untertöne – es ist eine Erfahrung, durchflutet vom hellen Licht des Tages.«

Catherine Johnson, in: »Lucky in Love«

Eine erste Verabredung ist getroffen. Das kann mit einem beiläufigen Bekannten geschehen oder einem langjährigen Freund, für den Sie plötzlich ein romantisches Interesse entwickelt haben. Wenn die Verabredung durch eine Partneragentur oder durch eine Kleinanzeige zustande kam, ist es das erste Mal, daß Sie beide sich überhaupt begegnen.

Auf dem spirituellen Weg der Gleichberechtigung können sowohl der Mann als auch die Frau das Treffen initiieren. Ich weiß, damit wird eine der wichtigsten Regeln der Partnerschaftsbücher gebrochen, aber wenn wir Liebe und Respekt zwischen den Geschlechtern schaffen wollen, müssen wir unsere Verabredungen zu einem Modell der Gleichberechtigung machen. Außerdem gibt es auf einer spirituellen Ebene keine Unterschiede zwischen Männern und Frauen.

Wenn Sie sich mit jemandem verabreden, den Sie bereits kennen, dann lassen Sie sich von Ihren Instinkten leiten, obwohl ich es vermeiden würde, einander zu Hause zu besuchen, außer Sie kennen den Betreffenden sehr gut und waren schon oft dort. Doch selbst dann rate ich zur Vorsicht, denn wenn sich Freundschaft in eine Romanze verwandelt, verändern sich manche Menschen plötzlich. Wenn es sich um jemanden handelt, dem Sie noch nie begegnet sind, dann planen Sie nicht mehr als einundhalb Stunden mit ihm ein – Kaffee, ein kurzes Mittagessen, ein Spaziergang an einem öffentlichen Platz oder was immer sich aus dem Verabredungsgespräch ergibt. Wenn Sie einen guten Draht zu dieser Person haben, dann können Sie auch noch länger zusammenbleiben. Denken Sie immer daran, sich an einem neutralen Ort mit vielen Menschen zu verabreden, ziehen Sie sich so an, wie Sie es üblicherweise tun, und machen Sie sich klar, daß Sie sich so zeigen müssen, wie Sie wirklich sind, wenn Sie gemocht werden wollen. Wenn Sie ein Bild von sich darbieten, dann wird sich der Betreffende in dieses Bild verlieben, und Ihnen bleibt nichts weiter übrig, als dieses Bild aufrechtzuerhalten. In einem solchen Fall führen Sie keine authentische Beziehung und fühlen sich auch nicht geliebt, weil ja man nur Ihre Schauspielkunst mag.

Verbringen Sie nicht Stunden damit, in Phantasievorstellungen zu schwelgen oder eine Erwartungshaltung aufzubauen. Denken Sie daran: Sie müssen viele, viele Menschen treffen, bevor Sie einen würdigen Gefährten finden. Vergessen Sie aber auch nicht, daß niemand »falsch« für Sie ist, es gibt nur Menschen, die Ihnen nicht das bieten können, was Sie suchen. Lassen Sie jede Verabredung zu einem Fenster in das Leben des anderen werden, zu einem funkelnden Augenblick.

Es folgen einige Gedanken, die Ihnen helfen sollen, sich zu entspannen: Sie verabreden sich nur, um festzustellen, ob man möglicherweise zusammenpaßt. Sie sind beide heilige Wesen auf dem Weg, beide auf der Suche nach Liebe. Es ist nur ein Augenblick in der Zeit, ein flüchtiger Blick in das Leben eines anderen, eine Lektion. Sie werden nicht auf einer Auktion feilgeboten. Niemand ist richtig oder falsch, ist begehrenswert oder nicht begehrenswert. Es geht nur darum, ob man eine Verbindung spürt. Sie können eine Verbindung nicht erzwingen. Entweder ist sie da oder eben nicht. Niemand kann Sie zurückweisen, nur Sie selbst. Bleiben Sie sich selbst treu. Wenn Sie keine Lust auf eine zweite Verabredung verspüren, dann sagen Sie es. Wenn Sie enttäuscht sind, daß der andere Sie nicht wiedersehen möchte, dann machen Sie sich klar, daß es auf lange Sicht sowieso nicht in Ihrem besten Interesse lag.

Denken Sie daran, daß eine erste Verabredung meistens dazu dient, zu dem Schluß zu kommen, ob man eine zweite möchte. Sie sammeln Daten: Fühle ich mich zu diesem Menschen hingezogen? Haben wir gemeinsame Interessen oder Wertvorstellungen? Fließt etwas zwischen uns? Fühle ich mich gut, wenn ich einfach Ich bin? Halten Sie es ganz einfach.

Ich habe zahllose Bücher über Verabredungen gelesen, alle voller Regeln, was man sagen und was man nicht sagen soll. Aber in Wahrheit ist es doch so: Die Regeln auf dem spirituellen Weg sind einfach. Seien Sie freundlich, mitfühlend, ehrlich und ganz natürlich.

Stimmen Sie sich auf die Erfahrung ein. Achten Sie auf den Prozeß der Entscheidungsfindung. Wie entscheiden Sie beispielsweise, wer zahlt? Einige Männer reißen sofort die Rechnung an sich. Bei zwei Frauen oder zwei Männern werden die Kosten höchstwahrscheinlich geteilt, aber auch nicht immer. Wenn ich weiß, daß ich diesen Menschen nie mehr wiedersehe, dann ziehe ich es vor, für mich selbst zu zahlen. Einmal fragte ich einen Mann, ob ich mich an den Kosten für das Essen beteiligen solle, und er erklärte empört: »Ich lasse niemals eine Frau für ihr Essen zahlen.« Was würde er eine Frau sonst noch nie tun lassen, dachte ich, und wußte in meinem Herzen, daß dies niemals hätte funktionieren können.

Als Julia Tony traf, den Mann, der sich auf ihre Anzeige meldete, die mit dem Wort »Namaste« begann, hatten sie so viel Spaß beim Mittagessen, daß sie auch noch den Rest des Tags zusammen verbrachten, Erledigungen machten, spazierengingen, zu Abend aßen und zu einem Jazzkonzert gingen. Sie reagierte jedoch vor dem Konzert bestürzt, als er ein Ticket für sich kaufte, sich dann zu ihr umdrehte und fragte: »Ist es dir recht, wenn jeder für sich selbst zahlt?«

»Ich sagte ja«, erzählte mir Julia, »aber ich konnte fühlen, wie die Feministin in mir mit der Romantikerin kämpfte, die eingeladen werden wollte. Doch warum sollte er mehr zahlen als ich? Ich wußte, daß er nicht viel Geld hatte. Ich fragte mich, ob er vielleicht geizig war. Vor der zweiten Verabredung sprachen wir über das ›wer zahlt‹ und beschlossen, daß wir uns abwechselnd einladen würden, weil mir die Getrenntheit des Selberzahlens nicht gefällt. Ich ziehe den Strom des Gebens und Nehmens vor.«

Wenn Sie merken, daß Sie ständig über die Reaktion des anderen auf Sie nachdenken, machen Sie sich klar: »Entweder passen wir zueinander oder nicht, denn du bist, wer du bist.« Wir sind viel leichter zu durchschauen, als wir das gerne glauben. Natürlich ist es eine gute Idee, aufmerksam zuzuhören, auf den anderen zu reagieren, etwas von sich zu offenbaren, das nicht allzu persönlich ist, und einen Sinn für Humor zu zeigen. Aber wenn Sie niemals aufmerksam zuhören, wenn Sie normalerweise viel reden oder für gewöhnlich ein ernster Typ sind, dann sind Sie eben so. Sie können natürlich so tun, als ob Sie zuhören oder ermutigende Bemerkungen machen, aber wenn es nicht von Herzen kommt, wird es künstlich wirken.

Wenn Sie also von Natur aus frech und lustig sind, dann seien Sie so. Wenn Sie von Natur aus vorsichtig und leise sind, dann seien Sie so. Wenn Sie es beherrschen, jemanden aus der Reserve zu locken, indem Sie Fragen stellen, dann tun Sie das. Man selbst zu sein ist ein Akt des Glaubens und der Selbstliebe, und die einzige Quelle einer authentischen Verbindung, die uns hinter die Masken und zu unserer Buddha-Natur führt.

Eine weitere Möglichkeit, Ihr Bewußtsein zu schärfen, besteht darin, den Grad der Energie zwischen Ihnen und Ihrem Partner zu betrachten. Sie können wieder ein Maß an die Stärke der Verbindung anlegen und sie auf einer Skala von eins bis zehn einordnen. Wie sieht die Energieebene aus, wenn Sie über Ihre Interessen sprechen? Was passiert, wenn einer von Ihnen ständig redet? Was geschieht, wenn einer von Ihnen sich über einen früheren Ehepartner beklagt? Wenn Ihre Energie fällt und das Gespräch langweilig wird, tun Sie etwas anderes, auch wenn das bedeutet, Ihr Gegenüber zu unterbrechen und die Unterhaltung in eine andere Richtung zu lenken. Manchmal hilft es, wenn man sagt: »Ich fühle mich jetzt komisch«, »Ich kann Ihnen nicht ganz folgen« oder »Ich weiß nicht recht, was ich sagen soll« oder sogar »Wir scheinen keinen guten Draht zueinander zu haben«. Paradoxerweise wird jede authentische Bemerkung dieser Art für gewöhnlich die Situation beleben ... oder Ihnen zu der Erkenntnis verhelfen, daß Sie beide eben in keiner Weise zueinander passen.

Am Ende der ersten Verabredung können Sie entscheiden, ob Sie sich wiedersehen wollen. Jeder kann den ersten Schritt machen. Sie können eine Frage stellen, »Na, wie geht es jetzt weiter?«, oder einfach sagen: »Ich würde dich gern wiedersehen, wir scheinen viel gemeinsam zu haben.« Wenn Sie andererseits zu dem Schluß kommen, daß Sie kein Interesse haben, dann spielen Sie dem anderen nichts vor. Sagen Sie nicht »Ich rufe dich an«, wenn Sie es nicht wirklich so meinen. Wenn Sie jemand fragt, warum Sie ihn nicht wiedersehen wollen, dann können Sie sagen:

»Ich glaube nicht, daß wir zusammenpassen«, ohne die Gründe dafür anzugeben. Wenn der andere daraufhin drängt, ist es Zeit zu gehen.

Wenn es bei der ersten Verabredung dunkle Untertöne gibt, dann nehmen Sie sich in acht. Selbst wenn es nur der Hauch eines Zweifels ist, der immer wieder sein Haupt reckt, oder ein fernes Klingeln in Ihrem Hinterkopf, hören Sie darauf, hören Sie darauf, hören Sie darauf – ganz besonders, wenn Sie schon häufiger die Augen vor Schwierigkeiten verschlossen haben. Wenn wir uns verlieben, insbesondere, wenn die Beziehung gleich eine sexuelle Note bekommt, sind Warnsignale möglicherweise nur schwer wahrzunehmen, aber denken Sie daran: Frühe Boten des Unheils fallen oft auf Sie zurück. Als Paartherapeutin habe ich wiederholt erlebt, wie böse Ahnungen, die man bei der ersten Verabredung verspürte, die Beziehung auch noch nach zwanzig Jahren durchdringen können. Catherine Johnson schreibt, daß sich eine gute Beziehung anfühlt »wie vom hellen Licht des Tages durchflutet«.

Wenn Sie beide zu dem Schluß kommen, sich wiedersehen zu wollen, machen Sie entweder gleich Pläne oder vereinbaren Sie ein Telefonat. Es ist auch in Ordnung, wenn Sie sagen, daß Sie sich Ihrer Gefühle noch nicht sicher sind, aber den anderen gern ein zweites Mal sehen möchten. In manchen Fällen erkennt man, daß man sich zwar nicht in Liebe zueinander hingezogen fühlt, aber gemeinsame Interessen als Freunde weiterverfolgen möchte.

Denken Sie daran, auf dem spirituellen Weg »machen wir es nicht richtig«, wir machen es aus dem Gefühl heraus, mit Neugier und einem leichten Herzen. Natürlich haben wir Hoffnungen, aber auf unserem Weg ist die Akzeptanz von allergrößter Bedeutung. Bemühen Sie sich redlich, und klammern Sie sich nicht an das Ergebnis.

Hier vier Vorschläge, die Sie fest auf Ihrem Weg halten:

1. Stimmen Sie sich auf den Grad der Verbindung ein.
2. Achten Sie auf den Fluß des Gebens und Nehmens.
3. Vertrauen Sie sich selbst und Ihren Instinkten.
4. Amüsieren Sie sich, und denken Sie daran: Alles geht vor- über.

24. Kinder und Verabredungen: genug Liebe für alle

»Ihr seid die Bogen, von denen eure Kinder als lebende Pfeile ausgeschickt werden ….
Laßt euren Bogen von der Hand des Schützen auf Freude gerichtet sein.«

Kahlil Gibran, in: »Der Prophet«

Die schlimmsten Geschichten über Qual und Liebe können Kinder erzählen, deren Eltern sich wiederverheiratet oder sich neue Partner genommen haben.

Obwohl wir regelmäßig hören, daß Stiefeltern auf die Kinder ihres Partners eifersüchtig reagierten und sie zurückwiesen, gibt es auch viele Fälle, in denen Kinder in einem Stiefelternteil oder in dem neuen Partner ihrer Mutter oder ihres Vaters einen liebevollen Verbündeten gefunden haben. Manchmal sind Kinder anfänglich abweisend, knüpfen jedoch im Laufe der Zeit ein Band des Vertrauens. Bei allen zusammengewürfelten Familien müssen Eltern und Kinder die Situation definieren und jedem den Raum lassen, den er braucht, um seine Sorgen und Ängste zu erforschen und auszudrücken.

Wir alle sind die Hüter unserer Kinder – wir schulden ihnen Schutz, Sicherheit und Liebe, denn ein Mangel an Einfühlungsvermögen und leichtsinnige Entscheidungen können zu einem schmerzlichen Erbe werden, das ihr Leben schwer beeinträchtigt. Wenn wir unseren Kindern andererseits Verständnis und Rücksichtnahme entgegenbringen und eine liebevolle Bindung aufbauen, werden sie keine Mauern um ihr Herz errichten, um ihren Schmerz abzuschirmen, und sie können sogar aufblühen, wenn ein Elternteil eine neue Beziehung eingeht.

Es ist von entscheidender Bedeutung, ehrlich mit sich selbst zu sein, wenn man eine Beziehung zu jemandem eingeht, der zu Hause eines oder mehrere Kinder hat. Sind Sie bereit, die Liebe Ihres Partners mit seinen Kindern zu teilen und diese in Ihr Herz zu lassen? Oder haben Sie das Gefühl, mit Ihren eigenen Kindern schon genug Erziehungsarbeit geleistet zu haben? Oder haben Sie absolut kein Interesse an der Kindererziehung? Verurteilen Sie sich nicht, seien Sie einfach zutiefst ehrlich.

Wenn Sie selbst Kinder haben, gehen Sie vorsichtig vor, wenn Sie neue Menschen in Ihr Leben und somit auch in deren Leben lassen. Es kann für Kinder beunruhigend sein, wenn eine Kette von Leuten auftaucht und dann plötzlich wieder verschwindet. Sollte ein potentieller Partner eifersüchtig auf Ihre Kinder sein oder sich sogar feindselig verhalten, dann lassen Sie die Finger von ihm. Er ist keine gute Wahl für Sie oder Ihre Familie.

Es gibt einen feinen Unterschied zwischen der Loyalität gegenüber den eigenen Kindern und der Loyalität gegenüber einem neuen Partner. Junge Menschen sind hochsensibel, wenn es darum geht, ignoriert zu werden oder erst an zweiter Stelle zu kommen. Für gewöhnlich wollen sie eine klare, aber einfache Erklärung, was vor sich geht. Sie können mit Ihnen über neue Freunde sprechen und ihnen mit Worten und Ihrem Verhalten beweisen, daß ihnen ein Platz in Ihrem Herzen sicher ist. Wenn Sie alleinstehend sind, mußten Ihre Kinder wahrscheinlich bereits den Verlust eines Elternteils erleben, sei es durch Scheidung oder Tod, und der Gedanke, daß das noch einmal geschehen könnte, macht ihnen große Angst.

Gleichzeitig sind Sie der Erwachsene. Sie müssen sich nicht

rechtfertigen, wenn Sie sich verabreden – wenn Sie das Gefühl haben, daß Sie das müßten, dann aus Ihren eigenen Schuldgefühlen heraus. Helfen Sie einfach Ihrem Kind, die Situation zu verstehen. »Das ist ein neuer Freund. Wir gehen heute abend aus. Ich komme nachher wieder, und morgen früh frühstücken wir zusammen.« Wenn wir unseren Kindern keine Klarheit verschaffen, können Sie im unpassendsten Moment unangenehme Fragen stellen. Ich weiß noch, wie meine Tochter mit ihrer unschuldigen kleinen Stimme im Alter von vier Jahren einen Mann bei unserer ersten Verabredung fragte: »Bist du der Freund meiner Mami?« Und schlimmer noch: »Wirst du heute nacht hierbleiben?« Ich hätte besser zuvor mit ihr darüber gesprochen!

Ein Kind mit einer sicheren, liebevollen Beziehung zu seinem Elternteil wird die neue Liebe im Leben dieses Elternteils wahrscheinlich eher begrüßen als ein Kind, das sich emotional ausgehungert fühlt und die Hauptquelle an Intimität im Leben dieses Elternteils war. In gesunden Eltern-Kind-Beziehungen sind die Rollen klar, und die Eltern benützen ihre Kinder nicht für ihre eigenen intimen Bedürfnisse. Kinder mit einem sicheren Band werden oft die Möglichkeit zu mehr Liebe sehen, wenn ein neuer Mensch ins Bild kommt, während unsichere Kinder fürchten, daß der neue Mensch ihnen Liebe wegnimmt.

Mark, ein vierzigjähriger Witwer, hatte zwei Töchter im Alter von elf und dreizehn Jahren, die ihn ermutigten, wieder auszugehen, weil sie der Sicherheit des Bandes zu ihrem Vater vollkommen vertrauten. Sie wollten, daß ihr Dad glücklich wird, und freuten sich, als sie seine neue Freundin Judith trafen. Judith fühlte sich in der Familie willkommen und genoß die neue Beziehung zu Marks Töchtern. Einmal nahm sie die beiden mit zu einer Kunsthandwerksausstellung, wo sie zusammen Masken anfertigten, etwas, was die Mädchen noch nie zuvor getan hatten. Ihr Vater verbrachte auch ohne Judith Zeit mit seinen Töchtern. Sie waren nie eifersüchtig, und das Leben aller Beteiligten ist jetzt etwas heller.

Einige Alleinerziehende erzählten mir, daß sie beschlossen hätten, ein Single zu bleiben, bis ihre Kinder erwachsen seien. Eine Frau meinte, sie hielte es für unfair, einen »Fremden« in das Leben ihrer Kinder zu bringen. Aber Fairneß bedeutet nicht den Verzicht auf einen Partner, sie ist vielmehr unsere Fähigkeit, eine weise Wahl zu treffen – ein Gleichgewicht zu finden und selbst ein guter Gefährte und ein gutes Elternteil zu sein. Eine enge Freundin von mir, alleinerziehende Mutter von drei kleinen Kindern, traf und heiratete einen wunderbaren Mann, der zur geliebten Vaterfigur wurde. Es war ein bewegender Augenblick, als das jüngste Kind zu ihm kam und fragte. »Darf ich dich Daddy nennen?« Auch in diesem Fall wurde der Kreis für jeden größer. Genau darum geht es. Wenn wir uns mit einem Helfer, Gefährten und Freund unserer Kinder zusammentun, wird das Leben reicher und einfacher. Wenn wir jemanden auswählen, der die Familienbande stört und Energie nimmt, aber nichts zurückgibt, kann das Leben unendlich viel schwerer werden.

»Eure Kinder sind nicht eure Kinder.
Sie sind die Söhne und Töchter der Sehnsucht des Lebens
nach sich selber.
Sie kommen durch euch, aber nicht von euch.«

Kahlil Gibran, in: »Der Prophet«

25. Anmerkungen zur gleichgeschlechtlichen Liebe: die Freiheit von den Regeln

»Ich, du, er, sie, wir –
im Garten der mystischen Liebe
gibt es da keinen Unterschied.«

Rumi

»Im Buddhismus sind Hingabe und Liebe in Beziehungen
ungeheuer wichtig. Unser Weg besteht nicht darin, zu
urteilen, sondern zu erkennen, wann unser Tun uns selbst
und anderen schadet. Das gilt für alle Menschen – Schwule,
Lesben und Heterosexuelle. Wir alle sind heilige Menschen
auf dem Weg des Erwachens.«

Rowan Conrad, buddhistischer Meditationslehrer

Der wunderbare Aspekt gleichgeschlechtlicher Beziehungen ist die Freiheit, neuen Boden zu bestellen, indem man die Geschlechterstereotypen und die innewohnende Kraft der Unterschiede zwischen Männern und Frauen in unserer Kultur hinter sich läßt. Weil die stereotypen Männlich-weiblich-Regeln bei gleichgeschlechtlichen Verabredungen wegfallen – und ich hoffe, das wird eines Tages auch bei Heterosexuellen der Fall sein –, gibt es keine einschränkenden Verhaltensregeln über das Geben und Nehmen, das selbstsichere und das zurückhaltende Auftreten oder über die Frage, wer zahlen muß. Wir sind zwei Menschen, die frei sind in ihren Verhaltensweisen. Wir können uns als Individuen begegnen und fragen: »Wer ist dieser Mensch?« und »Was macht sie am liebsten?« oder »Was macht ihn glücklich?«

Paradoxerweise habe ich als bisexuelle Frau durch meine Beziehungen zu Frauen die Männer besser kennengelernt. Ich mußte all die Rollen erforschen, die im allgemeinen Männer ausfüllen. In einer lesbischen Beziehung gibt es keine »traditionelle« Rollenverteilung, folglich ist auch nicht klar, wer in welchen Situationen die Führung übernimmt. Ich mußte daher lernen, die Verantwortung zu teilen, um die Beziehung voranzubringen. Ich fühlte, welches Unbehagen es bereitet, meine Hand auszustrecken, ohne zu wissen, ob sie nicht vielleicht zurückgewiesen wird. Das hat mir ein tieferes Verständnis dafür verschafft, warum Männer ihre Ängste mit einer harten Schale überdecken – es ist nicht leicht, die Rolle des Initiators zu spielen und immer wieder zu riskieren, daß jemand nein zu einem sagt.

Ich habe zahllose Bücher über Verabredungen gelesen, von denen übrigens kein einziges Schwule oder Lesben erwähnte, und mich immer amüsiert, wenn ich mir Schwule und Lesben dabei vorstellte, wie sie den darin genannten Regeln folgten. Würden beispielsweise zwei schwule Männer der Regel »Sprechen Sie nie zuerst den Mann an« folgen, was sollten die beiden dann tun? Gebärdensprache lernen oder einander zublinzeln? Wie wäre es, wenn zwei lesbische Frauen die These akzeptierten, daß Frauen nur »rezeptives Interesse« zeigen sollten? Würden beide nur dastehen und darauf warten, daß die andere den ersten Schritt macht?

Der problematische Aspekt bei Schwulen, Bisexuellen oder Lesben, der auch eine tiefgreifende Wirkung auf Beziehungen hat (und auf das Leben und das Sich-lebendig-Fühlen, wo wir gerade dabei sind), ist die verinnerlichte Homophobie oder der Versuch, in einer Welt zu leben, die sich angesichts von Schwulen und Lesben extrem unwohl fühlt und in der es an den meisten Orten keine Rechte und keinen Schutz für Homosexuelle gibt. Homophobie ist die irrationale Furcht vor der Homosexualität. Verinnerlichte Unterdrückung liegt vor, wenn man negative Stereotype über sich selbst annimmt, sie glaubt und sie gegen sich selbst richtet. Wenn uns ein Elternteil wiederholt als dumm bezeichnet, werden wir das irgendwann glauben und uns entsprechend verhalten. Im Falle der Homophobie akzeptieren Menschen manchmal das Klischee, abartig zu sein, mangelhaft. Sie glauben, sich schämen zu müssen und etwas Schlimmes zu tun, und wenden diese Stereotype gegen sich selbst. Der nächste Schritt der verinnerlichten Unterdrückung besteht darin, diesen negativen Glauben auf jemanden anzuwenden, der so ist wie wir. Wenn ich schlecht bin, weil ich eine Lesbe bin, dann bist du auch schlecht, denn du bist auch eine Lesbe. Das zerstört selbstredend jede intime Beziehung. Aus diesem Grund haben die Beziehungen von Lesben und Schwulen eher das Potential, offen und liebevoll zu sein, wenn die Beteiligten ihre sexuelle Identität akzeptieren und von Freunden und Familienangehörigen unterstützt werden.

Auf einer pragmatischen Ebene ist es darüber hinaus schwer, andere Lesben oder Schwule zu treffen, wenn wir unsere Identität geheimhalten. Wir verbringen dann viel Zeit damit, uns unwohl zu fühlen, und fragen uns, wann oder ob wir das Thema bei jemandem anschneiden können, den wir für schwul oder lesbisch halten. Auf einer tieferen Ebene steht dieses »verborgene Leben« völlig im Gegensatz zum spirituellen Weg, denn es verkörpert ein umfassendes Leugnen dessen, wer wir sind, was automatisch bedeutet, bei der Arbeit sowie im Familien- und Freundeskreis in einem Netz aus Geheimhaltung verstrickt zu sein. Wir nennen unseren Liebhaber »Mitbewohner« und treffen uns nach der Arbeit einen Häuserblock entfernt, damit unsere Kollegen uns nicht sehen. Wir berühren uns im Kino nicht und gehen auch nicht zusammen zur Büroparty, und Ferien mit unseren Familien

157

sind im besten Fall oberflächlich. Ständig halten wir uns zurück, was mit der Zeit einen Panzer um unser Herz errichtet.

Wenn die Partner nicht Teil eines unterstützenden sozialen Netzes sind, setzt die resultierende Isolation die Beziehung unter großen Streß. Alle Paare müssen in ihrer Bindung unterstützt werden und müssen sich mit anderen Paaren anfreunden. Wenn wir im verborgenen leben, sind wir ständig auf unsere Identität als lesbischer oder schwuler Mensch fixiert. Wenn wir andererseits mit Leuten zusammen sind, die unsere sexuelle Identität akzeptieren, oder wenn wir Teil einer unterstützenden spirituellen Gemeinschaft sind, und davon gibt es viele, dann sind wir einfach Judy, Andrew, Michael, Yolanda, Martha oder Ruth. Wir sind nicht auf unsere lesbische oder schwule Identität fixiert; wir sind Freunde, Teil einer Gemeinschaft, reden, lernen uns kennen, teilen unsere Geschichten.

Um eine positive Beziehung zu haben, offenbaren Sie sich soweit wie möglich – vor schwulen und lesbischen Freunden ebenso wie vor heterosexuellen Freunden.

Natürlich gibt es die Kunst des richtigen Zeitpunkts, wann man am besten die eigene sexuelle Identität offenlegt, und es gibt durchaus Situationen, in denen es entweder nicht wichtig ist oder sogar selbstzerstörerisch wäre. Wenn wir andererseits unsere Identität verbergen, sind wir nicht nur isoliert, unsere verinnerlichte Homophobie schlägt dann auch Wurzeln und wuchert weiter. Um noch einmal auf unsere frühere Diskussion zum Thema Differenzierung zurückzukommen, das Coming-out, die Erkenntnis der eigenen Homosexualität, ist Teil der Differenzierung – wir trennen uns von den Vorurteilen der anderen.

Wir können nicht ändern, wer wir sind – unsere grundlegende Natur, unser Temperament, unsere Leidenschaften. Wir können nur aufrichtiger so leben, wie Gott beziehungsweise der Geist uns geschaffen hat. Das gilt für alle Menschen – Lesben, Bisexuelle, Heterosexuelle und Schwule. Je aufrichtiger wir unserem Ich treu sind, desto mehr leben wir aus unserer Essenz, desto stärker wird das Band in unserer Beziehung. Alle Liebe ist Gottes Liebe – so einfach ist das.

Vor kurzem nahm ich an einem Workshop zum Thema Coming-out teil, der von Chastity Bono geleitet wurde. Sie beteiligte die Anwesenden durch eine Reihe von Fragen – Wann hatten Sie Ihr erstes Coming-out? Was ist geschehen? Wie war die Reaktion? Bedauern Sie es? Es gab viele Geschichten von Aufruhr und Schmerz in den Familien, aber niemanden – ich wiederhole: niemanden –, der sagte, er würde jemals wieder im verborgenen leben wollen.

Die meisten von uns verheimlichen etwas – haben Geheimnisse, die wir nie erzählt haben. Dieses ganze Buch handelt davon, aus unserem Versteck zu kommen und unsere Ängste, unseren Schmerz, unsere Scham, unsere Qual, unsere Freude, unsere Talente und unsere Leidenschaften offenzulegen. Coming-out ist kein einmaliges Ereignis: Auf dem spirituellen Weg offenbaren wir uns jeden Tag neu. Es geht um Selbsterkenntnis, Offenheit, Akzeptanz und Liebe. Es geht darum, den Geist und das Gute in jedem Menschen zu sehen.

26. Wenn der Buddha Liebe macht: Sexualität und Spiritualität

»Nichts läßt sich mit dem Liebesspiel mit einem geliebten Menschen vergleichen. Nichts als das grenzenlose Herz macht uns so umgänglich und agil.«

Stephen und Ondrea Levine, in: »In Liebe umarmen«

Der erste Schritt im Liebesspiel besteht darin, daß beide Partner sich sexuell und emotional zueinander hingezogen fühlen. Für Sie mag das auf der Hand liegen, aber es ist erstaunlich, wie viele Menschen eine fehlende sexuelle Anziehung leugnen, weil sie sich nach der Bequemlichkeit, Sicherheit und Kameradschaft einer Beziehung sehnen.

Laut Stephen Wolinsky sollte eine vibrierende Beziehung mindestens eine sieben, vorzugsweise, eine Acht, Neun oder Zehn aufweisen, wenn man die sexuelle Anziehung auf einer Skala von eins bis zehn einordnet, wobei zehn bedeutet, daß man die Hände nicht voneinander lassen kann, fünf soviel wie »tu es oder laß es« und eins dem Ekelgefühl gleichkommt. Mit etwas Arbeit kann man die Anziehung noch um einen Punkt erhöhen, aber weil bei der sexuellen Anziehung die Biochemie eine so große Rolle spielt, ist es schwer, mehr als das zu bewirken. Wenn sich also keine sexuelle Anziehung entwickelt, dann denken Sie daran, daß niemand daran Schuld hat, es ist nur einfach das was ist zwischen Ihnen beiden. Vielleicht geben Sie einfach bessere Freunde als Liebhaber ab.

Die sexuelle Anziehungskraft muß nicht schon bei der ersten Begegnung einsetzen, doch letzten Endes muß sie erblühen, denn sie ist der Leim, der eine erfolgreiche eheliche Verbindung zusammenhält. Wenn wir für den Menschen, den wir lieben, sexuell nicht lebendig sind, führt das häufig zu einer »gezähmten Beziehung«, zu Einsamkeit, außerehelichen Affären oder einem blühenden Phantasieleben.

Gleichgültig, wie alt oder jung, umwerfend oder unscheinbar, erfahren oder unerfahren Sie sind, wenn Sie zum ersten Mal mit einem neuen Partner schlafen, kartographieren Sie Neuland. Soll ich Sie bei der Hand nehmen? Soll ich meinen Blick verweilen lassen? Wann sollten wir uns zum ersten Mal küssen? Wie sollten wir uns küssen? Was sollen wir sagen? Es gibt die Frische und das Neue dieses Körpers, dieser Küsse, dieser Berührung, dieses Dufts. Die sexuelle Vereinigung kann ein herrlicher Tanz der gegenseitigen Einstimmung sein, bei dem Signale ausgetauscht werden und man sich selbst offenlegt.

Für eine sexuelle Intimität ist es unbedingt erforderlich, daß wir die typischen Geschlechterrollen transzendieren und all unsere menschlichen Emotionen ausleben. Wenn wir beide geben und nehmen, wild und zärtlich, verspielt und still sind, dann erleben wir mehr Variationen des Tanzes. Wir begegnen einander in der Fülle unserer Menschlichkeit, nicht als Karikaturen von Mann und Frau. Auf der spirituellen Ebene gibt es weder männlich noch weiblich, nur zwei Menschen, die aus ihrer Essenz heraus strömen und deren physische Körper sich umarmen.

»Die Kraft der Liebe kam in mich,
und ich wurde wild wie ein Löwe,
dann zärtlich wie der Abendstern.«

Rumi

Die spirituellen und kulturellen Einstellungen zur Sexualität sind überaus verwirrend. In dem einen Extrem wird die sexuelle Enthaltsamkeit als Weg zu Gott gelehrt. Doch wenn die Enthaltsamkeit von außen aufgezwungen wird, ist sie einfach eine weitere Art des Verhaftetseins, und obwohl sie durchaus Teil des eigenen spirituellen Weges sein kann, leugnet man damit unter Umständen mächtige biologische und emotionale Formen der Bindung.

> *»Diese Sache, die da Leidenschaft heißt, muß verstanden und nicht unterdrückt oder vergeistigt werden. ... Lieben heißt, sich in direkter Kommunion zu befinden. ... Wie soll man lieben und Leidenschaft verstehen können, wenn man gelobt hat, sich dessen zu enthalten? Ein Gelöbnis ist eine Form von Widerstand, und wogegen man sich wehrt, das erobert einen zuletzt.«*
>
> Krishnamurti, in: »The Book of Life«

Es gibt keinen Grund, warum etwas so Machtvolles, Natürliches und Menschliches wie die sexuelle Liebe außerhalb des Kreises der Spiritualität plaziert werden sollte. Und es gibt keinen Grund, die Enthaltsamkeit als »höheren« spirituellen Zustand zu betrachten als zwei Menschen mit einer von Herzen kommenden Bindung, die sich lieben und miteinander Liebe machen.

Das soll nicht heißen, daß jeder sexueller Kontakt in Einklang mit der Spiritualität steht. Leider sind viele Menschen vom Sex wie besessen, benutzen ihn als verzweifelten Versuch, ein Band zu knüpfen, das sie emotional gar nicht fühlen können. Sie verwechseln Sex mit Liebe, Macht und Kontrolle. Sex wird zur Quelle der Entfremdung und führt uns weiter von der Intimität fort. Der spirituelle Weg ist ein Weg des Gleichgewichts; wir sind in Frieden mit all dem, wer wir sind, und dazu gehört zweifelsohne auch unsere Sexualität.

Menschen, die eben eine Beziehung eingegangen sind, müssen unbedingt die Bedeutung der Sexualität und des Liebesspiels erforschen. Ein möglicher Ansatz an diese Diskussion ist die Rückkehr zu der Frage: »Werde ich von meinem Ego oder von meiner Seele geleitet?«

Auf spiritueller Ebene hilft das Liebesspiel, ein liebevolles Band zu schaffen und zum Ausdruck zu bringen. Es ist die Erfahrung des geteilten Herzens, die neben Ehrlichkeit, Liebe und Hingabe erblüht. Diese Energie strömt, weil wir einander gut kennen und uns wünschen, im Herz und Körper des geliebten Menschen aufzugehen. Das läßt sich nicht durch ein Selbsthilfe-Handbuch oder irgendwelche Anleitungen erlernen, weil es auf einzigartige Weise all das widerspiegelt, wer Sie sind. Wenn unsere Körper und Herzen von einem Panzer umgeben sind, dann brauchen wir eventuell Beratung, Meditation und Körperarbeit, um die körperlichen und emotionalen Mauern einzureißen, die wir errichtet haben. Ansonsten sind wir nicht in unserem Körper, wenn wir Sex haben, und es findet nur wenig Energieaustausch statt. Wenn dem Sex der freie Fluß der Energie fehlt, dann wird er leer, und leicht entwickelt man in diesem Fall eine Abneigung dagegen. Wenn wir in unserem Leben keinen Sinn finden, dann suchen wir statt dessen nach Stimulation.

Es wurde viel darüber geschrieben, wie man intensivere Orgasmen erlangen kann. An sich ist nichts falsch daran, einen aufregenderen Orgasmus zu haben, aber wenn wir uns auf den Höhepunkt konzentrieren, weil uns in der Beziehung sonst nichts aneinander bindet, dann wird dieser niemals befriedigend ausfallen, gleichgültig, wie wild und intensiv er ist. Das gilt auch für Pornofilme, -fotos oder -phantasien darüber, wie andere Frauen oder Männer erregt werden. Das Bedürfnis nach oberflächlicher Intensität wächst immer mehr an, weil es dem sexuellen Akt an Sinn und echter Bindung fehlt.

Doch auch so haben viele von uns – oder darf ich sagen, die meisten von uns – schon einmal ihren tobenden Hormonen nachgegeben oder sich Hals über Kopf verliebt, ungeachtet des gesunden Menschenverstands. Das versetzt uns zwar in eine illusorische Welt, in der wir glauben, unser Partner sei für unser Glück verantwortlich, aber in solchen Begegnungen kann auch Magie liegen. Wir fühlen uns trunken vor Liebe (was in Wirklichkeit von Hormonen im Gehirn hervorgerufen wird, die eine amphetamin-ähnliche Wirkung haben und ein Hochgefühl hervorrufen), brechen unsere Schale auf und berühren einen Augenblick lang die göttliche Erfahrung der Vereinigung mit einem anderen Menschen. Das vermittelt uns eine Ahnung dafür, was in einer beständigen, ehrlichen Beziehung möglich ist. Mit zunehmendem Alter und Erfahrung geben wir uns auf andere Weise hin – dem tiefen, dauerhaften Strom, der unter der wilden Oberfläche des Flusses rauscht. Wir wollen etwas Leidenschaftliches und Dauerhaftes – etwas, das in der Wirklichkeit gründet.

Bei meiner Umfrage, was den Weg zur frei strömenden Sexualität geöffnet hat, erwähnten die Befragten am häufigsten das Wort Vertrauen – Vertrauen in sich und in den Partner. Uns selbst zu vertrauen heißt, zu wissen, daß wir unseren Sehnsüchten eine Stimme geben, daß wir sagen, was wir wollen, und die Willenskraft haben, eine Situation zu verlassen, die nicht richtig ist. Wir vertrauen darauf, daß unser Partner fürsorglich ist, aufgeschlossen, vorurteilsfrei, bereit zu reden und vor allem, uns zu respektieren, ob wir nun ja oder nein sagen. Die sexuelle Liebe, die Körper, Geist und Herz verbindet, hilft uns, unsere Verbindung immer wieder neu zu erschaffen, zu forschen, uns zu öffnen, und unserem Körper die Freiheit zu geben, um das zu tun, was er tun möchte.

Eine natürliche und freie Einstellung zur Sexualität ist ein geistiger Entwicklungsprozeß aus Erfahrung und Experimenten.

David Schnarch, Autor von »Constructing the Sexual Crucible«,* erläuterte auf einem Workshop, daß viele Paare ihre sexuelle Erfahrung durch die unterschwellige Übereinkunft begrenzen: »Ich mache nichts, was dir Unbehagen verursacht, wenn du nichts machst, was mir Unbehagen verursacht, und wir dann nur noch das tun, was übrigbleibt.«

Wie schon zuvor erwähnt, dürfen wir nicht vergessen, daß fast alle neue Lernerfahrungen und Experimente von Angst oder Unbehagen begleitet werden. Die meisten von uns erinnern sich noch daran, daß sie »igitt« dachten, als sie zum ersten Mal von Zungenküssen, Oralsex oder ähnlichem hörten. Aber wenn unser Herz und unsere Hormone sich verbinden, das macht eben einen gewaltigen Unterschied. Wir müssen wiederholt Barrieren durchbrechen, um in der Lage zu sein, uns beim Liebesspiel zu entspannen. Unsere Bereitschaft, uns zu entwickeln, zu wachsen, zu experimentieren und Risiken einzugehen, bringt Vitalität sowohl in unsere Alltagserfahrungen als auch in unsere sexuelle Beziehung.

Ich habe zahllose Paare befragt, die sich ursprünglich durch reine Lust zueinander hingezogen fühlten, bevor sie später eine dauerhafte Bindung eingingen. Für die meisten Menschen ist es jedoch am besten, sich zuerst psychologisch und spirituell verbunden zu fühlen und erst dann ganz bewußt Sex zu haben. Da die Sexualität ein kraftvolles Epinephrin-Hoch verursacht, fällt es unglaublich leicht, sich in den biologischen Gefühlen zu verlieren und die Perspektive für die Beziehung aus den Augen zu verlieren.

Obwohl manche Menschen die Ansicht vertreten, eine bewußte Annäherung an Sex würde die Spontaneität töten, dürfen

---

* Schnarch, David Morris, »Constructing the Sexual Crucible. An Integration of Sexual and Marital Therapy«, New York: Norton 1991.

wir nicht vergessen, daß Besorgnis, Angst und Geschlechtskrankheiten, Aids oder eine ungewollte Schwangerschaft die wahren Killer der Spontaneität sind. Ohne Hingabe flüstert uns oft die Angst den bohrenden Gedanken ins Ohr: »Wird er / sie morgen noch hier sein?« Aus dieser Art der Angst kann kein wahres Liebesspiel erwachsen.

Der Zeitplan, wann man Sex hat, ist größtenteils innengesteuert – das heißt, es ist eine Entscheidung von Kopf, Herz und Hormonen. Beide Partner müssen sich bereit fühlen, vertrauensvoll sein und einander in die Augen sehen können, während sie sich lieben – ohne den Gebrauch von Alkohol oder anderen Drogen.

Hier einige Fragen, die Sie beantworten sollten, bevor Sie Sex mit einem Partner haben:

1. Haben wir über Geschlechtskrankheiten, Aids und Geburtenkontrolle gesprochen?
2. Haben wir uns darüber unterhalten, was sich zwischen uns abspielt, wie es uns geht, was wir fühlen und wovor wir Angst haben?
3. Können wir mit unseren Konflikten umgehen und unsere Unterschiede akzeptieren?
4. Herrscht ein Gleichgewicht zwischen Geben, Nehmen und dem Ergreifen der Initiative?
5. Sind wir in der Lage, offenen Augenkontakt zu halten, während wir über schwierige Themen sprechen?
6. Haben wir beide verletzliche Aspekte offengelegt und uns dabei respektiert und akzeptiert gefühlt?
7. Fühlen wir uns beide sicher genug, um unsere Vorlieben auszudrücken oder zu akzeptieren, daß unser Partner »ja«, »nein«, »etwas mehr«, »etwas weniger« oder »jetzt nicht, vielleicht später« sagt?

8. Fühlen wir uns wohl, wenn wir uns im Laufe des Tages berühren und uns spontan umarmen oder unsere körperliche Zuneigung auf andere Weise ausdrücken?
9. Haben wir einander verbal unsere Hingabe zum Ausdruck gebracht?

Die erste sexuelle Begegnung mit einem neuen Partner kann wild, leidenschaftlich, unspektakulär oder frustrierend verlaufen. Wie das Zunehmen und Abnehmen des Mondes oder das Auf und Ab der Gezeiten gibt es auch für unsere Leidenschaft und unser Liebesspiel einen Rhythmus, der sich mit der Zeit entwickelt. Manchmal brechen wir einen Augenblick lang hindurch und gestatten uns, Verlangen zu spüren, aber dann überfluten uns alte Erinnerungen, und wir verschließen unsere Schale wieder. Wenn es eine ursprüngliche Anziehung gab, kann diese häufig neu belebt werden, sobald die alten Wunden heilen und sich die Geschichten, die im Weg standen, auflösen.

Was immer wir sexuell erfahren, spiegelt einen Teil unseres Buddha-Selbst wider, denn unsere Buddha-Natur begrüßt alle Erfahrungen. Wir sind Buddha, der mit seinem ganzen Herzen küßt, Buddha, der mit tiefer Freude einem Partner Vergnügen bereitet, Buddha, der förmlich erstarrt, Buddha, der Angst hat, Buddha, der einen Orgasmus erlebt, Buddha, der die Vereinigung spürt. Alles sind Erfahrungen, und sie tragen das Potential der Erleuchtung.

27. Wie Sie sich selbst finden, wenn Sie sich selbst verlieren: Suchen Sie Zuflucht in Buddha

> »Die einzig wahre Freude auf Erden ist es, aus dem Gefängnis unseres falschen Selbst zu entfliehen und durch Liebe eine Vereinigung mit dem Leben einzugehen, das in der Essenz jedes Wesens sowie im Kern unserer eigenen Seele ruht.«
>
> Thomas Merton, in: »New Seeds of Contemplation«

Wenn wir uns selbst verlieren, dann ist das so, als ob wir in das Gefängnis unseres falschen Selbst geraten. Wir verschwenden zuviel Geld, Zeit und Energie, um uns Sorgen zu machen, Freunde zu ignorieren, unseren Partner wiederholt zu fragen »Geht es dir gut?« Wir kaufen zu viele aufmerksame Geschenke und heucheln Verständnis. Wir kommen vom Weg der Wahrheit ab und legen das Kostüm unseres falschen Selbst an – weltklug, cool, charmant, geheimnisvoll, erfolgreich, fröhlich, kompetent.

Wir nehmen den Hörer ab und drücken ihn dann sechsmal wieder auf die Gabel, weil wir wissen, daß wir eigentlich nicht noch einmal anrufen sollten. Dann verlieren wir die Kontrolle, wählen und sind sprachlos, sobald unser Freund abnimmt. Wir versuchen, zu plaudern und locker zu sein, weil es uns peinlich ist zu sagen: »Ich habe Angst, daß du mich verlassen könntest.« Unser Magen dreht sich. Wird sie zu ihrem ehemaligen Freund zurückkehren? Unsere Welt schrumpft. Ich muß ihn unbedingt halten, ich muß meine Karten richtig ausspielen. Wir geraten in

Panik. Plötzlich macht uns unsere Vergangenheit angst, wir sorgen uns um die Zukunft und verlieren völlig den Kontakt zur Gegenwart.

In Wirklichkeit geschieht hier das folgende: Wir kommen vom Weg ab, getrieben von unseren falschen Grundüberzeugungen, die da lauten: »Ich bin allein, ich bin inkompetent, ich bin nicht liebenswert, ich bin unzulänglich« und so weiter. Um uns vor diesen schmerzlichen Gefühlen zu verstecken, tun wir häufig Dinge, von denen wir wissen, daß sie unklug sind. Wenn Sie es mit der Angst bekommen oder in Panik geraten, ist es Zeit, sich mit ihrer Buddha-Natur unter den Bo-Baum zu setzen und sich klarzumachen, daß ihre emotionsgeladenen Forderungen Schlamm über das Juwel Ihres vollkommenen Selbst geschüttet haben. Es gibt viel zu lernen, wenn wir an diese Grenze stoßen. Hier eine Unterhaltung, die Julia mit ihrem Buddha-Selbst führte, als in ihrer Beziehung zu Tony Unwohlsein aufkam:

> *»Ich mache mir Sorgen, ob ich diesen Mann halten kann«,*
> *sagt Julia, während die beiden unter dem Bo-Baum sitzen.*
> *»Er ist das Beste, was mir seit Jahren begegnet ist.«*
> *»Ist dir schon aufgefallen, wie schön die Blätter dieses*
> *Baumes sind?« fragt Buddha.*
> *»Buddha! Was zur Hölle hat das mit dem zu tun, was ich*
> *dir gerade gesagt habe? Ich bin beunruhigt. Ich brauche*
> *Hilfe.«*
> *»Hilfe wofür?« fragt Buddha.*
> *»Um mich besser zu fühlen?« schlägt Julia vor.*
> *»Wie wäre es, wenn du genau das fühlst, was du jetzt*
> *fühlst?«*
> *»Warum um Gottes willen sollte ich mich so fühlen wollen?«*
> *»Weil es ein Teil von dir ist – ein Teil, der dein Mitgefühl*
> *benötigt.«*

»*Aber was ist mit Tony? Was soll ich da tun?*«

»*Du mußt dich von Angesicht zu Angesicht einer Wahrheit über dich selbst stellen: Es gibt einen großen leeren Ort, den du mit diesem Mann auszufüllen versuchst. Du klammerst dich an diese Beziehung, um dich sicher zu fühlen, aber Sicherheit entsteht, wenn du alle Kontrolle losläßt und dir gestattet, das zu fühlen, was du fürchtest. Du versuchst, festen Boden unter den Füßen zu bekommen, damit du die Einsamkeit nicht erfahren mußt, aber wenn du loslassen würdest, könntest du feststellen, daß die Leere, die du fürchtest, in Wirklichkeit ein ruhiger und friedlicher Ort ist.*«

»*Aber was soll ich mit dieser Angst tun?*«

»*Gar nichts. Setze dich ruhig mit ihr hin, spüre deinen Atem. Dann stelle dir die Frage, die einzig wahrhaft wichtig ist: Warum hast du so viel Angst, daß jemand dich verlassen könnte, Angst vor dem Alleinsein? Sei ehrlicher mit dir selbst. Das ist die einzige Zuflucht, die du hast.*«

Es gibt das geflügelte Wort »Suche Zuflucht im Buddha«, was bedeutet in Ihrer eigenen wahren und vollkommenen Buddha-Natur. Unsere Zuflucht liegt darin, genau da zu sein, wo wir sind – unsere Probleme nicht aufzubauschen, indem wir sie in unseren Köpfen durchspielen, unseren Freunden Geschichten erzählen, um Mitgefühl hervorzurufen, und uns selbst davon zu überzeugen, es handele sich dabei um eine große Sache. Unsere Zuflucht liegt in der Stille, in der wir ein mitfühlender Zeuge unserer Panik und unserer Furcht sind – sie nicht als gut oder schlecht zu verurteilen, sondern den Augenblick, so wie er ist, zu akzeptieren.

Ich habe Angst. Aha, sehr interessant. Worum geht es hier? Was sage ich mir selbst? Wie sieht es aus, wie fühlt es sich an?

Atmen Sie. Spüren Sie Ihren Körper. Hat die Angst eine Farbe, einen Klang, eine Struktur, eine Form? Wo ist sie? Atmen Sie erneut, bleiben Sie in dieser Angst. Sie ist Energie, wie eine Wolke, wie Rauch, Feuer, Wasser. All Ihre Gefühle, Gedanken und Ängste sind einfach Energie. Bleiben Sie in ihnen. Praktizieren Sie Tonglin (siehe Kapitel 31). Atmen Sie in Ihren Frust, atmen Sie Klarheit und Licht zu Ihrem Partner, zu allen Menschen, die sich in ihren Beziehungen frustriert fühlen.

Wenn wir Zuflucht in unserer Buddha-Natur suchen, lächeln wir über uns selbst und sind gewahr, daß wir jetzt erwachsen sind. Die Menschen kommen und gehen. Eine neue Beziehung kann funktionieren oder nicht, aber wir bleiben auf dem spirituellen Weg – offen, natürlich und ehrlich – und sehen, was geschieht. Wenn uns klar wird, daß unser Ego diese Seifenopern erschafft, um das tiefere Dilemma der Existenz auszublenden, können wir uns entspannen, still sein, unserem Atem folgen und unser Melodram aus der Entfernung beobachten. Wenn unsere Ängste nachlassen, krabbeln wir aus unserem Kokon und achten wieder auf die Bäume, freuen uns an dem Geruch frischer Wäsche oder an spielenden Kindern und erinnern uns wieder daran, daß wir ein Teil von allem sind.

Um Zuflucht in unserer Buddha-Natur zu finden, müssen wir unsere Masken abnehmen, in den Spiegel schauen und unser Paket an Unvollkommenheiten, Ängsten und Schönheitsfehlern akzeptieren. Wir erinnern uns, daß unser neuer Partner ebenfalls ein Alles-inklusive-Angebot ist – unvollkommen und ehrlich – ebensowenig in der Lage, unseren Schmerz zu heilen und unsere Leere zu füllen, wie die Masken, die wir gerade an die Wand gehängt haben.

28. Achten Sie auf den Fluß von Geben und Nehmen

»Die Bäume in eurem Obstgarten... geben, damit sie leben dürfen, denn zurückhalten heißt zugrunde gehen.«

Kahlil Gibran, in: »Der Prophet«

Das Geben und Nehmen hilft uns, in den Fluß des Geistes einzutreten, der uns miteinander verbindet. Wer anderen gibt, spürt, wie die Freude der Schöpfung sich über ihn ergießt. Wer nimmt, wird demütig, schüttelt sein Ego ab und erlaubt es einem anderen Menschen, seine Barrieren einzureißen. Wir lassen andere wissen, daß sie uns wichtig sind, daß sie Einfluß auf uns haben. Unser empfängliches Herz wird zum Geschenk für den Gebenden. Wenn die Liebe unser Herz durchdringt, können Tränen aufwallen, weil dieses Gefühl alles herausschwemmt, was verschüttet ist.

Großzügigkeit sagt eine Menge über die emotionale und spirituelle Entwicklung eines Menschen aus. Wem es schwerfällt, zu geben, oder wer das Gefühl hat, dabei ein Stück von sich selbst wegzureißen, der ist noch seinen Geschichten verhaftet, die er sich über seine Mängel zusammengestrickt hat. Wenn das auf Sie zutrifft, schließen Sie Freundschaft mit dem Teil in Ihnen, der Groll empfindet oder dem es schwerfällt, zu geben.

Wir können uns nicht zum Geben zwingen, wenn wir dafür nicht bereit sind. Ken Keyes, Autor von »Das Handbuch zum

Glücklichsein«*, hat einen weisen Ratschlag für uns: »Verschenken Sie nichts, was Sie sich nicht leisten können.« Wenn Sie wissen wollen, ob das auch auf Sie zutrifft, dann prüfen Sie Ihre Motivation mit einem fein abgestimmten Herzen. Wenn Sie Gefälligkeiten gegeneinander aufrechnen, Groll fühlen oder nur geben, um jemand zu bezaubern, zu verführen, zu verlocken oder zu beeindrucken oder damit man sich Ihnen verpflichtet fühlt und Sie anderen Schuldgefühle einjagen können – dann geben Sie lieber nichts. Das hat nichts mit Geben zu tun, es ist ein Trickbetrug des Ego.

Wahres Geben zeugt von einem übervollen, offenen Herzen. Dieses Gefühl der Fülle wird ganz natürlich eintreten, wenn Sie die Schichten Ihres falschen Selbst abstreifen und aus Ihrer Essenz heraus leben. Auch Mitgefühl und Güte werden aus Ihnen strömen. Wenn Sie in Ihrer spirituellen Reise aufgehen, werden Sie sich nicht länger an Dinge klammern und Ihr Herz abschirmen.

Ich möchte eiligst hinzufügen, daß sich die Großzügigkeit des Herzens nicht an der Anzahl der Geschenke oder den Kosten für einen Blumenstrauß messen läßt. Es ist die Großzügigkeit unserer Augen, unseres Zuhörens, unserer Küsse, unserer Rücksichtnahme ... und die Erinnerungsstücke, die wir den Menschen, die wir lieben, schenken.

Sich des Flusses aus Geben und Nehmens bewußt zu sein, bedeutet, auf das Gleichgewicht in einer neuen Beziehung zu achten. Im Laufe der Zeit fluktuiert das Geben und Nehmen in unseren Beziehungen, doch am Anfang muß die Energie in beide Richtungen fließen, wenn wir spirituell gleichberechtigt sein wollen. Sie können dieses Gleichgewicht unterstützen, indem Sie sich ein wenig zurückziehen, falls Sie derjenige sind, der zuviel gege-

---

* Ken Keyes, »Das Handbuch zum Glücklichsein. Hohes Bewußtsein und ganzheitliche Lebensplanung«, Übersetzung von Brigitte Peterka, München: Heyne 1998.

ben hat. Wenn der andere daraufhin nach vorn tritt, kommt der Fluß zwischen Ihnen beiden wieder ins Gleichgewicht. Wenn der andere es nicht tut, dann sollten Sie über diesen Umstand gründlich nachdenken. Sollten Sie das Gefühl gewinnen, als ob es ein zähes Ringen wird, nicht zu geben, dann sollten Sie Ihre Besorgnis eventuell zur Sprache bringen. Setzt sich dieses Ungleichgewicht fort, müssen Sie das als Realität Ihrer Beziehung akzeptieren und entscheiden, ob Ihnen das guttut.

Wenn wir letztendlich durch die Pforte der Liebe treten, werden Geben und Nehmen zu einem ununterbrochenen Strom in dem geteilten Herz verschmelzen – wie unser Atem, der kommt und geht. Verschieden und doch nicht verschieden. Dasselbe und doch nicht dasselbe.

Teil 4

Bleiben Sie Ihrer Reise treu –
bleiben Sie wach,
bleiben Sie bewußt

29. Freunden Sie sich mit Ihren Ängsten an

»Du bist die Liebe selbst – wenn du dich nicht fürchtest.«
Sri Nisargadatta Maharaj, in: »Ich bin«

Oft schon wurde gesagt, daß es zwei grundlegende Emotionen gibt – Liebe und Furcht. Wenn wir lieben, sind wir frei von Furcht, und wenn wir uns fürchten, können wir nicht lieben. Bei den meisten von uns kommen und gehen diese Augenblicke wie Gedanken und Wellen: Furcht und Liebe, Liebe und Furcht. Aus buddhistischer Sicht sind wir verwirrt oder gefangen in einer Illusion, wenn wir keine Liebe verspüren.

Wir können befürchten, daß uns jemand nicht liebt, und wir können fürchten, daß uns jemand liebt. Wenn jemand nicht bei uns sein will, fürchten wir uns vor der Einsamkeit und vor dem Gefühl der Unzulänglichkeit. Wenn wir geliebt werden, fürchten wir uns, den Erwartungen nicht gerecht zu werden, verlassen zu werden oder uns zu langweilen. Wenn wir uns von unserer Mitte getrennt fühlen, fürchten wir uns vor so gut wie allem.

Furcht signalisiert, daß wir auf unsere falschen Überzeugungen gestoßen sind und die leuchtende Essenz in uns vergessen haben. Wenn wir die Kette von Annahmen hinterfragen, mit der wir furchterregende Situationen umgeben, können wir häufig die Intensität unserer Furcht lindern. Ich nenne das die »Na-und-Übung«. Sie geht ungefähr so:

»Ich habe Angst, mich auf eine Beziehung einzulassen. Ich könnte verlassen werden.«

»Na und? (Was wäre, wenn du verlassen wirst?)«

»Na ja, dann wäre ich allein.«

»Na und?«

»Ich wäre einsam.«

»Na und?«

»Ich würde schreien und weinen und wütend werden.«

»Na und?«

»Dann würde ich wahrscheinlich müde werden und einschlafen.«

»Na und?«

Spüren Sie beim Lesen, wie die Intensität abnimmt? Häufig schaltet sich der Verstand ab, oder uns kommt plötzlich alles komisch vor, weil wir unsere melodramatischen Gedanken getrennt von unserer wahren Essenz wahrnehmen.

Eine weitere Möglichkeit, sich Gefühlen der Angst zu nähern, besteht darin, sich die Frage zu stellen, die ich schon zuvor erwähnt habe: »Was ist Furcht ohne Erinnerung, Verstand oder Assoziationen?« Wieder schaltet sich unser Verstand ab, weil wir ohne Erinnerung, Verstand oder Assoziationen auf nichts reagieren. Alles wird zu Energie.

Auf einer irdischeren Ebene müssen wir uns klarmachen, daß Furcht von den alten, vertrauten Geschichten herrührt, die wir erschaffen haben, um uns selbst zu schützen. Doch was gibt es wirklich zu fürchten? Als Erwachsener kann uns niemand wirklich »fallenlassen«, außer wir stürzen über eine Klippe und jemand läßt unser Sicherheitsseil los. Die Menschen bleiben, oder sie gehen, ebenso wie wir. Der einzige Mensch, der uns abweisen kann, sind wir.

Wenn uns die Angst packt, daß wir jemanden verlieren könnten, dann hängt das oft mit einer Kette unaufgearbeiteter Verluste aus der Vergangenheit zusammen. Wir fürchten, daß wir anfangen zu weinen und niemals wieder aufhören können. Doch wenn wir unser Herz finden wollen, müssen wir uns dieser angesammelten Trauer stellen. Mit Hilfe der »Na-und-Übung« können wir unsere angsterfüllte Trauer erforschen. Manchmal fängt es mit »Ich werde zwei Tage lang ununterbrochen heulen, und es wird niemals aufhören« an und wechselt dann zu »Meine Nase wird rot, ich bekomme Hunger, ich muß aufs Klo, und wahrscheinlich werde ich vor lauter Heulen bald müde«. Wenn wir den beängstigenden Gedanken zu ihrer logischen Konsequenz folgen, werden wir feststellen, daß die meisten davon schwächer werden und ihre Macht über uns verlieren. Normalerweise gründen sie in einer Geschichte, die wir vor langer Zeit selbst erschaffen haben – einer Geschichte, die für uns als Erwachsene nicht länger relevant ist.

Einige von uns sind so konditioniert, Furcht nicht zu erkennen. Hier eine kurze Liste an Verhaltensweisen, die häufig Gefühle der Angst überlagern:

1. Schuldzuweisungen, aggressive Attacken, Verteidigungsverhalten
2. Ständiges Schnattern, Geschäftigkeit, Ruhelosigkeit
3. Langeweile, Beklemmungen, Schlaflosigkeit
4. Auf anderen herumhacken, Kritiksucht
5. Entschuldigungen und Ausreden
6. Sucht- oder Zwangsverhalten
7. Masken aller Art aufsetzen

Eine weitere Möglichkeit, unsere Angst zu erforschen, findet sich in den folgenden Gegensatzpaaren. Wenn Sie sich zu einem bestimmten Zeitpunkt auf diese Variablen einstimmen und darauf achten, wo Sie sich befinden, dann bekommen Sie ein Gefühl für das Ausmaß Ihrer Furcht.

Liebe	Furcht
Verbundenheit	Getrenntheit
ehrlich	unehrlich
bewußt	unbewußt

Das Verhältnis zwischen Furcht und Aufregung verändert sich bei den meisten Menschen, je erfahrener sie darin werden, bis an ihre Grenzen zu gehen. Normalerweise verspüren wir beim ersten Mal, wenn wir ein neues Abenteuer ausprobieren, viel Angst und wenig Erregung. Je häufiger wir Risiken eingehen und Freude empfinden, dadurch, daß wir unseren Horizont erweitern, desto mehr nähern wir uns einem Abenteuer mit einem hohen Maß an Aufregung und nur wenig Furcht. Die meisten von uns hatten an ihrem ersten Schultag, bei ihrem ersten öffentlichen Vorspielen am Klavier, bei ihrer ersten Fahrt auf einem Fahrrad und beim ersten Kuß Angst. Aber wir haben es trotzdem getan, und die meisten stellten fest, daß es mit etwas Übung leichter wurde.

Der Weg von der Furcht zur Liebe ist die spirituelle Reise. Wenn wir uns die Wahrheit über uns selbst sagen, unsere zwanghaften Verhaltensweisen loslassen und keine Ausreden mehr erfinden, werden wir wie von selbst weniger Furcht und mehr Liebe verspüren, denn wir haben unsere Masken der Furcht abgenommen. Wir erschaffen keine Liebe, wir lassen einfach unser falsches Selbst los und spüren die Liebe, die immer schon hell im Kern unseres Wesen erstrahlte.

30. Freunden Sie sich mit Ihrer Zwiespältigkeit an

»Woher komme ich und wie?
Wohin gehe ich?
Werde ich den Weg wissen?
Dieses Leben ist ein leerer Atem.
Wenn ich nur eine echte Wahrheit höre,
kann ich von Glück sagen.«

Lulla, in: »Naked Song«

Ambivalenz ist wie ein inneres Streitgespräch, das Verwirrung erschafft: Ich will einen Partner – ich fürchte mich vor einer Partnerschaft; Ich will Nähe spüren – ich fürchte mich vor Nähe. Wenn Sie nach einer konzertierten Aktion immer noch keinen Partner gefunden haben, gibt es möglicherweise unentdeckte innere Botschaften mit Inhalten wie »Ich bin nichts wert«, »Ich fürchte mich davor, erneut verletzt zu werden«, »Ich habe nichts zu geben«, »Meine Karriere kommt an erster Stelle«, »Beziehungen sind zu mühsam«.

Ihre Ambivalenz kann auch wichtige Hinweise darüber enthalten, was Sie von einer Beziehung wirklich erwarten. Hier ein Vorschlag, wie Sie Ihre Ambivalenz erforschen können.

Im folgenden Beispiel verwende ich die Niederschrift von Julia, die Sie schon im Kapitel über private Kleinanzeigen kennengelernt haben:

Übung zur Erforschung der Ambivalenz:
1. Schritt: Schreiben Sie alles auf, was Sie an Ihrem Leben als Single schätzen.

Julias Beispiel: »Ich kann zu Bett gehen und aufstehen, wann ich will. Ich kann vor dem Einschlafen lesen. Ich habe jede Menge Energie für meine Arbeit. Ich kann kontrollieren, was für Lebensmittel im Haus sind, damit ich nicht in Versuchung geführt werde. Es gibt keinen Streit und keine Auseinandersetzungen. Ich kann für mich allein sein, wenn ich das will. Ich kann Klavier spielen, wann immer ich Lust dazu habe. Niemand ist eifersüchtig auf meine Freunde.«

2. Schritt: Schreiben Sie alle Ängste auf, die Sie in Sachen Partnerschaft hegen.

Julias Beispiel: »Ich habe Angst, mehr zu geben, als ich sollte, und dann wieder deprimiert zu sein. Ich habe Angst, daß der Sex einschläft. Ich habe Angst, meine Anziehungskraft und mein Verlangen zu verlieren. Ich habe Angst, daß mir jemand mehr nimmt, als er selbst gibt, und ich dann innerlich leer werde. Ich habe Angst, daß mein Partner eifersüchtig auf meine Arbeit sein könnte. Ich habe Angst, daß wir keine tiefe Intimität erreichen, die Beziehung sich schal anfühlt und ich ihn verlassen will. Ich habe Angst, daß ich ihn mag und er mich verlassen will.«

3. Schritt: Schreiben Sie alle Gründe auf, warum Sie sich eine Partnerschaft wünschen.

Julias Beispiel: »Ich möchte wachsen und mich entfalten und das auf eine Weise, wie man es nur in einer Beziehung kann – damit meine Liebe größer und umfassender wird. Ich möchte mich einem Menschen nahe fühlen, einen Gefährten haben. Ich möchte ein Band knüpfen und die Bedeutung von Liebe, Sexualität und Intimität kennenlernen. Ich liebe es, übers Wochenende mit einem Partner zu verreisen, Ausflüge zu machen, Erfahrungen zu sammeln, gemeinsam Abenteuer zu erleben. Ich liebe das Gefühl, uns über den Tisch hinweg anzulächeln, weil wir genau wissen, was der andere denkt. Ich liebe es, die kleinen Eigenarten des anderen zu schätzen und darüber lachen zu können. Die

Beziehung könnte funktionieren, und selbst, wenn sie nicht funktioniert, werde ich etwas lernen und daran wachsen. Es ist schön, ein Paar zu sein. Man wird von mehr Leuten eingeladen. Man kann in einer Gruppe von Paaren ausgehen. Ich habe immer jemand, mit dem ich tanzen, den ich küssen kann.«

4. Schritt: Blättern Sie zurück, und lesen Sie die drei Abschnitte, die Sie eben geschrieben haben. Wie fällt Ihre unmittelbare, unzensierte Reaktion aus? Haben Sie sich bei einer der Entscheidungen lebendig und klar gefühlt, oder fühlten Sie sich hin- und hergerissen?

5. Schritt: Lassen Sie sich von Ihren Befürchtungen, wenn Sie welche haben, sagen, was Sie wirklich wollen, oder signalisieren, wo Sie selbstsicherer werden müssen. So war es beispielsweise Julias Aufgabe, an ihrer Angst zu arbeiten, daß sie mehr geben als empfangen würde. Sie konnte die Kontrolle übernehmen. Ihre Angst, einen Partner zu bekommen, der Junk-food liebt, konnte aufgelöst werden, indem sie beschloß, jemanden zu suchen, der eine »gesunde Ernährungsweise« zu schätzen wußte.

Wenn wir unsere Ambivalenz zerlegen und all die kleinen Stücke sehen, lernen wir uns selbst besser kennen, können uns genauer definieren und somit die Freiheit erlangen, mit dem Herzen unseres Gegenübers zu verschmelzen.

31. Praktizieren Sie Tonglin, eine Meditation für Heilung und Mitgefühl

»Bilde das gute Herz heraus, das sich danach sehnt, mit anderen Wesen dauerhaftes Glück zu finden, und dessen Verhalten dieses Glück sichert.«

Sogyal Rinpoche, in: »Das tibetische Buch
vom Leben und Sterben«

»Es gibt keine Notwendigkeit für Tempel; keine Notwendigkeit für eine komplizierte Philosophie. Unser eigener Verstand, unser eigenes Herz ist unser Tempel...«

Dalai Lama

Tonglin ist eine Form der Meditation, die uns hilft, Gefühle der Wut, der Angst, des Schmerzes und der Trauer in uns selbst und in anderen zu verwandeln. Durch Tonglin können wir uns in unserem Schmerz entspannen und für den Schmerz anderer präsent sein.

Ein Beispiel für den Geist des Tonglin fand sich auf einem Treffen von Psychologen und Psychiatern, das vor kurzem stattfand. Spannungen bauten sich auf, ein Streit eskalierte, und die Feindseligkeit im Saal war greifbar. Da stand Al, einer der Teilnehmer, auf, sah sich um und meinte mit vergnügtem Lächeln: »Ich spüre jede Menge Liebe hier in diesem Raum.« Alle lachten, und die Spannung nahm ab. So funktioniert Tonglin – es schneidet die Spannung auf und bringt Licht in umwölkte Situationen.

Tonglin fordert uns auf, das Leiden, die Negativität und den Schmerz anderer einzuatmen und dann unsere Ruhe, Klarheit und Freude auszuatmen. Als ich in »Das tibetische Buch vom Leben und Sterben« zum ersten Mal über Tonglin las – »stellt euch vor, daß all euer Leiden sich gemeinsam manifestiert und sich zu einer großen Wolke an heißem, schwarzen, rußigen Rauch sammelt« –, konnte ich mir beim besten Willen nicht vorstellen, das einatmen zu wollen. Ich fürchtete, der Rauch würde mir im Hals steckenbleiben und ich könnte krank werden.

Als ich später eine Beschreibung von Tonglin in Pema Chodrons Büchern las, wehrte ich mich schon weniger, und seither ist diese Meditation Teil meiner täglichen Übungen geworden. Jetzt sehe ich Tonglin eher in der Weise, die sich in Als Bemerkung spiegelte – als eine Möglichkeit, Spannung und Angst aufzubrechen.

Tonglin ist das Gegenteil vieler Strategien für den Umgang mit Schmerz und Unbehagen, bei denen man ermutigt wird, Licht und Liebe einzuatmen und unsere Wut, unseren Schmerz und unsere Qual auszuatmen. Aus buddhistischer Sicht ist das Ausatmen von Wut, Schmerz und Qual so, als würde man dem Universum Gift schicken – ein unfreundlicher und trennender Akt.

Anstatt uns vom Schmerz abzuwenden, verschmelzen wir mit ihm; wir halten ihn weder fest, noch stoßen wir ihn von uns – wir werden vielmehr zu einem Instrument der Transformation. Vor kurzem sah ich auf meiner frühmorgendlichen Fahrt zum Fitneßclub ein Reh mitten auf der Fahrbahn, das versuchte aufzustehen, obwohl jemand es augenscheinlich angefahren hatte. Sein Blick war verwirrt und ängstlich. Als ich vorüberfuhr, atmete ich seinen Schmerz ein und atmete einen Segen aus. Ich konnte spüren, wie eine dunkle Wolke in mir wirbelte, aber ich sah auch das Bild eines Rehs vor mir, das unbeschwert in den Wald preschte. Ich werde nie wissen, ob ich diesem Tier geholfen habe, aber etwas in mir wurde ganz leicht. Anstatt mich von seinem Schmerz abzuwenden, schloß ich mich ihm an. In diesem Moment erkannte ich tiefer denn je die Macht des Tonglin.

Drei Wege der Vorbereitung auf eine Tonglin-Meditation:

1. Setzen Sie sich an einen ruhigen Ort, lassen Sie alle Gedanken, Erinnerungen und Assoziationen los, und spüren Sie die daraus entstehende Stille.
2. Atmen Sie in den Bereich um Ihr Herz, und stellen Sie sich vor, wie er weicher wird. Visualisieren Sie, wie Ihr Herzzentrum hell, weit und frei wird.
3. Holen Sie eine Erinnerung an einen Augenblick hervor, als jemand besonders liebevoll und freundlich zu Ihnen war, oder an eine Zeit, als Sie in Ihrem Herzen große Liebe verspürten.

Es folgen einige Möglichkeiten, wie man Tonglin praktizieren kann. Sie können sich eine Variante heraussuchen oder sie alle nacheinander durchführen. Die Übungen bauen aufeinander auf, konzentrieren sich erst auf das Selbst und verbinden sich dann mit allen Menschen. Wenn Ihnen all diese Anweisungen zuviel auf einmal erscheinen, tun Sie einfach einen ersten Schritt: Wenn Sie sich verletzt, verwirrt, einsam oder traurig fühlen, atmen Sie Ihren Schmerz ein, spüren Sie ihn, seien Sie mit ihm, dann atmen Sie ein Bild der Klarheit, des Lichts und einen Segen aus. Das allein wird Ihr Leben verändern.

Tonglin für Sie selbst:

Wenn Sie sich verletzt, frustriert oder beunruhigt fühlen, atmen Sie das Gefühl ein, lassen Sie die Energie herumwirbeln, und senden Sie Fürsorge, Liebe und einen Segen für sich und Ihren Schmerz aus. Wenn Sie einatmen, achten Sie auf die Farbe, die

Struktur, die Kanten oder die Gestalt Ihrer Gefühle. Wenn Sie ausatmen, stellen Sie sich einen Strom aus Licht vor.

Tonglin für sich selbst und für jemanden, den Sie kennen:
Spüren Sie beim Einatmen Ihren Schmerz oder Ihren Frust mit diesem Menschen, und senden Sie beim Ausatmen Liebe, Klarheit und Mitgefühl an Sie beide.

Tonglin für jemand anderen:
Spüren Sie beim Einatmen den Schmerz eines Menschen, den Sie kennen. Nehmen Sie ihn auf, fühlen Sie ihn in sich. Dann schicken Sie Licht, Ruhe und einen Segen zu diesem Menschen. Ich mache das häufig während psyhotherapeutischer Sitzungen.

Tonglin für alle Menschen:
Spüren Sie beim Einatmen Ihren Schmerz und dann den Schmerz aller Menschen, die ähnliche Qualen und ähnliche Konflikte durchleiden. Senden Sie beim Ausatmen Licht und liebevolle Energie mit einem Segen an alle Menschen in Schwierigkeiten.

Teilen Sie ihr Glück mit allen:
Wenn Sie das nächste Mal Freude und Entzücken verspüren, während Sie in einem Park spazierengehen, den Vögeln lauschen, Musik hören oder einen intimen Moment mit einem Freund genießen, atmen Sie Ihr Glück ein, und schicken Sie es allen Menschen.

32. Die Tonglin-Meditation für Paare

Als Psychotherapeutin arbeite ich mit Tonglin auch bei Paaren. Viele Leute verlieren sich in Worten und finden Trost, wenn sie sich durch den Atem in bewußtem Schweigen verbinden. Sie sind dann auch in der Lage, Zugang zu einer tieferen Ebene des Bewußtseins zu finden. Jeder kann das mit seinem Partner oder einem Freund durchführen.

Setzen Sie sich einander gegenüber, entspannen Sie sich, und gleichen Sie Ihren Atem einander an. Atmen Sie ein und aus, bis Sie einen synchronen Rhythmus gefunden haben. Vielleicht wollen Sie ganz instinktiv die Augen schließen. Das ist in Ordnung, aber nach einer Weile ist es hilfreich, sanften Augenkontakt herzustellen. Stimmen Sie sich vorsichtig auf die Anwesenheit des anderen ein, und halten Sie Augenkontakt, ohne einander allzu intensiv in die Augen zu starren.

- Wenn einer von Ihnen Schwierigkeiten hat, können Sie beide die Angst oder den Schmerz des Betreffenden einatmen und Klarheit und Mitgefühl ausatmen.
- Wenn es einen Konflikt zwischen Ihnen beiden gibt, nennen Sie den Konflikt beim Namen, atmen Sie ihn beide ein, spüren Sie ihn vollständig, und schicken Sie einen Segen zu Ihrem Partner und zur Beziehung.
- Manchmal bekommt unser Ego schon allein beim Gedanken, jemandem Lichtenergie zu schicken, der uns verletzt hat, einen

Anfall – geschweige denn, ihm auch noch in die Augen zu schauen. Aber wenn Sie das Ego sanft übergehen und es mit dieser Methode versuchen, dann werden Sie möglicherweise eine Überraschung erleben. Wenn schon sonst nichts, bricht dieses Vorgehen alte Verhaltensmuster auf und gibt Ihnen die Chance, auf neue Art zusammenzusein.

- Wenn Sie als Paar Führung suchen, nehmen Sie sich die Zeit, den Konflikt zu benennen, und synchronisieren Sie anschließend wieder Ihren Atem. Atmen Sie die Verwirrung ein, und schicken Sie Klarheit und Licht »in die Beziehung«. Das können Sie jeden Tag tun, wenn Sie versuchen, aus einer Sackgasse herauszufinden oder eine wichtige Entscheidung zu fällen.

- Eine weitere Möglichkeit für Paare: Man atmet den Schmerz aller Paare ein, die Probleme miteinander haben, und atmet einen Segen aus. Das verändert unser Denken, weil es uns in den Bereich des »großen Geistes« beziehungsweise des universellen Herzens führt. Anstatt sich in den eigenen Problemen gefangen zu fühlen, spürt man die Verbindung mit allen Menschen, die sich ähnlichen Schwierigkeiten gegenübersehen, und man erkennt, daß man einfach beisammensitzt, den Schmerz spürt, den Frust und die Trauer, die allen menschlichen Beziehungen innewohnen. Nach einer Weile fühlt man sich nicht länger allein, und kleine Alltagsprobleme verlieren ihre Macht über unser Ego, woraufhin wir mit Anmut und einem leichten Herzen einander neu gegenübertreten können.

33. Was Sie tun können, wenn Sie am liebsten davonlaufen würden

Wenn Sie auf einen Partner hofften und sich an der Möglichkeit freuten, einen hingebungsvollen Gefährten zu finden, dann kann es beunruhigend sein, statt einer neuen Liebe den Drang zu verspüren, einfach davonzulaufen. Wenn Sie auf eine Antwort lauschen, dann hören Sie unter Umständen eine ferne Stimme, die in Ihnen weint: »Ich bin gefangen, sitze in der Falle, ersticke.« Oder vielleicht: »Du kannst mich gar nicht lieben, ich verdiene das nicht.« Diese Geschichten spiegeln einen verletzten Teil von Ihnen wider, der Ihr Mitgefühl und Ihre Liebe braucht.

Wenn Sie den Drang verspüren, einfach davonzulaufen, stehen Ihnen zwei Möglichkeiten offen: 1.) Sie geben dem anderen die Schuld. Sie nörgeln an ihm oder ihr herum und erhärten Ihre Behauptung, daß mit ihm oder ihr etwas nicht stimmt. Dann verlassen Sie diesen Menschen und wiederholen dieses Muster mit jemand anderem. Oder 2.) Sie setzen sich hin und durchleiden Ihren Schrecken. Sie sprechen mit Ihrer Buddha-Natur, bleiben, wo Sie sind, und atmen einfach. Sagen Sie sich, daß Sie dieses Unbehagen aushalten können. Es ist nicht gefährlich. Ihre Bereitschaft, das zu erforschen, was hinter diesem Drang liegt, kann Sie frei machen für die Liebe.

Für manche Menschen besteht die Herausforderung darin, Liebe anzunehmen. Als Amy Ellie begegnete, fühlte sie sich über alle Maßen gesegnet. Als Ellie ihr Zuneigung und Fürsorge entgegenbrachte, fühlte sich Amy zwischen dem Wunsch, sie von sich zu stoßen, und der Sehnsucht, mit ihr zusammenzusein, hin- und hergerissen. Sie erkannte, daß der Konflikt in ihrem Innern lag und von der Grundüberzeugung »Ich werde immer verlassen« angefacht wurde, der von dem Tod ihrer Mutter herrührte, als sie fünf Jahre alt war. Mit Hilfe von Psychotherapie und Körperarbeit war sie in der Lage, mit dieser Überzeugung und mit den vielen Schichten der Trauer, die ihr Herz umhüllt hatten, Freundschaft zu schließen. Allmählich gelangte sie zu der Ansicht, daß Liebe nicht immer zu bedeuten hat, wieder verlassen zu werden. Amy erkannte, daß selbst, wenn Ellie sie verlassen sollte, sie als Erwachsene damit umgehen konnte. Das machte sie letztendlich frei, Ellie ihr Herz zu öffnen.

Anne und Jerry standen zwar beide voll hinter ihrer Ehe, aber emotional flüchteten sie voreinander. Es war für beide die zweite Ehe, und beide mußten mit dem Erbe ihrer Traumata leben: Sie war als Kind mißbraucht worden, und er hatte Furchtbares in Vietnam mitgemacht. Wenn sie versuchten, über ihre Probleme zu sprechen, taten sie das im Therapiejargon oder verhielten sich aus Furcht, den anderen zu beunruhigen, überhöflich. Weil beide bereit waren, sich auf die Reise nach innen zu begeben und sich ihrem Schrecken zu stellen, waren sie letzten Endes in der Lage, ihre Probleme zu überwinden, obwohl die Chancen dafür mehr als schlecht standen.

In einer Therapiesitzung bat ich sie, sich gegenüberzustehen – in einer Entfernung, die sich für sie absolut angenehm anfühlte. Sie stellten sich ungefähr zwei Meter auseinander. Ich gab ihnen ein drei Meter langes Seil, an dem sie sich festhalten sollten. Es sollte die Entfernung zwischen ihnen als ihr gegenseitiges Band symbolisieren.

»Ich möchte, daß Sie absolut ehrlich zueinander sind, wenn Sie jetzt über Ihre Beziehung sprechen«, erklärte ich. »Wenn Ihre erste Reaktion auf die Worte Ihres Partners darin besteht, am Seil zurückzugehen, dann tun Sie das; wenn Sie näher kommen wollen, dann machen Sie das.« Daraufhin schlug ich vor, sie sollten abwechselnd über ihre Beziehung sprechen. Zuerst äußerten sie sich nur ganz allgemein, um sich von ihren Gefühlen zu distanzieren. »Ich denke, es gibt viel Kontrolle in der Beziehung«, meinte Anne. Jedes Mal, wenn einer von ihnen eine Frage stellte oder anderer Meinung war, trat der andere zurück. Das erinnerte an eine zutiefst konditionierte Flucht- oder Angriffsreaktion.

Nach einer Weile schlug ich vor, daß sie sich einer knappen und prägnanten Sprache bedienen sollten, die auch ein Zehnjähriger verstehen würde: »Es gefällt mir, wenn du... Ich mag es nicht, wenn du... Ich bekomme Angst, wenn du...« Anstatt zurückzutreten, bat ich sie, dort stehen zu bleiben, wo sie waren, und zu schauen, was geschah. Sie sollten erlebten, daß ein Konflikt nichts Lebensgefährliches ist. Als Jerry einen großen Schritt auf Anne zutrat, huschte plötzlich Angst über ihr Gesicht.

»Was müssen Sie uns jetzt sagen, Anne?« fragte ich sie.

Anne brach in Tränen aus, und die Worte purzelten nur so aus ihr heraus. »Ich kann nicht glauben, daß du wirklich mit mir zusammensein willst. Ich habe ständig Angst, daß du mich verlassen wirst.«

Jerry wirkte wie gelähmt.

»Was fühlen Sie jetzt?« fragte ich Jerry.

»Ich fühle mich schrecklich, als ob ich etwas falsch gemacht hätte.«

»Wie hat sich das, was Anne sagte, für Sie angehört?« wollte ich wissen.

»Ich bin mir nicht sicher, aber ich fühle mich schuldig, als ob ich in der Lage sein sollte, Ihr den Schmerz zu nehmen.«

»Sagen Sie ihr das«, forderte ich ihn auf.

»Ich habe das Gefühl, ich sollte in der Lage sein, deinen Schmerz aufzuhalten.«

»Sei einfach nur für mich da«, erwiderte Anne und trat auf ihn zu.

Tränen traten in Jerrys Augen. »Ich kann auch nicht glauben, daß du bei mir sein willst. Es fällt mir so schwer, etwas zu sagen. Ich habe so viel Angst, ich fühle mich so unzulänglich.«

Anne und Jerry redeten weiter, traten in die Angst, spürten, wie es ihre innere Welt erschütterte. Sie klammerten sich an das Seil – ihr Band, ihre Hingabe. Schließlich entspannten sich ihre Stimmen und wurden natürlich, als sie sich daran gewöhnt hatten, während eines emotional aufgeladenen Austauschs einander nahe zu bleiben.

»Ich schätze dich so sehr«, rief Anne plötzlich aus.

Jerry erstarrte.

Nach einer langen Pause sagte ich: »Jerry, können Sie auf Anne zugehen und in Ihrem Herzen spüren, was sie gesagt hat?« Als er vortrat und sie ihre Hand nach ihm ausstreckte, wurde sein Atem flach. Doch völlig überraschend traten beide gleichzeitig einen Schritt vor und brachen in Lachen aus, als sie einander in die Arme fielen. Sie hatten es durch ein Kraftfeld geschafft, über Landminen hinweg, hatten ihr Herz offengelegt und den ersten Schritt getan, um nicht wieder voreinander davonzulaufen.

»In mir leuchtet das Licht von tausend Engeln,
macht meinen Weg leicht, macht meinen Weg leicht.
In mir leuchtet das Licht von tausend Engeln,
macht meinen Weg zu dir leicht.

Die Tränen von tausend Engeln waschen mich rein,
machen meinen Weg leicht, machen meinen Weg leicht.
Die Tränen von tausend Regenbögen waschen mich rein,
machen meinen Weg zu dir leicht.«

Der Tanz des universellen Friedens

Damit wir zueinander finden und nicht länger voreinander davonlaufen, müssen wir durch unsere Ängste reisen, unsere Herzen erleichtern und Platz schaffen füreinander, daran denken, daß wir immer mit dem Licht von tausend Engeln erstrahlen, mit dem Geist reiner Liebe. Wir müssen unser Band festhalten, in Verbindung bleiben und unsere wahren Gefühle offenlegen, anstatt uns zu verstecken und davonzulaufen. Dazu gehört es manchmal, das Fernsehgerät auszuschalten, keinen Alkohol mehr zu trinken und nicht mehr so lange zu arbeiten, kein klinisch reines Heim mehr zu haben oder unablässig geschäftig herumzueilen. Halten Sie einfach inne. Sehen Sie einander an. Lauschen Sie der Stille.

Ein offenes Herz erschafft einen Zufluchtsort für uns selbst und für unsere Beziehung. Es hilft uns, unsere Getrenntheit zu überbrücken, und erlaubt uns, den erstaunlichen Segen einer intimen Beziehung zu entdecken. Das ist nicht einfach, aber ich weiß von keinem Paar, das diese Reise bedauert hätte.

34. Werden Sie zum spirituellen Krieger: Setzen Sie Grenzen

»Bewußtsein, Mut und Sanftheit sind die wichtigsten ›Waffen‹ eines Kriegers des Herzens.«

John Welwood

Da wir die strahlende Essenz in uns finden und nicht ständig die schmerzlichen Lektionen der Vergangenheit wiederholen wollen, da wir uns selbst mit aller Kraft lieben und einen Partner suchen, der freundlich und liebevoll ist, verpflichten wir uns zu etwas, das man oft »persönliche Grenzen« nennt. Eine solche zu errichten heißt, die Verhaltensweisen zu benennen, die Sie in einer Beziehung nicht dulden werden: Punkt, nicht verhandelbar. Wenn jemand diese Grenze überschreitet, treffen wir uns nicht mehr mit dieser Person – da wird nichts rationalisiert und auch nichts entschuldigt. Wir setzen auch eine Grenze für unser persönliches Verhalten – wir suchen keine Entschuldigungen für unseren Partner, wir ignorieren unsere Verantwortung nicht, und wir opfern unsere Werte nicht, um den anderen zu halten. Die eigenen Grenzen zu ehren setzt unsere spirituelle Entschlossenheit auf eine harte Probe. Wir vergessen sie nur allzu leicht, wenn unsere Hormone oder unsere Sehnsucht involviert sind, aber aus diesem Grund besitzen wir ein Gehirn und, wie ich hinzufügen möchte, zwei Füße.

Denken Sie bei der Errichtung Ihrer persönlichen Grenzen an eine schwierige Beziehung aus Ihrer Vergangenheit. Erinnern Sie sich an den Moment, in dem Sie zum ersten Mal das Gefühl hatten, daß etwas fehlt. Erinnern Sie sich an das Unbehagen, das an Ihnen nagte, den verspannten Brustkasten, die Sorge, die Verwirrung, den Verlust an Energie. Erinnern Sie sich an die Rationalisierungen und Entschuldigungen, die Sie in dem Versuch vorbrachten, mit einem Verhalten zu leben, das letzten Endes unerträglich wurde. Wenn ich meine eigenen ungesunden Beziehungen und die meiner Klienten zurückverfolgte, habe ich immer festgestellt, daß es schon früh unzählige Warnsignale gab, die ignoriert oder rationalisiert wurden, häufig schon bei der ersten Verabredung.

Maxime: Frühere Verhaltensweisen sind der beste Indikator für künftige Verhaltensweisen.
Vorschlag: Vertrauen Sie Ihren Beobachtungen und intuitiven Reaktionen. Sprechen Sie Ihre Befürchtungen aus, sobald sie auftreten.

Sie können die nachfolgenden vier Listen als Grundlage für Ihre eigenen persönlichen Grenzen heranziehen:
1. Untragbares Verhalten bei anderen.
2. Untragbares Verhalten bei uns selbst.
3. Rationalisierungen und Geschichten, mit deren Hilfe Sie Ihre Grenzen in der Vergangenheit mißachtet haben.
4. Konsequenzen, nachdem Sie Ihre Grenzen mißachtet oder sich nicht um sich selbst gekümmert haben.

Hier einige Beispiele, die ich aus den Grenzen verschiedener Leute zusammengestellt habe.

1. Liste: untragbares Verhalten bei anderen.
(Denken Sie an die Warnsignale, die Sie in früheren Beziehungen mißachtet haben und die Schwierigkeiten vorhersagten.)

- Ist nur oberflächlich charmant. Verführt emotional und körperlich, um die Kontrolle zu erlangen. Will sofort Sex und Hingabe. Scheint zu gut, um wahr zu sein.
- Respektiert keine Grenzen, gleich welcher Art. Ignoriert mich, wenn ich »nein« sage.
- Ist launisch, explodiert schon bei Kleinigkeiten.
- Ist eifersüchtig auf meine Freunde, meine Arbeit oder andere Interessen – will immer wissen, wo ich bin. Macht schnippische Bemerkungen über meine Freunde.
- Versäumt es ständig, Verabredungen einzuhalten, und bricht Abmachungen. (Schon ein einziges Mal ohne eine echte Entschuldigung versetzt zu werden ist Grund genug, sich mit jemand nicht mehr zu treffen.)
- Ist unzuverlässig. Verspricht anzurufen und »vergißt« es dann. Kommt ständig mit Entschuldigungen an.
- Zeigt kein ehrliches Interesse am Zusammensein.
- Gibt immer anderen die Schuld. Sieht nie seinen / ihren Anteil an der Entstehung des Problems. Immer bin es ich, die anderen, das Wetter, seine / ihre Kindheit, frühere Ehepartner beziehungsweise Lebensabschnittsgefährten und so weiter.
- Unterhält eine überaus enge Bindung zu Mutter, Vater, Kindern oder früheren Partnern beziehungsweise Partnerinnen – entweder in Abhängigkeit oder in großem Zorn.
- Weigert sich, mich seinem / ihrem Freundeskreis vorzustellen – hält mich vom Rest seines / ihres Lebens fern.
- Reicht mich herum wie eine Trophäe.
- Wird gewalttätig – verbal oder körperlich.
- Hat nie Geld, erwartet, daß ich für alles zahle, und gibt mir nie etwas zurück.
- Ist süchtig: Drogen, Alkohol, Glücksspiele, Anorexie, Bulimie, und so weiter.
- Hat keine Kontrolle über sein Finanz- und Arbeitsverhalten.

2. Liste: untragbares Verhalten in uns selbst.

Die Punkte auf dieser Liste signalisieren, daß wir an uns selbst arbeiten müssen. Denken Sie daran: Es ist besser, eine Sache anzusprechen und die Beziehung dadurch zu sprengen, als in Angst zu leben oder Ihre Integrität zu opfern.

Hier einige Anzeichen, wann Sie sich selbst und Ihre Macht in einer Beziehung zu verlieren drohen:

- Sie sprechen Ihre Sorgen und Probleme nicht an, weil Sie einen Konflikt scheuen oder befürchten, Ihren Partner »zu verletzen« oder »unter Druck zu setzen«.
- Sie kommen sich in Gegenwart Ihres Partners wie ein kleines Kind vor.
- Sie fühlen sich verwirrt, unsicher, schlapp, ängstlich, verträumt, distanziert.
- Sie geben sich clever, charmant, zäh, superkompetent, fröhlich, süß, cool, verführerisch, wie ein jämmerliches Opfer und so weiter.
- Sie bauen Ihr Leben um die Bedürfnisse Ihres Partners herum auf – treffen Ihre Freunde nicht mehr, geben Hobbys auf, et cetera.
- Sie geben viel mehr, als Sie zurückbekommen, oder Sie nehmen, geben aber nicht.
- Sie fühlen sich verzweifelt, bedürftig oder wollen sich an Ihren Partner klammern.
- Sie geben sich Phantasievorstellungen über die Zukunft hin – Hochzeit, Zusammenleben und vieles mehr.
- Sie erteilen Ihrem Partner ständig gute Ratschläge oder versuchen, ihn zu ändern.
- Sie rationalisieren, ignorieren oder entschuldigen problematische Verhaltensweisen.
- Sie hoffen, daß sich Ihr Partner ändert – wenn Sie nur nett genug, sexy genug, großzügig genug oder liebevoll genug sind.

- Sie sind von Ihrem Partner wie besessen.
- Sie geben sich zunehmend zwanghaftem Verhalten oder Süchten hin – Essen, Einkaufen, Alkohol, Glücksspiele und so weiter.
- Sie haben Sex gegen Ihren Wunsch oder obwohl Sie wissen, daß es keine besonders gute Idee ist.
- Sie wollen besonders viel Sex, um zu beweisen, daß Sie eine Beziehung haben oder daß Sie geliebt werden.
- Sie kümmern sich nicht um sich selbst und zeigen keine Verantwortung – bleiben zu lange auf, essen nicht richtig, treiben nicht genug Sport, zahlen Ihre Rechnungen nicht und vieles mehr.

3. Liste: Rationalisierungen und Geschichten, mit deren Hilfe Sie Ihre Grenzen in der Vergangenheit mißachtet haben.

Wir erfinden häufig Geschichten, um nicht darauf hören zu müssen, wenn unser Bauch uns drohende Schwierigkeiten signalisiert.

- »Niemand ist vollkommen.«
- »Ich weiß, daß er / sie mich liebt, es fällt ihm / ihr nur schwer, das auszudrücken.«
- »Er / sie meint es gut, er / sie verliert nur manchmal die Kontrolle.«
- »Wenn ich mich beklage, wird er / sie mich verlassen.«
- »Er / sie macht nur gerade eine schwere Zeit durch.«
- »Sie / er braucht mich.«
- »Ich weiß, wir haben Probleme, aber Gott hat ihn / sie mir geschickt.«
- »Wir sind Seelenverwandte.«
- »Anderen geht es noch viel schlechter.«
- »Ich bekomme vielleicht niemals eine/n andere/n ab.«

4. Liste: Konsequenzen, wenn Sie Ihre Grenzen mißachtet oder sich nicht um sich selbst gekümmert haben.

Suchen Sie in Ihren früheren Beziehungen nach den nachfolgend aufgeführten Symptomen. Schreiben Sie den Namen der Menschen auf, mit denen Sie früher zusammen waren, und erstellen Sie für jeden eine Liste. Hier einige Vorschläge, mit denen Sie anfangen können:

- Habe viel Zeit und Energie verschwendet.
- Wurde abhängig von anderen, bedürftig, hatte Angst davor, allein zu sein.
- Habe mich von meinen Zielen, meiner Arbeit, meiner Integrität, meinen Werten ablenken lassen.
- Wurde depressiv, ängstlich, habe meine Kreativität verloren.
- Wurde reizbar, kritisch, kontrollierend, gemein gegenüber meinem Partner.
- Habe in Sachen Essen, Drogen, Alkohol, Einkaufen, Co-Abhängigkeit und ähnlichem Suchtverhalten oder zwanghaftes Verhalten entwickelt.
- Habe meine Freunde nicht mehr getroffen oder sie wiederholt mit meinen Problemen belastet.
- Entwickelte körperliche Streßsymptome – Schlaflosigkeit, Kopfschmerzen, Bauchschmerzen und so weiter.
- Fühlte eine brodelnde Wut in mir.
- Hatte das Gefühl, mein Leben wäre an einem toten Punkt angekommen.

Enorm wichtige Mitteilung, falls es Ihnen ernst damit ist, die Tragödien Ihrer Vergangenheit nicht zu wiederholen:

1. Kleben Sie die Liste Ihrer Grenzen an die Kühlschranktür. Machen Sie einen Strich neben jedem Punkt, der mißachtet oder wegrationalisiert wird. Tun Sie das jedes Mal, wenn dieser Fall eintritt.

2. Geben Sie eine Kopie Ihrer Liste einem oder zwei Freunden oder Mitgliedern Ihrer Selbsthilfegruppe. Berichten Sie ihnen regelmäßig, welche Fortschritte Sie machen, und bitten Sie sie, es Ihnen sofort zu sagen, wenn Sie Ihre Grenzen mißachten oder mit Rationalisierungen anfangen.

Die meisten Ihrer Freunde werden erleichtert sein, wenn Sie die Erlaubnis erhalten, etwas zu sagen, sobald Sie sich selbstzerstörerischen Verhaltensweisen hingeben. Wenn die Menschen nicht die Freiheit haben, ehrlich zu Ihnen zu sein, dann werden sie sich wahrscheinlich allmählich aus der Freundschaft zurückziehen, um sich nicht ständig Ihre zu erwartenden Jammergeschichten anhören zu müssen. Oder sie tun genau das Gegenteil und schließen sich Ihnen bei Ihren Schuldzuweisungen an Ihren Partner an und untermauern somit Ihre Einstellung, das unschuldige Opfer zu sein, was Ihr Elend nur noch verstärkt. Übrigens lehrt der Buddhismus unter anderem, daß wir unseren Freunden helfen sollen zu wachsen. Wir sollen sie in ihrem verzweifelten und verrückten Verhalten nicht auch noch unterstützen, sondern ihnen helfen, auf ihrem Weg zu bleiben.

Wenn Ihre Grenzen irgendwann aussehen wie eine durchgestrichene Einkaufsliste, dann rufen Sie Ihren inneren Krieger herbei und führen Sie eine Unterhaltung mit ihm. Also gut, warum mache ich mir selbst etwas vor? Warum mache ich diesen Menschen wichtiger als mein eigenes Leben? Was würde ich zu einem Freund sagen, der sich so verhält, wie ich es gerade tue? Wir dürfen unseren Weg, unsere Seele und unsere geistige Gesundheit nicht vergessen und müssen uns selbst schützen. Suchen Sie Hilfe. Kein Partner ist es wert, daß Sie für ihn Ihr Gehirn ausschalten.

Das Festhalten an unseren persönlichen Grenzen stellt unseren Enthusiasmus und unsere Willenskraft auf eine harte Probe. Möglicherweise nimmt es die Ausmaße eines inneren Krieges an, aber zusammen mit den Gefühlen des Rückzugs – Einsamkeit, Angst, Schuld und Leere –, spüren wir eine neue Art der Freiheit, wenn wir uns selbst gegenüber loyal bleiben.

Nur wenn wir den Krieger in uns tragen – bewußt, freundlich, sich selbst schützend, stark und fähig, »nein« zu sagen –, besitzen wir genügend Sicherheit, um unsere schützende Haut abzuschälen und »ja« zu jemand anderem zu sagen. Unser Wächter ist unser Schutzengel, der weise Alte, der uns schützt. Unser Krieger ist auch ein Verwandter von Zärtlichkeit, Freundlichkeit und Mitgefühl, denn er setzt Angst frei und erlaubt uns, verletzlich zu werden. Unser Krieger ist auf den Rhythmus, Ton, Puls, die Harmonie und die Dissonanz der Beziehung eingestimmt und offen für schonungslose Selbstprüfung. Er ist in der Lage, Konflikte und Befürchtungen hochzubringen, und Situationen, die uns nicht gut tun, zu verlassen – gleichgültig, wie reizvoll oder verlockend sie sein mögen.

35. Warum geht in meinem Kopf immer alles durcheinander?
Vom Umgang mit Obsessionen

> *»Wer keine Blumen macht, macht Dornen.*
> *Wenn du kein Haus baust, in dem die Weisheit*
> *offen ausgesprochen werden kann,*
> *dann baust du ein Gefängnis.«*

Rumi

In den ersten Wochen oder Monaten, in denen Sie mit jemand Vielversprechendem ausgehen, können Ihnen sorgenvolle Gedanken durch den Kopf schießen: »Mag sie mich wirklich?« »Wird er bei mir bleiben?« »Ist das alles real?« Eine bestimmtes Maß an Unbehagen ist ganz natürlich, denn es ist noch zu früh, um zu wissen, wie es mit der Beziehung weitergehen wird. Sollten wir zu diesem Zeitpunkt anfangen, von der Frage nach der Zukunft der Partnerschaft besessen zu sein, dann fühlt sich das wie ein unablässiges Summen im Gehirn an. Wahrscheinlich verstecken wir uns vor der Wahrheit und fassen unsere Gefühle, Ängste oder Besorgnis weder uns selbst noch unserem neuen Freund gegenüber in Worte.

Das Kreisen der Gedanken signalisiert Obsession, und diese zeigt uns, daß wir weder uns selbst noch dem anderen die Wahrheit sagen.

Obsession fühlt sich so an, als ob das Gehirn von morgens früh bis spät in die Nacht belagert würde. Gleichgültig, wie sehr Sie es auch versuchen, es summt ständig weiter. Manchmal wiederholt man ununterbrochen Unterhaltungen, reale oder imaginäre, erinnert sich euphorisch an sexuelle Erlebnisse oder hat das Gefühl, daß unaufhörlich ein Name oder ein Gesicht vor unserem inneren Auge auftaucht.

Eine Obsession kann folgendes signalisieren:

1. Das Bedürfnis, Verletzungen oder Befürchtungen ins Bewußtsein zu bringen.
2. Das intuitive Wissen, daß Ihre neue Liebe zwiegespalten ist, bindungsunfähig oder Geheimnisse vor Ihnen hat.
3. Das Bedürfnis, Ihren neuen »Freund« zu bitten, seine Absichten klar darzulegen. (Wie sieht der Status unserer Beziehung aus?)
4. Sie sind süchtig nach Romantik und erschaffen die Illusion einer Beziehung, die nichts mit der Wirklichkeit zu tun hat.
5. Sie wollen sich selbst nicht eingestehen, daß Sie ernste Zweifel am Zusammensein mit diesem Menschen haben. Sie wollen in seiner oder ihrer Nähe sein, aber irgend etwas fühlt sich nicht richtig an.

Immer wieder habe ich in meinem eigenen Leben und bei der Arbeit mit meinen Klienten beobachten können, daß Menschen, die sich die Wahrheit eingestehen und sie auch aussprechen, ihre Obsession verlieren und ihr Denken sich wieder beruhigt. Die Wahrheit zu kennen und sie zuzugeben ist nicht leicht, unter anderem deshalb nicht, weil die Signale wortlos sein können – ein ständiges Brennen in unserem Magen, ein Verlust der Energie oder ein Knoten im Hals.

Unsere Aufgabe besteht darin, furchtlos und mit viel Mitgefühl dem zu lauschen, was uns unser Körper, unser Verstand und unser Herz sagen wollen, und uns bewußtzumachen, daß uns obsessives Denken in der Angst gefangenhält. Wenn die Angst Sie gepackt hält, rufen Sie Ihr erwachsenes Selbst, Ihre Buddha-

Natur, damit diese Sie daran erinnert, daß Sie Ihr Leben im Griff hatten, bevor Sie diesen Menschen kennenlernten, und nicht von ihm abhängig sind. Sie können aufstehen, sich anziehen, sich selbst ernähren, zur Arbeit und ins Kino gehen. Es ist eine Illusion zu glauben, daß Sie diesen Menschen unbedingt brauchen. Ein Satz, den Sie sich immer wieder vorsagen sollten: Ich will nicht in Angst leben.

Es ist besser, zu streiten, alles aufzurühren, die Beziehung zu beenden und allein zu bleiben, als ständig mit verspannter Brust und einem Durcheinander in Ihrem Kopf zu leben. Manchmal besteht keine Notwendigkeit, mit dem anderen zu reden; Sie müssen nur erkennen, daß Sie in einer Illusion gefangen sind. Sie haben eine Geschichte erfunden, die tausend Meilen von der Wirklichkeit entfernt ist. In einem anderen Fall müssen Sie dagegen Ihre Befürchtungen offen aussprechen.

Fast wie durch Magie wird unsere Obsession verschwinden, wenn wir der Wahrheit eine Stimme geben. Das kann bedeuten, daß Sie sich streiten oder die Beziehung beenden. Aber es kann auch bedeuten, daß Sie eine produktive Unterhaltung führen, Klarheit gewinnen, sich einander näher fühlen und einen großen Schritt in Richtung einer reichen, authentischen Partnerschaft machen. Mit Sicherheit werden Sie sich selbst mehr respektieren und beständig Ihren spirituellen Weg fortsetzen, unterstützt von Klarheit, Wahrheit und der Fürsorge für sich selbst.

36. Stellen Sie Ihren Anziehungsradar auf Partnersuche ein

Manchmal geht unser Anziehungsradar wiederholt in die falsche Richtung. Menschen, die freundlich, fürsorglich und gut sind, lassen uns kalt und langweilen uns, während heiße, unverantwortliche, charmante Blender unser Interesse entfachen. Wenn Sie sich zu Menschen hingezogen fühlen, die nicht gut für Sie sind, dann listen Sie deren Attribute auf, und lernen Sie, zu sich selbst zu sagen: »Auch wenn ich mich zu diesem Menschen hingezogen fühle, weiß ich doch, daß es nicht funktionieren wird«, und gehen Sie in die andere Richtung. Das soll nicht heißen, daß Sie daraufhin umgehend einen großartigen Partner finden, aber Sie werden in Ihrem Leben Raum schaffen, damit Sie besser über die falschen Überzeugungen nachdenken können, die Sie dazu zwingen, sich zu jemandem hingezogen zu fühlen, der nicht in der Lage ist, sich Ihnen auf Ihrem spirituellen Weg anzuschließen.

Ich habe eine solche Phase durchgemacht, als ich mich zu charmanten, intelligenten, liberalen, passiv-aggressiven und (manchmal) alkoholkranken Männern hingezogen fühlte, die sich emotional zurückhielten und bindungsunfähig waren. Ihre flüssigen Worte spiegelten sich in ihrem Verhalten nicht wider. Zu guter Letzt hatte ich genug schmerzliche Lektionen gelernt und sagte: »Jetzt reicht's. Bis hierhin und nicht weiter.« Einfach bloß wegzugehen half mir, mehr Selbstrespekt zu erlangen, und führte mich schließlich zu innerer Veränderung. Letztendlich wurde mir klar, daß meine Anziehung zu Menschen, die mir ständig ein emotionales Geschenk zeigten und es mir wiederholt einfach wieder wegzogen, eine Neuinszenierung der Beziehung zu meiner Mutter war. Unbewußt suchte ich immer noch ihre Liebe, darum wählte ich Menschen aus, die sich emotional zurückhielten (so wie meine Mutter), in der Hoffnung, daß sie sich ändern würden (was meine Mutter nie getan hatte). Die Geschichte, die ich über mich erfunden hatte und die dieses Muster stets wiederholte, lautete, daß ich immer allein sein würde.

Obwohl ich diese Gedanken nicht einfach wegwischen konnte, gelang es mir, sie zu beobachten und zu erkennen, daß es sich bei ihnen einfach nur um Vorstellungen handelte. Ich kämpfte nicht gegen sie an, aber hielt sie auch nicht fest. Schließlich nahmen sie durch Therapie und Meditation ab und wurden weniger intensiv – sie entschwanden wie kleine Wölkchen.

Eine Frau, die von einer schmerzlichen zu einer liebevolle Beziehung gewechselt war, meinte, daß sie sich einfach geschworen hatte, nur noch mit jemandem zusammenzusein, der gut zu ihr war. Der Mann, den sie daraufhin traf und schließlich auch heiratete, beeindruckte sie anfangs wenig, und sie mußte sich vornehmen, präsent zu bleiben und auf ihre Gefühle zu achten. »Ich fühlte mich entspannt und sorglos, fast so, als ob etwas nicht stimmt. Früher hatte ich in Beziehungen immer die Erfahrung von Spannung und Erregung gemacht. Er war verläßlich und zärtlich, was ich letztendlich zu schätzen lernte.«

Achten Sie darauf, wie diese Frau ihre Geschichte darüber, was eine gute Beziehung ausmacht, veränderte. Wenn wir diesen Weg, bei dem wir unseren Geschichten immer weniger verhaftet sind, weiter beschreiten, hören wir eines Tages auf, diese alten Geschichten zu glauben. Wir erzählen sie nicht weiter und dringen somit tiefer in unsere strahlende Mitte, was wie von selbst einen liebevollen, mitfühlenden Menschen anziehen wird, der Liebe geben und empfangen kann.

37. Steht es in den Sternen oder in unseren Briefen? Astrologie und Graphologie

Manchmal sind wir uns unserer Empfindungen in einer Beziehung nicht sicher. Wir fühlen uns unwohl, wissen aber nicht genau, warum das so ist. Dann wieder reagieren wir aus keinem ersichtlichen Grund gereizt auf unseren Partner. Obwohl wir nie aufhören sollten, auf unsere innere Führung zu hören, können uns eine Handschriftenanalyse und ein astrologisches Horoskop bisweilen Einsichten vermitteln oder unsere Ahnungen bestätigen.

Ich selbst habe die Erfahrung gemacht, daß beides sich beim Verständnis des Partners als hilfreich erweisen kann. Es hat meine Wirklichkeit bestätigt, und ich konnte erkennen, daß wir alle auf andere Weise in der Welt sind – von der Art, wie wir lernen, über den Rhythmus, wie wir Beziehungen eingehen, bis hin zu den unterschiedlichen Wahrnehmungen der Welt. So sagte beispielsweise Jane Yank von Signature Consulting bei einem Gespräch über Beziehungen zu mir: »Charlotte, für Sie ist es wie atmen, wenn Sie über etwas reden, für Ihren Partner sind es Liegestütze.« Diese Bemerkung half mir, meinem Partner gegenüber viel zärtlicher zu sein und anzuerkennen, welche Anstrengung es ihn kostete, mit mir zu reden.

Handschriftenanalyse:
Jane Yank, eine ausgebildete Graphologin, erklärte mir die Möglichkeiten der Handschriftenanalyse für Paare beziehungsweise Menschen, die sich verabreden.

»Die Grundidee lautet, daß wir in dieser Gesellschaft in hohem Maße sozialisiert sind. Es gibt Kurse, wie man sich präsentiert, wie man flirtet, wie man ›das Richtige‹ sagt. Wir bekommen es also mit gut geschulten Menschen zu tun. Ohne eine Yenta [ein jiddischer Ausdruck für eine sehr kluge Frau, die häufig als Kupplerin engagiert wurde], die uns kennt, seit wir Kinder waren, haben wir wenig, auf das wir aufbauen können, mit Ausnahme unserer Instinkte und der Art und Weise, wie sich uns jemand darstellt.

Die Handschrift ermöglicht einen Blick ins Innere, wie die Menschen wirklich sind. Sie ist eine Zusammensetzung all dessen, was ein Mensch erlebt hat. Sie zeigt die Interessen, Talente, die Intelligenz, die Denkweise, die Energieebene, die Offenheit und die typische Reaktion auf Streß. Man kann in ihr sogar alte emotionale Wunden erkennen, die das Leben des Menschen geformt haben, jedoch durch das richtige Auftreten und die richtige Sprache sorgfältig verdeckt sein mögen.

Wenn wir die Kompatibilität herausfinden wollen, ist von Anfang an klar, daß es Unterschiede gibt, aber die Frage, die wir uns stellen müssen, lautet: Welche Gewichtung haben diese Unterschiede? Können die Partner sie verstehen und akzeptieren, oder signalisieren sie grundlegende Probleme, die eine potentielle Beziehung durchdringen werden?

So beeinflussen zum Beispiel die Energieebenen die Kompatibilität sehr stark, denn sie haben mit der Fähigkeit zu tun, Pläne umzusetzen und Ziele zu verfolgen. Auch mit der Tiefe der Hingabe, die der Betreffende eingehen kann. Einige Menschen wünschen sich vielleicht sehr eine bestimmte Beziehung, haben aber einfach nicht die emotionale oder körperliche Kapazität, sie aufrechtzuerhalten – sie verändern sich innerlich ständig und haben keine klare Vorstellung davon, wer sie sind.«

Die Handschriftenanalyse ermöglicht es, jede Form der Selbsttäuschung rasch zu erkennen. »Einige Menschen, die sich selbst gern auf ganz bestimmte Weise sehen würden, überzeugen sich von dieser gewünschten Persona und stellen sich selbst dann falsch dar«, führt Jane weiter aus. »Andere benützen Charme und Manipulationen, um einen fordernden Ansatz an das Leben zu überdecken. Es kann Monate dauern, bevor man hinter die Fassade schauen und die Täuschung erkennen kann, obwohl man womöglich schon lange vorher ungute Gefühle hegt. Mit Hilfe einer Handschriftenanalyse bekommt man sofort entsprechende Hinweise. Man kann auch erkennen, wie der Betreffende mit Streß umgeht. Das reicht vom Überdecken durch gute Umgangsformen über defensives Verhalten bis hin zu einer Neigung zur Aggression.«

Ich fragte Jane nach Unterschieden zwischen den Geschlechtern, die sich in der Handschrift zeigen. Sie mußte lachen. »In der Handschrift herrscht definitiv Gleichberechtigung. Es ist schwer, zwischen der Handschrift eines Mannes und einer Frau zu unterscheiden, und zwischen allen Menschen herrschen enorme individuelle Unterschiede. Das zeigt deutlich, daß wir uns den Stereotypen entgegenstellen müssen und nicht länger mutmaßen dürfen, wie ein Mann oder eine Frau zu sein haben. Jeder hat seine ganz eigene Konstellation an Eigenschaften, die einzigartig ist.«

Jane fuhr fort, daß sie oft mit Paaren arbeitet, die in eine Sackgasse geraten sind. Sie hilft ihnen, einander besser zu verstehen. Ich fragte sie, ob es ihrer Meinung nach moralisch einwandfrei sei, die Handschrift seines Partners oder seiner Verabredung analysieren zu lassen, ohne den Betreffenden um seine Erlaubnis gebeten zu haben. Sie erwiderte, das würde offensichtlich einen Mangel an Vertrauen widerspiegeln, und sie ziehe es vor, wenn die Menschen gemeinsam zu ihr kommen. Andererseits könnte ein solches Vorgehen bisweilen extrem nützlich sein. Wenn man beispielsweise vom Partner schlecht behandelt wird, man jedoch seiner eigenen

Wahrnehmung nicht traut, kann die Handschriftenanalyse helfen, das tiefverwurzelte Muster im Partner zu erkennen, mit Streß mittels Feindseligkeit und Aggression umzugehen. Manche Menschen kommen auch allein, wenn sie älter sind oder sich früher einmal die Finger verbrannt haben und ihre Zeit jetzt nicht mit einer Beziehung verschwenden wollen, bei der wenig Chancen bestehen, mit dem potentiellen Partner zusammenzupassen.

Graphologen verwenden hochentwickelte Instrumente, um die Details der Handschriften zu vermessen, und ihre Analysen basieren auf intensiver Forschung. Jane meinte, daß sie für jede Eigenschaft drei Bewertungsmaße prüft, um festzustellen, ob sie sich in der Handschrift konsistent widerspiegeln. Selbst so stellt sie ihre Interpretationen ihren Klienten immer als Frage vor: »Fühlt sich das für Sie richtig an?«

Astrologie:
Ein Teil von mir kann nur schwer glauben, daß Zeit und Ort meiner Geburt von entscheidender Bedeutung sind, um Vorhersagen über mein Temperament, meine Beziehungen oder meine Persönlichkeit zu treffen. Laut Stephen Wolinsky liefert die Astrologie Schnappschüsse von der Raum-Zeit-Konstellation, als wir geboren wurden, und von anderen Ereignissen in unserem Leben. »Wenn der Mond die Ozeane bewegen kann und wir zu 95 Prozent aus Flüssigkeit bestehen, dann wird die Position der Sterne und des Mondes sicher auch Auswirkungen auf unseren Körper haben.« Obwohl ich nicht vorgeben werde, daß ich wirklich verstehen könnte, wie die Astrologie funktioniert, waren einige Horoskope, die ich mir machen ließ, einschließlich zweier Kompatibilitätshoroskope, außergewöhnlich zutreffend und haben mir geholfen, sowohl mich selbst als auch meinen Partner besser zu verstehen.

Ich befragte Altazar Player, einen erfahrenen Astrologen, und ließ ihn ein Kompatibilitätshoroskop für mich und einen Mann erstellen, mit dem ich mich traf. Laut Altazar können Horoskope zahlreiche Aspekte der Kompatibilität aufzeigen – Vertrauen, gemeinsame Interessen und die Fähigkeit, ein gemeinsames Band zu formen, sich zu verstehen, zu kommunizieren und ganz allgemein zu der Energie des Partners zu passen. Er sagte auch, daß Partneragenturen, die sich bei der Vorhersage der Kompatibilität der Astrologie bedienen, ihre Erfolgsraten bei der Zusammenführung von Menschen erhöhen konnten. Neben den Partnerhoroskopen, anhand derer die Menschen ihre Stärken und Probleme in einer vorliegenden Beziehung erkennen können, hat Altazar auch ein »Ideales Partnerprofil« entwickelt, aus dem das genaue Jahr, das Datum und der Monat der Geburt des am besten passenden Partners ersichtlich ist. Wie bei Paaren oder Einzelpersonen, die eine Handschriftenanalyse wünschen, erstellt Altazar Partnerhoroskope häufig im Anfangsstadium einer Beziehung.

»Es geht nicht darum zu sagen ›Sie passen wohl schlecht zusammen und sollten sich trennen‹. Der Zweck ist der, den Partnern zu helfen, sich der Problemzonen bewußter zu sein und verständnisvoller aufeinander einzugehen. Manchmal allerdings sieht es bei der Kompatibilität wirklich schlecht aus«, fügte er hinzu, »oder es ist klar, daß die beiden bessere Freunde als Liebhaber wären.«

Wenn Sie sich bei der Partnerwahl unwohl fühlen, wenn Sie Ihre Zweifel bestätigt wissen wollen, wenn Sie sich und Ihren Partner besser verstehen wollen oder Sie einfach nur neugierig sind, dann können Handschriftenanalyse und Astrologie sehr nützlich sein. Vergessen Sie nicht, den Astrologen oder Graphologen nach seiner Berufserfahrung, seiner Ausbildung und seinen Überzeugungen zu fragen, und denken Sie daran, niemals gegen Ihren gesunden Menschenverstand, gegen Ihre eigenen Beobachtungen oder Ihre Intuition vorzugehen. Auf dem spirituellen Weg sind wir für Informationen und Führung durchaus offen, aber letztendlich kann nur unsere innere Weisheit unser Führer sein.

38. Akzeptieren Sie Flüchtigkeit, Verlust und Freude

»Eure Freude ist euer Leid ohne Maske...
Je tiefer sich das Leid in euer Sein eingräbt, desto mehr
Freude könnt ihr fassen...
Wenn ihr fröhlich seid, schaut tief in eure Herzen, und ihr
werdet finden, daß nur das, was euch Leid bereitet hat, euch
auch Freude gibt.
Wenn ihr traurig seid, schaut wieder in eure Herzen, und
ihr werdet sehen, daß die Wahrheit um das weint, was euch
Vergnügen bereitet hat.«

Kahlil Gibran, in: »Der Prophet«

Wenn wir uns selbst der Freude einer liebevollen Bindung öffnen wollen, dann müssen wir die Möglichkeit des Verlusts akzeptieren. Um lieben zu können, müssen wir die Melancholie des Lebens akzeptieren, die kleinen Verluste jeden Tag und den großen Verlust namens Tod. Paradoxerweise ist das Leben nicht mehr so beängstigend, und wir sind freier, intime Beziehungen einzugehen, sobald wir akzeptieren, daß Veränderung, Verlust, Unbehagen und Trauer unvermeidlich sind.

Wir müssen uns den unausweichlichen täglichen Verlusten des Lebens öffnen, damit wir uns der Liebe öffnen können. Wir begrüßen und verabschieden uns. Wir fühlen uns im einen Augenblick verbunden und im nächsten getrennt. Ein zärtlicher intimer Moment wird sich nie mehr genauso wiederholen. Jeder

Atemzug, den wir machen, verbindet uns mit dem Leben und geht dann vorüber, bevor ein neuer Atem uns erfüllt. Wir durchlaufen jeden Tag, jede Woche neue Phasen der Entwicklung und Spiritualität.

Vergänglichkeit ist eine zentrale Vorstellung im Buddhismus. Nichts bleibt gleich, keine Idee, kein Gedanke, keine Wahrnehmung und ganz sicher kein anderer Mensch. Die Blumen auf dem Eßzimmertisch werden in wenigen Tagen verwelkt sein, die Wolken sind niemals wieder genauso wie jetzt. Trauer und Freude existieren Seite an Seite. Auf dem spirituellen Weg lassen wir diese Dinge so zu, wie sie sind, beobachten Sie und spüren Sie sie vorüberziehen, wie eine Brise. Erwarten Sie nicht, daß der Mensch, in den Sie sich verlieben, gleich bleibt. Wie die Luft zum Atmen ist der spirituelle Weg flüchtig, nicht greifbar, nicht definierbar, trügerisch. Wir halten den Fluß auf, sobald wir versuchen, uns an etwas zu klammern.

Vor kurzem unternahm ich früh morgens einen herrlichen Spaziergang zum Blue Mountain. Die Lerchen sangen, ein sanfter und frischer Wind strich über mein Gesicht, der Himmel leuchtete blau über den riesigen Ponderosa-Pinien, und der Weg war weich vor Piniennadeln. Ich spürte das Vergnügen der Anstrengung, während ich den Berg hinaufwanderte, und mein Herz schlug schneller. Als ich mich diesem sinnlichen Vergnügen hingab, hätte ich es am liebsten in mich eingesaugt und mit nach Hause genommen. Aber just in dem Augenblick, als ich mich daran klammern wollte, spürte ich einen Hauch Trauer. Ich befand mich nicht länger in der Gegenwart. Also stimmte ich meine Füße auf den Weg und auf meinen Herzschlag ein und genoß wieder diesen köstlichen Moment.

Sie gehen eine Verbindung mit einem Menschen ein, wie er in diesem Augenblick ist. Die Vitalität kann bleiben, wenn Sie sich, Seite an Seite, auf das Abenteuer einlassen und die Veränderungen von Augenblick zu Augenblick genießen, Veränderungen, die unausweichlich eintreten, wenn Sie beide offen für die Reise bleiben. Wir müssen einander jeden Tag neu sehen, mit klarem Blick und offenem Geist, damit wir die Person des gegenwärtigen Tages erkennen, kein Abbild der Vergangenheit.

>»Wir Wanderer, die immer den einsameren Weg suchen,
>beginnen keinen Tag, wo wir den letzten beendet haben;
>und kein Sonnenaufgang findet uns, wo der Sonnenuntergang uns verließ.«
>
>Kahlil Gibran, in: »Der Prophet«

Teil 5

Immer tiefer gehen
und ein dauerhaftes Feuer
entzünden

39. Immer tiefer gehen: Wie man hinter seinen Illusionen die Liebe findet

»Es gibt die materielle und die spirituelle Welt. Dazwischen liegt der universelle Geist, der auch das universelle Herz ist. Jene Liebe ist weise zu nennen, die aus zwei eins macht.«

Sri Nisargadatta Maharaj, in: »Ich bin«

Je tiefer unsere Verbindung wird, desto stärker können wir unser Unbehagen spüren, wenn wir auf dem dünnen Grat zwischen Furcht, Hoffnung und Hingabe wandeln. Wir kennen einander noch nicht gut genug, um eine langfristige Bindung einzugehen, aber unsere Hoffnungen erblühen. Wir tanzen zwischen unserem Wunsch, unser zartes Selbst zu beschützen, und unserem Wunsch, offen genug zu bleiben, um der Beziehung die Bewegung nach vorn zu ermöglichen.

Dieses Leben mit der Ambivalenz ist für viele eine gewaltige Herausforderung. Unsere Erwartungen daran, wie die Beziehung sein sollte, kann bisweilen unsere Fähigkeit blockieren, das zu sehen, was sich wahrhaft entfaltet. Dennoch beobachtet unsere Buddha-Natur ruhig diesen Prozeß. Je mehr wir aus der Essenz leben und anfangen zu glauben, daß es natürlich ist, zu lieben, daß es sicher ist, ehrlich zu sein, und wir im Herzen des geliebten Menschen sind, gleichgültig, was geschieht, desto mehr gleiten die Illusionen von uns ab und desto tiefer öffnen wir uns der Verbindung.

Auf dem spirituellen Weg erinnern und vergessen wir, lieben

und verabscheuen wir, sind wir erregt und frustriert. Wenn wir den Kopf des geliebten Menschen mit einem Heiligenschein umgeben, werden wir uns enttäuscht fühlen, sobald dieser Flecken bekommt und anläuft. Wir empfinden einen heftigen Schock, wenn unser Prinz oder unsere Prinzessin im Straßenverkehr ausflippt, unsere Kleidung kritisiert, Mundgeruch hat, schmollt, sobald wir Freunde besuchen, mehrere Tage lang nicht anruft oder launisch wird. Wir müssen immer daran denken, daß neue Beziehungen genau daraus bestehen und folglich eine Herausforderung für unseren spirituellen Weg sind.

Wenn unsere Vision relativ klar geblieben ist und wir keine Vollkommenheit erwarten, werden uns die Mängel und Schwächen unserer neuen Liebe mehr amüsieren als enttäuschen. Doch auch so stellt sich uns oft die fundamentale Frage: Spiegeln die Dinge, die uns stören, unsere Illusionen und unser Bedürfnis nach Kontrolle, oder sind sie deutliche Hinweise auf Probleme in der Beziehung?

> *»So wie sie (die Liebe) emporsteigt zu deinen Höhen und*
> *die zartesten Zweige liebkost, die in der Sonne zittern,*
> *Steigt sie hinab zu deinen Wurzeln und erschüttert sie in*
> *ihrer Erdgebundenheit.«*
>
> Kahlil Gibran, in: »Der Prophet«

Es ist die Quelle einer wachsenden Beziehung, wenn wir zulassen, in unseren Wurzeln erschüttert zu werden. Wir lassen unsere Illusionen hinter uns und erkennen, daß uns nichts passiert, wenn wir über die eigenen Gefühle reden, Forderungen stellen und manchmal »nein« sagen. Vor allem aber kann uns nichts geschehen, wenn wir »ja« sagen. Das garantiert nicht den Erfolg der Beziehung, aber es hält uns fest auf dem spirituellen Weg. Wenn wir auf unsere inneren Dialoge lauschen, dürfen wir nicht vergessen, daß wir zwei Teilen unserer Persönlichkeit zuhören, die ein Tauziehen veranstalten. Eine Stimme sagt: »Das ist doch kleinlich, sprich es bloß nicht an, es könnte ihn (oder sie) aufregen.« Die andere Stimme meint: »Ich fühle mich nicht wohl dabei, ich muß das jetzt ansprechen.« Wieder einmal stehen Ego und Illusionen feindlich unserem Wunsch gegenüber, aus unserem Wesen heraus zu leben. Wir beobachten und erinnern uns: Es gibt nichts zu befürchten, wenn man sich von der Wahrheit führen läßt. Die Bestandteile für eine Beziehung sind entweder vorhanden oder nicht, und die Wahrheit hilft uns, das so bald als möglich herauszufinden.

Dennoch ist es nicht leicht, die Wahrheit zu erkennen. Es erfordert eine disziplinierte Aufmerksamkeit gegenüber unseren Gedanken und Gefühlen. Manchmal tauchen unsere Wahrheiten in spontanen Geistesblitzen auf. Dann wieder müssen wir hinter das Kreisen unseres Verstandes dringen – hinter die flüchtigen Wünsche, Meinungen und Kritikpunkte, die für den Augenblick real erscheinen – und eine klare Botschaft von einer tiefen, inneren Stille abwarten. Das kann Tage, Wochen oder sogar Monate dauern. Bei der Kunst, der eigenen Wahrheit gemäß zu leben, müssen wir uns immer wieder fragen: »Gründet sich meine Motivation in Mitgefühl?«, »Wann soll ich etwas sagen?«, Wie soll ich es sagen?«, »Soll ich überhaupt etwas sagen?« Manche Wahrheiten werden durch einen liebevollen Blick, eine Berührung, ein Abrücken, ein Zusammenkommen, Warten und Stille übermittelt. Dabei sollten wir stets daran denken, daß das, war wir die Wahrheit nennen, einfach nur unsere Wahrheit zu einem bestimmten Zeitpunkt ist.

Es ist auch hilfreich, sich daran zu erinnern, daß wir in unserem Kampf, unsere Wahrheit zu erkennen, nicht allein sind – wir erforschen die Angst, die Konflikte, die Kämpfe aller Beziehungen. Wenn wir in das gegenseitige Offenlegen eintreten, verbinden wir uns dabei mit allgemeinen menschlichen Erfahrungen. Alle authentischen Beziehungen beinhalten Konflikte und die Herausforderung, bewußt zu bleiben. Wenn Ihnen der Tanz einer neuen Liebe weiche Knie beschert, dann atmen Sie tief durch und tanzen Sie weiter. Denken Sie daran: Sie leben im Herzen des geliebten Menschen. Sie erkennen oder spüren es vielleicht nicht, aber all Ihren Gedanken liegt Ihre helle funkelnde Essenz zugrunde.

Damit wir nicht in Illusionen gefangen bleiben, können wir uns mit einigen einfachen Fragen erden, die uns über die Beziehung nachdenken lassen:

- Zeigen wir beide ehrliches Interesse am Zusammensein – initiiert jeder von uns den Kontakt und verspürt Freude dabei, ein Band zu erschaffen?
- Halten wir beide unsere Absprachen ein – kommen zu Verabredungen, sind pünktlich, erfüllen unsere Versprechungen?
- Hören wir beide einander zu und zeigen Respekt und Rücksichtnahme?
- Teilen wir ein großes Spektrum an Erfahrungen?
- Stellen wir Fragen, damit wir mehr über die Herkunft, die Überzeugungen und Werte des anderen lernen?
- Bin ich mir meiner Reaktionen, Beobachtungen und Eingebungen bewußt?
- Achte ich auf meine Gefühle, Zweifel und Sorgen, und spreche ich sie an, oder erforsche ich sie in mir?
- Welche Rolle spielen Alkohol und andere Drogen in dem Bild? Trinken wir, oder nehmen wir Drogen, um offen zu reden oder Liebe zu machen?

»*Wenn ich dich mit meinen Gefühlen halte,*
wirst du ein erwünschter Gefährte.
Wenn ich dich mit meinen Augen halte,
wirst du alt und stirbst.
Also halte ich dort, wo wir
beide mit dem Unendlichen verschmelzen.«

Rumi

40. Der heilige Kreis aus Anfang und Ende

»Du stöhnst: ›Sie hat mich verlassen. Er hat mich verlassen.‹
Zwanzig andere werden kommen.
Entleere dich deiner Sorgen.
Denke daran, wer den Gedanken erschaffen!

Warum bleibst du in deiner Zelle,
wo doch die Tür weit offen steht?
Laß das Netz aus Sorgendenken hinter dir.

Lebe in Stille.
Ströme entlang in ständig sich erweiternden Ringen des
Seins.«

Rumi

Mit Ende Zwanzig verließ ich eine schmerzliche Ehe. Ich war depressiv und erschöpft gewesen, hatte keinerlei Hoffnung gespürt, daß der Einsatz von noch mehr Energie meine Ehe retten würde. Ironischerweise war die Trennung von meinem Ehemann möglicherweise der beste Teil unserer Beziehung. Die üblichen Fäden, die uns zusammengebracht hatten, die Fürsorge, die wir einst füreinander empfunden hatten, tauchten wieder auf, schufen das starke Verlangen, einander kein Leid zu verursachen. Weil wir damals nicht mit den Türen knallten, konnte ich ihn zehn Jahre später, als ich mich in Therapie befand, anrufen und über einige schmerzliche Ereignisse in unserer Ehe reden. Er war für mich da, verletzlich und ehrlich. Die Heilung ging weiter, die Vergebung wurde vollständig.

Auf der Reise zu unserem geliebten Menschen stoßen wir oft an ein Ende und an einen Neuanfang. Beide sind Teile desselben Kreises. Die Anmut, mit der wir eine Beziehung verlassen, wird uns helfen, das Band sanft zu lösen und loszulassen. Wenn wir uns selbst und unserem früheren Partner vergeben, macht uns das frei, beim nächsten Mal weiser zu lieben. Sollte Vergebung unmöglich erscheinen, dann stellen Sie sich vor, daß Sie Ihren Groll und Ihren Schmerz loslassen. Wenn sich auch das unmöglich anfühlt, erforschen Sie all Ihre Gefühle der Wut, der Trauer und des Schmerzes, damit Sie sie spüren, verstehen und freisetzen können.

Wenn Sie sich weiterhin verbittert, ungerecht behandelt oder als Opfer fühlen, dann müssen Sie die Geschichten erforschen, die Sie sich selbst erzählen. Sie könnten sich fragen: »Welche Rolle habe ich bei der Entstehung dieser Geschichte gespielt?«, »Wie kann ich es vermeiden, dieselben Fehler noch einmal zu begehen?« Als Erwachsene können wir zu uns sagen: »Ich habe diesen Menschen ausgesucht, ich habe diesen Menschen geliebt, ich bin bei diesem Menschen geblieben – was sagt all das über mich aus?« Nur wenn wir den Prozeß des Loslassens vollendet haben, können wir uns mit Klarheit und Offenheit auf einen neuen Partner einlassen. Ansonsten werden wir unser verletztes Herz beschützen, nur mit halbem Herzen lieben und enttäuscht sein, weil wir uns anderen niemals wahrhaft nahe fühlen.

Keine Trennung sollte je als Überraschung kommen. Wenn wir uns nicht zurückhalten und Groll oder Abneigung aufbauen, sondern über unsere Sorgen sprechen und unsere Absicht immer wieder neu prüfen, dann werden beide Partner jederzeit wissen, ob es ein Problem oder die Möglichkeit einer Trennung gibt.

Wenn wir uns im erwachsenen Zustand befinden, werden wir nicht versuchen, jemanden gegen seinen Willen zum Bleiben zu bewegen. Wir würden nicht mit jemandem zusammensein wollen, der nicht von sich aus unsere Nähe sucht.

Der Schlüssel liegt darin, sich daran zu erinnern, daß Menschen einander verletzen, weil sie unbewußt oder unaufmerksam sind. Wenn wir nur begreifen könnten, und sei es auch nur für einen flüchtigen Augenblick, daß wir uns alle lieben würden, wenn wir nur könnten, wenn wir frei wären von dem Panzer, mit dem wir unser Herz beschützen. Wenn uns klar wird, daß der Feind die Unbewußtheit ist, nicht der andere Mensch, dann blasen wir frische Luft in unsere Bitterkeit und schaffen mehr Raum in unserem Kopf und in unserem Herzen.

Obwohl es also mindestens »fünfzig Wege gibt, einen Lover zu verlassen«, gibt es nur eine Form von Mitgefühl. Wenn Sie einander Güte und Verständnis entgegenbringen, wird das die weiche Stelle in Ihrem Herzen und dem Herzen Ihres Partners anrühren und Sie beide frei machen.

41. Die Rolltreppe in den Himmel: betreten, verlassen, bewegen und lernen

> *»Alles in unserem Leben kann uns aufwecken oder uns einschläfern, und im Grunde liegt es an uns, ob wir aufgeweckt werden wollen.«*
>
> Pema Chodron

Manche Menschen lernen und wachsen durch eine einzige Hauptbeziehung, die ein Leben lang hält. Andere lernen durch eine Reihe von Beziehungen. Es gibt hier kein Richtig oder Falsch. Wachstum entsteht, wenn wir unsere Muster erkennen, wenn wir bereit sind, sie zu erforschen und die Handlungsstränge nicht zu wiederholen, die uns behindern.

Sonia stammte aus einer Familie, die sich emotional zurückhielt, und hatte die Überzeugung verinnerlicht, daß sie Liebe nicht verdiene. Im Alter von 38 Jahren hatte sie mehrere schmerzliche Beziehungen hinter sich mit Menschen, die kalt und emotional zurückhaltend waren. »Ich hatte fünf Beziehungen, aber es hätte auch nur eine einzige sein können, so sehr ähnelten sie sich«, klagte sie.

Erst als sie sich einer Therapiegruppe anschloß, sich ihrem eigenen Wachstum verpflichtete, persönliche Grenzen definierte und sich an sie hielt, war sie in der Lage, ihr negatives Muster aufzubrechen. Ich habe im Laufe der Jahre viele Menschen beobachtet, die letztendlich gute Partnerschaften gefunden haben, trotz einer schmerzlichen Geschichte von Mißbrauch oder schädlichen Beziehungen. Sie waren bereit, sich auf jemanden einzulassen, sich selbst zu beobachten, alle Lektionen zu lernen, die sich ihnen boten, und weiterzugehen, wenn der Partner nicht zu ihnen paßte. Sie klammerten sich nicht an mittelmäßige Beziehungen und waren bereit, auch längere Zeiträume allein zu verbringen.

Ein Klient verglich es mit dem Treppensteigen. »Man trifft jemanden, hält sich an seine Grenzen, lernt daraus, und wenn es nicht funktioniert, erklimmt man die nächste Stufe.« Diese Menschen waren bereit, in sich zu gehen und den Schlamm und die Kobolde aufzudecken, die den Weg zur Liebe blockierten. Sie traten mitten hinein in ihre Ängste, ihre Mauern und Blockaden, um die Angst, den Schmerz und die Trauer zu fühlen, die sie als Panzer um ihr Herz geschaffen hatten. Sie suchten Hilfe, damit sie ihre Sorgen hochbringen, sich selbst vertrauen und auf ihre Zweifel hören konnten. Dieser Prozeß dauerte manchmal einige Jahre oder einige Beziehungen, aber letzten Endes waren die meisten von ihnen erfolgreich.

Menschen, die feststecken und versuchen, eine schlechte Paarbeziehung funktionieren zu lassen, ignorieren ihre Beobachtungen und lassen sich von Geschichten wie »Ich muß diese Beziehung am Leben halten, vielleicht finde ich nie mehr jemand anderen« leiten. Sie erkennen problematisches Verhalten schon bei den ersten Verabredungen, aber anstatt es anzusprechen, jammern sie sechs Monate später immer noch darüber oder machen sich selbst etwas vor. Es macht mir nichts aus, wenn er immer zu spät kommt oder betrunken, traurig, rücksichtslos oder geistesabwesend ist. Ich bin nicht wütend, verletzt oder frustriert. Es ist in Ordnung, wenn Sie nie Sex mit mir hat oder ihr meine Wünsche gleichgültig sind. Dann machen sie sich sogar in ihrer Selbsttäuschung noch etwas vor und überzeugen sich davon, daß sie geduldig und fürsorglich seien.

Einige der häufig erzählten Geschichten, mit denen wir uns gern selbst etwas vorlügen:

1. Es wird allmählich besser.
2. Niemand ist vollkommen.
3. Er / sie hatte eine schwere Kindheit.
4. Ich weiß, er / sie liebt mich, er / sie kann es nur nicht zeigen.
5. Er / sie hat so viel Potential. Ich bin sicher, es wird mit der Zeit besser.

Heiraten Sie bloß nie »Potential«, und planen Sie auch nie, jemanden zu ändern. Fragen Sie sich selbst: »Warum sollte es besser werden?«, »Warum sollte sich dieser Mensch ändern?« Verhaltensmuster sind tief in das limbische System des Gehirns eingegraben und werden durch tausend- oder gar millionenfache Wiederholungen verstärkt. Es erfordert schon eine gewaltige Hingabe und immense innere Arbeit, um alte Muster loszulassen – und jede Menge Zeit.

Für eine gesunde Beziehung müssen wir häufig in uns selbst schauen, nicht in den anderen. Mark, ein Klient, erzählte mir: »Ich muß unbedingt mit Vera reden. Sie ist nie pünktlich, sie unterbricht mich ständig, sie flirtet mit anderen Männern, und sie reagiert verletzt, wenn ich keine Lust auf Sex habe. Ich habe diese Dinge wiederholt angesprochen, und nichts hat sich verändert.«

Mark braucht nicht mit Vera zu reden. Er muß mit sich selbst ein Wörtchen wechseln. Warum bleibt er bei einer Person, die so viele Eigenschaften besitzt, die ihn stören? Mitten in all der Diskussion, Therapie und Arbeit an sich selbst kommt eine Zeit, wo man sich sagen muß: »So ist sie eben. Will ich mit ihr zusammensein, so wie sie heute ist, nicht morgen, nicht wenn sich ihr Potential entwickelt hat, nicht in fünf Jahren. Gibt es zwischen uns genug, um genau jetzt eine Beziehung zu haben, und kann ich mit dem Rest einfach leben?«

Wenn Mark sich persönliche Grenzen gesetzt und sich an sie gehalten hätte, wäre die Beziehung zu Vera bereits nach drei Verabredungen zu Ende gewesen. Er hätte seine Problempunkte ein- oder zweimal angesprochen, und wenn sich nichts geändert hätte, wäre er mit ein paar freundlichen Abschiedsworten von dannen gezogen. Wenn wir in einer Beziehung bleiben, von der wir wissen, daß sie nicht paßt, dann wird es unser Problem. Wir müssen uns ständig selbst fragen: »Was muß ich hier lernen?« Für gewöhnlich ist es etwas Tiefschürfendes, beispielsweise »Liebe läßt sich nicht erzwingen« – für viele von uns eine schwere Lektion.

Die Sufis sprechen von Einstimmung. Wenn Sie sich auf eine höhere Energieschwingung einstimmen, indem Sie klar und offen werden, dann können Sie schneller erkennen, ob das Potential für eine gute Beziehung vorhanden ist. Sie werden außerdem von Menschen angezogen, die wachsen und sich entfalten und wahrscheinlich eher ein würdiger Gefährte für Ihre Reise sind.

42. Achten Sie auf die bittersüßen Momente der neuen Liebe

Wir treffen uns seit mehreren Monaten. Wir spüren, daß ein dauerhaftes Feuer zwischen uns entfacht ist, während sich unsere Beziehung immer tiefer in Erfahrung und Vertrauen verankert. Wir haben Auseinandersetzungen durchlebt, wir haben geweint, uns aneinander erfreut und lachen jetzt viel öfter. Er mag dieselbe Musikrichtung in derselben Lautstärke, sie hält sich an Absprachen und Pläne. Bei den Entscheidungen über Kinogehen oder lieber einen faulen gemeinsamen Samstag gibt es Lockerheit und Rhythmus, und plötzlich entdecken wir, es ist ein Uhr nachts und wir haben uns seit zwei Stunden in der Badewanne unterhalten. Sie mag seine Freunde, er überrascht sie mit einer Tigerlilie in einer blauen Vase. Warum fühlen wir dann hin und wieder plötzlich Enttäuschung, wenn uns klar wird, daß dies der Mensch ist, auf den wir gewartet haben?

Alle Entscheidungen, jeder Schritt nach vorn, beinhaltet Verlust. Ich habe diesen plötzlichen Stich der Melancholie im Alter von dreißig Jahren zum ersten Mal gespürt, als ich meinen Traumberuf als Klavierlehrerin an der Ohio University in Athens (Ohio) ausüben durfte. Seit ich sieben war, wollte ich als Klavierlehrerin an einem College arbeiten. Als ich um 14 Uhr den Anruf vom Leiter der Musikfakultät der Ohio University erhielt und mir die Stelle angeboten wurde, war ich überglücklich. Doch um 19 Uhr an jenem Tag fühlte ich mich niedergeschlagen. Es war mir ein Rätsel. Noch am selben Abend erklärte mir ein befreundeter Psychologe auf einer Party den Grund. Es ist ein psychologisches Moment, wenn ein Traum Früchte trägt und wir allen anderen Möglichkeiten entsagen müssen. Wenn ich beschließe, bei diesem einen Menschen zu bleiben, dann sage ich damit auch: »Für mich wird es niemals wieder jemand anderen geben. Ich werde nie wieder den Horizont nach neuen Möglichkeiten absuchen. Es gibt keine Träume mehr, keine Phantasievorstellungen.«

Ich erinnerte mich Jahre später an die Erfahrung mit der Stelle als Klavierlehrerin, als ich eines Morgens beim Aufwachen eine düstere Melancholie verspürte, nachdem ich einen herrlichen Tag mit einer neuen Liebe verbracht hatte. Ich erkannte, daß ich mit eben diesem Menschen – vollkommen, unvollkommen, mit Stärken und Schwächen – zusammensein wollte. Als ich so im Bett lag und mein Herz sich schwer anfühlte, zog mein Ego Vergleiche mit früheren Beziehungen: Er sieht nicht so anbetungswürdig aus wie Noel. Er ist finanziell nicht abgesichert. Nörgel, nörgel, nörgel! Mir wurde klar, daß da meine Angst zu mir sprach, und ich beschloß, sofort mit meiner Buddha-Natur zu reden. Buddha wies mich an, damit aufzuhören, in die Wirklichkeit zurückzukehren, das wunderbare Geschenk eines Menschen anzunehmen, der gut genug war, und einfach mit dem Geschenk seiner Menschlichkeit und dem Potential zur Liebe zu leben.

Jedes Mal, wenn wir eine Tür öffnen, schließen wir eine andere. Es ist zauberhaft, den Sonntagvormittag mit unserer neuen Liebe zu verbringen, Frühstück zu machen und zusammen spazierenzugehen. Aber mitten in unserem Glück verspüren wir möglicherweise eine Sehnsucht nach unserem früheren Sonntagmorgenritual, bei dem wir allein in unserem Lieblingscafé die Zeitung lasen. Wir müssen die Anwesenheit von Erregung und Verlust anerkennen, um ihren Rhythmus als Ebbe und Flut in der neuen Beziehung zu fühlen. Wenn wir versuchen, unseren Verlust zu leugnen, führt das zu Groll, einer nagenden Unzufriedenheit und zu dem Wunsch, sich zurückzuziehen.

Andererseits müssen wir unser Ego auch daran erinnern, daß Liebe bedeutet, unsere eingefahrenen Rituale loszulassen, unsere Vergleiche und unseren Wunsch, das Leben möge sich nicht verändern. Manche Menschen krabbeln für kurze Zeit aus ihrer Schale, um eine neue Beziehung zu schmecken, aber weil sich ihr Ego an Sicherheit, Vorhersehbarkeit und frühere Rituale klammert, beschließen sie, sich wieder zurückzuziehen. Eine Beziehung einzugehen und im Herzen des geliebten Menschen zu leben, bedeutet, daß sich unser Leben verändern wird, unsere Schale wird aufbrechen, und wir werden niemals wieder wie früher sein.

43. Erweitern Sie Ihre Beziehung durch Kreativität und Verspieltheit

Nichts steht still. Was nicht wächst, verkümmert und stirbt. Wenn wir nicht wachsen, bewegen wir uns rückwärts. Wenn wir unsere Beziehung lebendig erhalten wollen, müssen wir erforschen, wie groß unsere Kapazität als Paar ist, Spaß zu haben, Neues auszuprobieren und eine individuelle Sprache der Beziehung zu erschaffen. Jeder Partner kann dazu beitragen, daß sich die Beziehung entfaltet, indem er neue Erfahrungen einbringt und die klare Bitte an den anderen äußert, sich ihm in seinen von Herzen kommenden Wünschen anzuschließen.

Als ich Andrew kennenlernte, den Mann, der mir begegnete, als ich mein erstes Buch beendet hatte, wollte ich zu gern wissen, ob er sich für meine schriftstellerische Arbeit interessierte, denn sie war ein wichtiger Teil meines Lebens. Obwohl er sich beiläufig nach meinem Buch erkundigt und ich vage erwähnt hatte, wie sehr es mir gefiele, wenn er es einmal anlesen würde, geschah gar nichts. Anstatt also zu warten, bis er mich danach fragte, rief ich ihn an und meinte: »Ich wüßte gern deine Meinung über etwas, was ich gerade schreibe. Darf ich dir gleich jetzt ein Kapitel schikken?« Er erklärte sich einverstanden. (Natürlich schickte ich ihm das Kapitel über Sex!)

Damit die Reaktion für ihn leichter war, fügte ich eine Liste mit Fragen hinzu: »Sag mir bitte, welche Teile Dir gefallen, was nicht richtig fließt, was fehlt« und so weiter. Dadurch öffnete ich das Feld, um herauszufinden, ob er sich mir in meiner persönlichen Welt anschließen konnte, etwas, was ich mir von Herzen wünschte. Zu meiner großen Freude las er das Kapitel, gab mir einige hilfreiche Anregungen, und wir führten zu guter Letzt ein inniges Gespräch über Sexualität.

Wenn Sie wollen, daß etwas passiert, dann lassen Sie es passieren. Beklagen Sie sich nicht, daß Sie niemals zusammen kochen, ein bestimmtes Video ansehen oder zum Tanzen gehen. Ergreifen Sie die Initiative, werden Sie aktiv. Menschen, die Resultate erzielen, verstehen es normalerweise hervorragend, konkrete Bitten zu äußern, auf der Grundlage von viel Selbstvertrauen. Es gefällt ihnen, ihren Horizont zu erweitern und zu experimentieren. Sie glauben auch, daß sie verdienen, wonach sie fragen. Menschen, die nicht bekommen, was sie wollen, beklagen sich oft, machen versteckte Andeutungen oder äußern gemurmelte Bitten, und sind dann wütend, wenn ihre Wünsche nicht erfüllt werden.

Denken Sie daran: Es ist von entscheidender Bedeutung, eine konkrete Bitte zu äußern und einen Zeitpunkt vorzuschlagen. »Ich möchte nächsten Freitag abend gemeinsam Abendessen kochen.« »Ich möchte tanzen üben, bevor wir am Samstag ausgehen, damit ich mich auf dem Parkett nicht so unsicher fühle.« »Ich möchte, daß wir einander im Bett Liebesgedichte vorlesen. [Legen Sie ein Buch bereit.]« »Ich möchte, daß wir nächstes Wochenende zusammen zelten.«

Wenn Sie das tun, bekommen Sie ein deutlicheres Bild für das Potential der Beziehung. Wenn Ihre Partnerin darauf antwortet: »Ich will im Bett keine Gedichte lesen, das ist doch albern«, dann wissen Sie, daß sie ohne Gedichtelesen im Bett leben müssen, falls Sie diesen Menschen auswählen. Antwortet Ihr Partner »Ich hasse Zelten«, wenn Sie einen Ausflug ins Freie vorschlagen, dann müssen Sie akzeptieren, daß Sie den Rest Ihres Lebens allein oder mit anderen Menschen zelten werden. Wenn Sie Bitten äußern und beobachten, ob Ihr Partner dafür empfänglich ist, können Sie feststellen, wo Sie sich treffen und wo nicht. Sie werden die positiven Aspekte und die Grenzen im Zusammensein mit diesem Menschen herausfinden und können daraufhin eine auf Fakten basierende Entscheidung treffen.

Eine Variation dieses Themas besteht darin, einfach aktiv zu werden. Nehmen Sie ein Buch mit Liebesgedichten mit ins Bett, berühren Sie Ihren Partner zärtlich, und wenn sich der Zeitpunkt richtig anfühlt, dann lesen Sie ein Gedicht vor. Warten Sie ab, wie Ihr Partner reagiert. Als ich eine Beziehung mit Jessie einging, die sehr praktisch veranlagt schien, dachte ich mir, sie würde es für kitschig halten, wenn ich den Eßzimmertisch mit Blumen, Kerzen und dem guten Silber dekorierte. Doch weil ich gern eine schöne Atmosphäre um mich verbreite, tat ich es dennoch. Zu meiner großen Freude lächelte Jessie, berührte die Blumen und meinte herzlich: »Das ist so herrlich. In meiner Familie wurde das nie gemacht.« Ich las ihr auch die ekstatischen Gedichte von Kabir vor, während sie sich auf unserem gemeinsamen Campingausflug in unserem kleinen Zelt eng an mich kuschelte.

Wenn Sie die Initiative ergreifen, spielerisch und selbstsicher, dann tragen Sie eine funkelnde Energie in die Beziehung hinein und werden zu einem Katalysator für Sie beide, um Neuland zu erkunden.

Doch ist bei diesem Ansatz Vorsicht geboten: Beide Partner müssen ehrlich sein und dürfen Vergnügen oder Freude nicht vortäuschen. Oft probiert man nichts Neues aus, weil einem niemand zeigt, wie man das macht, oder weil man von der eigenen Trägheit blockiert wird, darum ist es ein Segen, wenn einem etwas Neues vorgestellt wird. Dann wieder erkennt man nach einigen Versuchen, daß man einfach kein Interesse an einer bestimmten Sache hat. Wenn Ihr Partner sich Ihnen anschließt, um Ihnen einen Gefallen zu erweisen, sollte er so ehrlich sein und zugeben, daß es etwas ist, was er nicht tun würde, wenn es Sie nicht gäbe.

Wir sollten auch eine Bitte nie gleich abschlagen, außer deren Erfüllung würde unsere inneren Werte verletzen. Denken Sie daran, Ihre neue Liebe öffnet Ihnen das Herz, bittet Sie, an etwas teilzuhaben, was ihr Freude schenkt. Wenn Sie immer »nein« sagen, wird das innere Band schwächer.

Wenn Sie nicht sicher sind, ob Sie an einer Aktivität wirklich teilnehmen wollen, drücken Sie Ihre Zweifel aus, aber schlagen Sie die Tür nicht zu. Vielleicht erleben Sie eine angenehme Überraschung.

Andrew kam zu unserer ersten Verabredung in einem Café im Freien auf einem Motorrad. Einem Motorrad! Mein Klischee von Männern auf Motorrädern war ein Haufen Testosteron, der sich der Welt ankündigte, indem er den Motor aufheulen ließ und damit protzte. Glücklicherweise war ich von Andrew total bezaubert, und obwohl ich an diesem Tag seine Einladung zu einer Fahrt auf dem Motorrad abschlug, verschloß ich die Tür nicht ganz.

Einige Wochen später lud er mich zu einer Fahrt zu einem Wasserfall in den Bergen ein, wo wir wandern wollten. Ich hörte jetzt heraus, wieviel es ihm bedeutete. Als wir die Straße hochfuhren, explodierte ein gewaltiges Lachen in mir. Hier bin ich nun, fast fünfzig Jahre alt, auf einem Motorrad! Wohin wird mich das Leben noch führen? Als ich wieder ruhiger wurde, spürte ich den Fahrtwind in meinem Gesicht. Dann lernte ich langsam, je mehr ich mich entspannte, die ungehinderte Sicht auf die Pinien, das Springkraut und eine Fülle von wilden Frühlingsblumen zu schätzen. Ich möchte nicht behaupten, daß ich zu einem Motorradfan wurde, aber ich stimmte einem weiteren Ausflug zu, und was am wichtigsten war, ich fühlte Freude, daß ich mich Andrew bei etwas anschließen konnte, was er liebte.

Denken Sie also daran: Sie mögen sich ungelenk oder dumm vorkommen, wenn Sie etwas Neues ausprobieren, aber Sie könnten auch viel zu lachen haben, Ihr Herz öffnen, Ihre Vorurteile ablegen und am Schluß einen viel innigeren Tanz mit dem Menschen tanzen, den Sie lieben.

Teil 6

Leben im Herzen des geliebten Menschen:
Wir sind eins

44. Freuen Sie sich an der Geschichte, wie Sie sich getroffen haben

Wenn Sie schon einmal Paaren beim Gesellschaftstanz zugesehen haben, dann wissen Sie, daß es zwar nur eine Melodie gibt, aber jedes Paar einen anderen Fluß, Rhythmus und Rang hat. Das gilt auch für das Eingehen einer Beziehung. Es gibt keine patentierten Sätze oder Fertigkeiten, die Romantik oder eine dauerhafte Beziehung garantieren.

Jedes Paar erschafft eine einzigartige Geschichte, wie es zusammengefunden hat. Eine der größten Freuden bei der Arbeit an diesem Buch, war meine Frage an die Paare, wie sie sich getroffen haben. Die zärtlichen Blicke, das Lachen, das Worteklauben über Details und das Wiedererzählen dieser speziellen Zeit in ihrem Leben spiegelten ihre ganz besondere Reise wider. Wie lautet Ihre Geschichte bislang?

Als ich vor kurzem Shahir, meine Sufi-Lehrerin, und ihren Ehemann Sadiq fragte, was ihre Romanze entfacht hatte, lachten beide herzlich. Sadiq und Shahir kannten sich schon lange als aktive Mitglieder der Friedenstanzbewegung – beide sowohl als Führer wie auch als Teilnehmer. »Ich hielt sie für eine furchtbare und nicht besonders intelligente Frau«, erklärte Sadiq.

»Ich konnte ihn anfangs nicht ausstehen«, meinte Shahir lachend. »Ich dachte, er wäre ein eitler Fatzke, der sich etwas darauf einbildete, wie viele Frauen hinter ihm her waren.«

Sie überquerten die Brücke, als Shahir einen fast tödlichen Schlaganfall erlitt und ihn bat, sie zu besuchen, ohne zu wissen, daß er ein Reiki-Meister mit heilenden Kräften war. Als er zu ihr kam, konnte sie zwar kaum reden, aber sie brachte dennoch die Worte heraus: »Ich möchte etwas von deiner Hitze, deinem Feuer.«

»Ich brauchte Heilung, und er brauchte jemanden, der ihm half, seine Talente als Heiler zu entwickeln, darum paßten wir gut zusammen. Ich konnte kaum sprechen, weil ein Teil meines Gehirns nicht funktionierte, darum konnte ich nur akzeptieren, was er gab, und das war für uns beide sehr befreiend.«

Nach sechs Wochen wurden die beiden ein Liebespaar. »Genau das wollte ich eigentlich«, sagte Shahir. »Sex. Ich war 28 000 Meilen von meinem Körper entfernt, und ich wollte die Lebendigkeit und die Verbindung von Sex und Intimität, um wieder in mich selbst zu kommen. Als ich beinahe gestorben wäre, war mir eines klar geworden: Wenn man lebt, dann soll man genau das tun – leben. Es gibt noch genug Zeit, um tot zu sein.« Sie lachte wieder. Die Beziehung zwischen Shahir und Sadiq erblühte zu einer beständigen Liebe.

Maggie, eine warmherzige Frau, zog nach Wyoming, wo sie sich nach Ed erkundigen sollte, dem Freund eines Freundes. Sie rief Ed an und fragte, ob sie sich »seiner Gang« anschließen könnte, um an einem Freitagabend ins Kino zu gehen. Er sagte: »Klar.« Sie initiierte noch einige Male den Kontakt und spürte eine wachsende Anziehung, bevor er ihre Gefühle schließlich erwiderte. Sobald er Interesse zeigte, hielt Maggie sich zurück, um festzustellen, ob er den nächsten Schritt wagen würde. Innerhalb von vier Monaten zogen sie zusammen und haben seitdem ein Haus gebaut und einen Hochzeitstermin festgesetzt. Das wäre nie geschehen, wenn Maggie nicht den ersten, zweiten und dritten Kontakt in die Wege geleitet hätte. Als sie ihn später fragte, warum er so lange brauchte, um sich ihr zu offenbaren, sagte er, er habe sich nicht vorstellen können, daß eine so umwerfende Frau etwas von ihm wollte.

Ich war erstaunt, wie oft Menschen auf den ersten Blick wußten, daß sie die Person getroffen hatten, die sie heiraten wollten.
Das wurde mir durch Barry Sinrods und Marlo Greys Buch »Just
Married« bestätigt, in dem faszinierende Daten über frischverhei-
ratete Paare vorgestellt werden. 68 Prozent der befragten Männer
und 41 Prozent der befragten Frauen sagten, es sei Liebe auf den
ersten Blick gewesen. Das erinnerte mich an ein Gespräch mit
Margie und Stan, einem lebendigen, attraktiven Paar, das ich in
einem nahe gelegenen Fitneßclub getroffen hatte. Ich saß neben
Margie auf einem Standfahrrad, als sie mir ihre Geschichte erzählte, die 48 Jahre zurückreichte.

»Es war mein erstes Semester am College, als eine Freundin zu
mir kam ›Da ist ein Junge, der dich ausführen möchte‹, sagte sie.
›Keine Verabredungen mit Unbekannten‹, erklärte ich ihr unmiß-
verständlich. ›Ich gehe nicht mit Leuten aus, die ich nicht kenne.‹
Die Freundin blieb hart. ›Er ist wirklich nett und will dich unbedingt kennenlernen.‹ ›Nein, kein Interesse‹, beharrte ich. Nach
zwei Monaten und zahllosen Anfragen gab ich schließlich nach.
›Na gut, dann gehe ich eben mit ihm aus.‹ Die Verabredung war
ganz nett, aber sonderlich interessiert war ich nicht.«

»Und was geschah dann?« wollte ich wissen.

Sie grinste. »Er war ausdauernd. Also ging ich weiter mit ihm
aus.«

»Gab es einen Zeitpunkt, wo Sie sich in ihn verliebt haben?«

»Nein, es wurde nur immer besser, und allmählich erkannte
ich, daß ich mit ihm zusammensein wollte.«

»Wo hat er Sie zum ersten Mal gesehen?« fragte ich.

Sie lachte wieder. »Er sah, wie ich den Englischunterricht verließ, und sagte zu seinem Freund: ›Ich bin eben der Frau begegnet, die ich heiraten werde.‹«

Ob Sie die erste Verabredung initiierten, ob Sie gefragt wurden, sich per Anzeige oder bei einem Rendezvous mit einer/m

Unbekannten trafen oder während Sie Ihren Hund Gassi führten oder ob Sie plötzlich eine kosmische Verbindung zu einem alten Freund spürten – die Geschichte, wie Sie diesen speziellen Menschen getroffen haben, ist einzigartig und etwas Besonderes. Versuchen Sie nicht, sich in eine Gußform einzupassen. Lassen Sie sich von der Geschichte schreiben.

45. Kleine Verpflichtungen: das tägliche Brot der Intimität

»Von Zuckerrüben Zucker
Vom Kokon einer Raupe Seide.
Sei geduldig, wenn du kannst, und aus sauren
Trauben entsteht etwas Süßes.«

Rumi

Wahre Verpflichtung stammt aus dem Herzen und kann nicht erzwungen werden. Wir »gehen« keine Verpflichtung ein, wir werden vielmehr von dem Wunsch geleitet, unser gegenseitiges Band zu vertiefen. Verpflichtungen schaffen einen schützenden Bereich um ein Paar, damit es seine Konflikte hochbringt, seine Sexualität erforscht, Fragen stellt und das Innenleben offenlegen kann. Beim Zusammenbleiben ohne irgendeine Vereinbarung, und sei es nur für vier Monate oder ein Jahr, neigen die Menschen dazu, sich selbst zu schützen, indem sie sich zurückhalten. Das ist ein biologischer Überlebensmechanismus.

Kleine Verpflichtungen können völlig unterschiedlich ausfallen. Wir können uns verpflichten, uns nicht mehr mit anderen zu verabreden, monogam zu leben und uns nicht zurückzuziehen, wenn Probleme auftauchen, über die man sprechen muß. Wir erklären uns einverstanden, die Wochenenden zusammen zu verbringen oder gegenseitig an den Lieblingsfreizeitbeschäftigungen unseres Partners teilzunehmen. Verpflichtungen sind eine Möglichkeit, eine Beziehung zu definieren.

Zu mir sind schon frischgebackene Paare zur Beratung gekommen, die keine Definition ihrer Beziehung besaßen. Ich fragte: »Haben sie Sex?« Sie nickten. Ob sie sich einverstanden erklärt hatten, monogam zu leben? Sie warfen sich fragende Blicke zu. »Ich nehme schon an«, sagte dann einer. Der andere nickte: »Na ja, weitestgehend.« Wenn ich sie bat, ihr Maß an Verpflichtung zu beschreiben, bekam ich häufig äußerst widersprüchliche Antworten oder Kommentare wie »Wir wollen unsere Spontaneität nicht verlieren«.

Normalerweise verschleiern die Menschen ihre Grenzen – aus Furcht, daß sich der Partner, wenn man ihn um eine Verpflichtung bittet, verweigert; aus Furcht, seine Zusagen nicht halten zu können oder in der Beziehung »aufgefressen« zu werden. Die Fähigkeit zur Verpflichtung ist verwandt mit dem Maß an Differenzierung. Weil Menschen, die gut differenziert sind, sich in einer engen Beziehung zu anderen besser zu behaupten vermögen, fühlt sich für sie Verpflichtung wie die Freiheit an, tiefer zu gehen, ein Band zu spüren und sich selbst zu erforschen.

Einem anderen Menschen gegenüber Zusagen zu machen, ist immer auch die Verpflichtung, uns selbst zu kennen und das zu tun, was nötig ist, um unsere Vereinbarungen zu halten. Wenn wir versprechen, die Wahrheit zu sagen, dann verpflichten wir uns zu einem hohen Maß an Bewußtheit. Wir sind dann bereit, uns jeder Angst zu stellen, die uns davon abhält, die Wahrheit zu sagen.

Ein weiterer Aspekt der Verpflichtung ist der, daß man die Beziehung engen Freunden und Familienangehörigen bekanntmacht. Wenn wir anderen von der Beziehung erzählen, wird sie für uns selbst realer. Das eröffnet den Partnern auch die Möglichkeit, als Paar zu gesellschaftlichen Anlässen eingeladen zu werden. Wenn Ihr Partner nicht will, daß Freunde und Familienangehörige von Ihrer Beziehung erfahren oder mit Ihnen nicht als Paar gesellschaftlich verkehren will oder wenn Sie sich wie ein wohlgehütetes Geheimnis vorkommen, dann sind Sie wahrscheinlich mit jemandem zusammen, der nicht in der Lage ist, eine spirituell zentrierte Beziehung einzugehen.

Eng verwandt mit der Verpflichtung ist das Einhalten von Absprachen. Absprachen einzuhalten ist das Merkmal einer Person, die weiß, wer sie ist. Eine bewußte Person weiß, ob sie gern Mittagessen würde oder nächsten Samstag ins Kino gehen, und kann den Weg dafür freimachen. Absprachen zu treffen bietet darüber hinaus eine gute Gelegenheit, um unsere Fähigkeit auf die Probe zu stellen, das zu tun, was wir sagen.

Menschen, die ständig Vereinbarungen brechen und dann eine ganze Litanei von Ausreden auffahren, sind schlechte Kandidaten für eine Beziehung, gleichgültig wie blumig die Liebeserklärungen ausfallen mögen, die sie Ihnen ins Ohr flüstern. Wenn Sie fortfahren, mit jemandem auszugehen, der Vereinbarungen bricht, dann müssen Sie sich selbst fragen: »Warum bleibe ich bei jemandem, der so unzuverlässig ist?« Wenn er / sie etwas so einfaches wie eine Verabredung für Freitag abend nicht einhalten kann, was hält dann die Zukunft bereit?

In einer ausgeglichenen Beziehung werden beide Partner aktiv das Maß der Hingabe definieren. Ausflüchte hinsichtlich der Verpflichtung können eine Ambivalenz gegenüber dieser speziellen Beziehung anzeigen oder das Problem, sich überhaupt jemandem zu verpflichten. Obwohl Sie feste Zusagen nicht erzwingen können – sie müssen von Herzen kommen –, sind sie dennoch die Voraussetzung, um sich nach vorn zu wagen und Intimität zu schaffen. Ohne sie verharrt man in der Schwebe und vertieft sein Verhältnis höchstwahrscheinlich nie. Wir sind häufig versucht, uns aus dem herauszureden, was wir sehen, aber wenn wir bei jemandem bleiben, der hinsichtlich der Beziehung keine Verpflichtungen eingehen will, dann gleiten wir in Illusionen ab und verlieren unseren Weg. Beziehungen sollen Liebe, Kreativität, Freude und Wachstum zelebrieren und keine endlose Erfahrung von Schmerz, Unglück und Einsamkeit sein. Das Leben erteilt uns ohnehin genügend schwere Lektionen.

Manchmal drängen Menschen aus Verzweiflung zu Verpflichtungen. Sie wollen das Unbehagen des gegenseitigen Kennenlernens überspringen und gleich sagen »Wir sind Partner« oder »Wir sind verlobt«, weil es das illusorische Gefühl der Sicherheit vermittelt.

Wenn jemand zu früh auf Verpflichtungen drängt, spiegelt das eher Unsicherheit und Verzweiflung wider als Liebe. Denken Sie daran, man kann eine Verpflichtung nicht erzwingen, denn sie muß dem Wunsch entstammen, tiefer in die Beziehung einzudringen. Wenn eine Verpflichtung nicht von diesem Wunsch angetrieben wird, ist sie nur vorgetäuscht.

Der Vorgang der gegenseitigen Verpflichtung kann eine Mischung aus Freude und Frucht hervorrufen. Im einen Augenblick sind Sie begeistert bei dem Gedanken an eine langfristige Beziehung, im nächsten haben Sie vor Furcht regelrechte Aussetzer: »O mein Gott, es ist real.« Wenn Sie merken, daß es Sie auf diese Weise überkommt, dann müssen Sie Ihre Angst einatmen. Fragen Sie sich selbst: »Gründet meine Angst in der Realität?«, »Ist hier etwas falsch, oder schlägt in mir ein ängstliches Herz, das sich die Geschichte ›Es ist gefährlich zu lieben, sich nahezukommen, von jemandem wirklich geliebt zu werden‹ erzählt?« Wenn die Furcht anhält, sehen Sie zu, ob Sie sich von allem befreien können, was im Weg steht, damit Sie Ihre Vision klären und eine weise Entscheidung fällen.

Wenn Sie gegenseitig Verpflichtungen eingehen, Ihre Absprachen halten und gern zusammen sind, dann haben Sie weit mehr als einen Anflug wilder Romantik und nähren sich von dem täglichen Brot einer dauerhaften Beziehung.

46. Machen Sie Inventur: Hören Sie auf Ihre Buddha-Natur

Wahre Hingabe wird aus Wissen geboren. Wir können nicht »ja« zu etwas sagen, das wir nicht kennen. Je mehr Zeit Sie mit Ihrer neuen Liebe verbringen, desto natürlicher ist es, über eine feste Bindung nachzudenken. Wenn Sie in diese Richtung gehen, müssen Sie unbedingt eine »Inventur« Ihrer Beziehung machen, achtsam sein. Ich habe einige Gedanken aufgeführt, die Ihnen helfen, all Ihre Gefühle zu erforschen, damit Sie die bestmögliche Entscheidung treffen können.

Ziehen Sie sich in Ruhe zurück. Denken Sie alles durch, was Ihren Partner betrifft – Ihre Zweifel, Ihre Ängste und Ihre Freuden. Schreiben Sie alles auf, dann setzen Sie sich in Ruhe hin und hören auf das, was hochkommt. Schreiben Sie weiter, bis Sie das Gefühl haben, alle Ihre Gedanken notiert zu haben und Ihr Geist ruhig wird.

Sie können sich aber auch zu den folgenden Gesichtspunkten Ihrer Partnerschaft selbst Punkte von 1 (niedrig) bis 10 (hoch) geben. Schreiben Sie die Zahl auf, die Ihnen zuerst in den Sinn kommt, und lassen Sie sich überraschen. Seien Sie ehrlich. Wenn Sie sehr hohe oder sehr niedrige Punktzahlen vergeben wollen, um die Extreme aufzuzeigen, kann auch das interessant sein.

Sie sollten außerdem Ihre anderen Sorgen, Freuden und Gedanken aufschreiben – alles, was Ihnen einfällt.

Das also ist das Bild Ihres künftigen Partners. Sind Ihnen Zahlen in den Kopf geschossen, die viel höher oder niedriger ausfie-

Partner/in   /   Ich

_____ / _____   1. Es macht Spaß, mit ihm/ihr zusammenzusein.

_____ / _____   2. Er / sie initiierte unsere Verabredungen.

_____ / _____   3. Ist der Monogamie verpflichtet / kann monogam leben (falls Sie das wollen).

_____ / _____   4. Er / sie ist seiner / ihrer spirituellen Reise verpflichtet, kann reflektieren.

_____ / _____   5. Er / sie hat Einsicht in das eigene Verhalten, ist ehrlich.

_____ / _____   6. Zuverlässigkeit / Verantwortungsbereitschaft: Er / sie ist pünktlich, hält Absprachen ein.

_____ / _____   7. Er / sie betreibt gern mit mir zusammen Hobbys und andere Aktivitäten.

_____ / _____   8. Er / sie ist ernsthaft an dem interessiert, was mir wichtig ist, stellt Fragen, reagiert.

_____ / _____   9. Die Stärke der sexuellen Anziehung.

_____ / _____ 10. Er / sie ist beim Liebesspiel präsent und aufmerksam, falls schon Sex stattfand (höchste und niedrigste Punktzahl).

_____ / _____ 11. Er / sie ist in der Lage, über Konflikte zu sprechen und gemeinsam Lösungen auszuarbeiten.

_____ / _____ 12. Er / sie zeigt die Fähigkeit, sich selbst zu hinterfragen.

_____ / _____ 13. Er / sie entschuldigt sich bei Verspätung oder sonstiger Unaufmerksamkeit.

_____ / _____ 14. Ihre Gefühle für diesen Menschen ganz allgemein und wie stark Sie sich zu ihm hingezogen fühlen.

_____ / _____ 15. Ihre Vorhersage für den Erfolg dieser Beziehung.

len, als Sie das wollten? Konnten Sie bei sich dem Drang ertappen, Ihre Antworten zu »frisieren«? Wie fühlt es sich an, wenn Sie Ihre Antworten durchlesen? Analysieren und rationalisieren Sie nichts. Lassen Sie einfach nur das Gefühl zu. Telefonieren Sie nicht, trinken Sie keinen Kaffee, und spülen Sie nicht ab. Sitzen Sie einfach nur da, und machen Sie Inventur.

Nehmen Sie sich jetzt die Liste noch einmal vor, und geben Sie sich selbst Punkte. Wie sieht das Bild aus, wenn Sie die beiden Antwortlisten miteinander vergleichen? Es kann auch faszinierend sein, wenn Sie beide an dieser Liste arbeiten und die Ergebnisse dann vergleichen.

Wenn Sie über eine Bindung an einen bestimmten Menschen als Lebens- oder Ehepartner nachdenken, dann müssen Sie mit jeder Zelle Ihres Körpers akzeptieren, daß Sie diesen Menschen genau so nehmen, wie er in diesem Augenblick ist. Wenn jemand beispielsweise seine Gefühle nicht gut ausdrücken kann, respektieren Sie diese Eigenschaft jetzt und für immer. Versprechen Sie sich selbst, nicht ständig darauf herumzureiten. Wenn Ihr Partner viel Zeit für sich braucht, dann akzeptieren Sie dieses Bedürfnis und gehen Sie davon aus, daß dieses Verhalten so bleibt. Erwarten Sie, daß alles so weitergeht wie bisher. Ist das für Sie in sechs Monaten auch noch in Ordnung? In einem Jahr? In fünf Jahren? Es scheint ein Widerspruch in sich, eine dauerhafte Entscheidung nur auf dem gegenwärtigen Moment zu gründen, wo doch Unbeständigkeit eines der Grundprinzipien im Buddhismus ist. Der Punkt ist der: Wenn wir eine Entscheidung treffen wollen, die auf der Wirklichkeit basiert, müssen wir akzeptieren, daß wir für immer so sein werden, denn die Gegenwart ist die einzige Wahrheit, die wir haben. Ansonsten gründet Ihre Entscheidung nur auf Projektionen und Wunschdenken.

Die Punktezahl kann sehr hoch ausgefallen sein und Ihnen Zuversicht vermitteln, oder sie weckt ernste Zweifel in Ihnen und in Ihrem Partner. Wenn Sie sich unwohl fühlen, sprechen Sie offen miteinander über Ihre Befürchtungen, warten Sie einige Wochen, und gehen Sie die Liste erneut durch. Vielleicht wäre es auch ratsam, eine Partnerschaftsberatung aufzusuchen, um an den Schwierigkeiten oder Problempunkten zu arbeiten. Es kann besser werden oder schlechter. Suchen Sie Zuflucht im Buddha, indem Sie sich daran erinnern, daß Ihre Freude und Ihr Seelenfrieden davon abhängen, sich selbst treu zu bleiben und konsequent auf dem Weg der Freundlichkeit und des Mitgefühls zu schreiten. Legen Sie die Listen zur Seite, lehnen Sie sich zurück, atmen Sie, und lauschen Sie aufmerksam auf diesen stillen, leisen Ort der Weisheit: Ihre Buddha-Natur.

47. Die große Verpflichtung: die »Samaya-Ehe«

»Gelübde verpflichten uns der vor uns liegenden Arbeit, psychologisch und spirituell. Sie bestehen darauf, daß wir Gnade und Bewußtheit kultivieren. Daß wir die Arbeit tun, die nötig ist, um alles zu geben, was wir sind.«

Stephen und Ondrea Levine, in: »In Liebe umarmen«

Unsere Hingabe an unseren Gefährten ist eingebunden in unserer Hingabe an den spirituellen Weg. Wir legen das Gelübde ab, alles zu tun, was nötig ist, um in der Beziehung präsent zu sein, und das kommt dem Gelübde gleich, für uns selbst präsent zu sein. Pema Chodron bezeichnet Samaya, einen buddhistischen Ausdruck, als »Ehe mit der Wirklichkeit«:

»Wenn wir von Hingabe sprechen, dann meinen wir im Fall von Samaya die völlige Hingabe: die absolute Hingabe an geistige Klarheit, die absolute Hingabe an unsere Erfahrung, eine bedingungslose Beziehung mit der Realität. Unsere tiefste Hingabe ist unsere Hingabe an die Wirklichkeit....
In jeder Beziehung besteht die Herausforderung darin, nachzugeben, unsere Art, die Dinge zu tun, aufzugeben und uns nicht zu trennen, wenn wir uns bedroht fühlen. Im Grunde besteht die Herausforderung darin, echt zu sein –
unser klopfendes Herz oder unsere weichen Knie zu spüren und nicht locker zu lassen. Kurz gesagt, nur wenige von uns

begeben sich jemals in eine Situation, die nicht zumindest
einen winzig kleinen Ausgang hat, einen Ort, an den wir
verschwinden können, wenn wir müssen.«

Pema Chodron

Je umfassender Sie alle Fluchtwege versperren und Ihre Augen und Ihr Herz dem geliebten Menschen öffnen, desto größer ist die Chance auf eine dauerhafte, beständige Vereinigung. Wenn Sie sich der Wirklichkeit verpflichten und wachbewußt bleiben, dann werden Sie die Zuflucht des Dharma erleben, der Wahrheit, des Lichtes.

Was für ein Segen, wenn zwei Menschen einander in Harmonie sagen können: »Du bist der Mensch, den ich mir als Liebhaber wünsche, als ganz besonderen Partner, als Gefährten auf meiner Reise, als den Menschen, den ich liebe. Ich werde mich dir und uns ganz hingeben. Ich will die Tür für alle anderen schließen. Ich akzeptiere dich mit all deinen Unvollkommenheiten. Ich akzeptiere dich mit all deiner Schönheit, deinem Wunder und deiner Kraft.«

Wie wäre es, wenn wir sagen würden: »Ich bin hier, ich werde präsent bleiben und nicht davonlaufen, wenn es hart auf hart kommt«? Wie wäre es, wenn wir all unsere kleinen Rituale und Verstecke aufgeben würden, die wir als Fluchtmöglichkeiten offenhalten und statt dessen mit ganzem Herzen eintauchten? Wie wäre es, unser Herz vollständig zu öffnen und nicht in der Sicherheit der Zurückhaltung, der Verstecke und der Heimlichkeiten zu schwelgen?

»Samaya bedeutet, nichts zurückzuhalten, uns keine
Fluchtrouten zurechtzulegen, nicht nach Alternativen zu
suchen, nicht zu glauben, daß noch reichlich Zeit bleibt, die
Dinge später zu erledigen. ... Es macht uns weich, damit
wir uns nicht selbst täuschen können.«

Pema Chodron

In einer hingebungsvollen Beziehung gehen wir auf unsere Ängste zu, wir atmen sie ein, wir praktizieren Tonglin. Wir öffnen uns. Durch bedingungslose Ehrlichkeit mit diesem einen Menschen gelangen wir an den Punkt, wo wir bedingungslose Ehrlichkeit mit der Welt, mit allen Menschen pflegen, oder – wie die Sufis sagen würden – durch die gegenseitige Liebe von ganzem Herzen wird unsere Liebe größer und umfaßt alle Menschen. Wenn wir ganz in der Jetztzeit leben, entwickeln wir ein erhöhtes Bewußtsein für Geschmack, Geruch, Klang, Farbe, Schönheit und Berührung. Wir genießen die Sinnlichkeit, über eine samtene Oberfläche oder die Haare unseres geliebten Menschen zu streichen, eine einzelne Rose zu betrachten, den Duft von Knoblauch beim Kochen einzuatmen, dem Atem unserer Partnerin zu lauschen, wenn sie einschläft. Wir sind auf den Augenblick eingestimmt, vibrierend, lebendig.

Eine langfristige Beziehung einzugehen heißt, ein heiliges Fest zu feiern. Sie könnten ein Ritual erschaffen, ein paar Freunde einladen, einen Wochenendausflug unternehmen, Ihre Verlobung bekanntgeben, Ringe tauschen – was immer sich für Sie beide richtig anfühlt. Aber vor allem genießen Sie das Gefühl in Ihrem Herzen. Sie sind auf dem spirituellen Weg gegangen, und jetzt haben Sie als Geschenk erhalten, daß jemand Ihre Reise mit Ihnen weiterführt.

48. Wenn nichts funktioniert: Denken Sie daran, daß Ihre Gefährten Geschenke des Universums sind

»Ein jegliches hat seine Zeit, und alles Vorhaben unter dem Himmel hat seine Stunde.«

Prediger 3,1

Manchmal öffnen wir unser Herz, verabreden uns mit vielen Menschen und bleiben unserem Weg treu, und doch läuft uns kein Gefährte über den Weg. Das stellt unseren Glauben auf die Probe und unsere Fähigkeit, das zu akzeptieren, was uns zugeteilt wird. Wenn Sie sich entmutigt fühlen, können Sie sich immer noch daran erinnern, daß dem Leben ein Geheimnis innewohnt, das unser Verständnis übersteigt. Letztendlich sind Gefährten ein Geschenk des Universums. Es kann durchaus alles in Ordnung sein – es gibt keine tiefsitzende Blockade, kein Problem, nichts, was Sie hätten anders tun können. Es ist – aus keinem besonderen Grund – einfach noch nicht die Zeit für Sie. Ihr Weg besteht jetzt darin, Akzeptanz zu finden, Frieden mit sich selbst zu schließen.

Es gibt unterschiedliche Ansichten, warum wir einen Partner finden oder auch nicht: Einige glauben, das habe mit Karma oder dem Willen Gottes zu tun, andere halten es einfach für einen Zufall. Was immer Sie glauben, in Wahrheit haben wir schlicht und ergreifend nicht die volle Kontrolle. Wenn wir das akzeptieren, finden wir Frieden.

Vielleicht ist jetzt einfach die Zeit, in der Sie Ihre Reise allein fortsetzen sollen. Vielleicht ist es die Zeit für Sie, sich an ein Pro-

jekt zu wagen, wieder zur Schule zu gehen oder eine neue Fertig-
keit zu erlernen – mit der Freiheit und der ungestörten Kon-
zentration, die möglich ist, wenn man allein ist. Was auch immer
der Grund sein mag, warum noch kein Gefährte für Sie aufge-
taucht ist, Sie müssen nicht allein sein. Sie sind der Gefährte in
Ihrem Leben. Sie sind ein Kind des Universums, ein Kind des Geistes.

Denken Sie an die Worte des heiligen Franz von Assisi: »Mach
mich zu einem Werkzeug deines Friedens.« Die glücklichsten
Menschen, die ich kenne – ob alleinstehend oder mit Partner –
haben es sich zu einem Anliegen gemacht, das Leiden in der Welt
zu lindern. Sie pflegen Gärten, besuchen die Kranken, helfen bei
kommunalen Projekten und strahlen einen funkelnden Geist
aus.

Letztendlich geht es im Leben um das Wissen, wer wir sind.
Die Antwort versetzt uns in die Lage, den unerklärlichen Rhythmus und Puls unserer Reise zu akzeptieren. Von der Frage »Warum ich?« drängt es uns zum Nachdenken über unser Los. Wir lernen zu sagen: »Das ist jetzt mein Leben. Was kann ich daraus
machen? Was kann ich daraus lernen? Wie kann ich Freude empfinden?« Wir bestehen alle aus derselben Substanz, sind alle Teil
derselben kosmischen Essenz, all dessen, was ist. Nur unsere Illusionen bescheren uns das Gefühl, getrennt und allein zu sein.

Als meine Sufi-Lehrerin Shahir ihren beinahe tödlichen
Schlaganfall erlitt, verließ sie ihren Körper und bewegte sich auf
das Licht zu, bevor sie sich sagte: »Ich muß wieder zurück, ich
habe vier Kinder.« Sie erzählte mir:

*»Während des Schlaganfalls ging ich zu dem Ort der Leere.
Da war ich nun in der Leere und sah einen Punkt aus Licht
da draußen und einen Punkt aus Licht hier drinnen, und
ich erkannte, es war meine Seele. Es gibt keine Dualität,*

*keine Trennung, von gar nichts. Es gibt kein »hier drin« und
»da draußen«, weil alles eins ist. Wir sind das Licht, und
wir sind die Dunkelheit, das ist der Punkt der Hingabe.
Ich entdeckte, daß wir immer in der Liebe sind, wir baden
darin.«*

49. Der süße Geschmack: Denken Sie daran, Sie sind die Liebe, der Liebende und die Geliebte

Wenn Sie gesegnet sind und einen Menschen finden, den Sie lieben, schauen Sie ihm / ihr sanft in die Augen, berühren Sie ihn / sie zärtlich, blicken Sie in das Herz dieses besonderen Wesens, das sich dieselben Dinge wünscht wie Sie – verstanden, geliebt und respektiert zu werden, einen Sinn und sich selbst zu finden.

Sie haben nun einen Lebensgefährten, einen Schutz vor dem Sturm, einen Gefährten, einen Helfer, Liebhaber und Freund. Sie haben auch einen Sparringpartner, der Ihnen helfen wird, mehr über Konflikte, Toleranz, Mitgefühl und Vergebung zu lernen. Sie werden immer mehr Aspekte Ihrer selbst entdecken, die alle Teil Ihrer Buddha-Natur sind. Begrüßen Sie alles, was aus Ihrem Herzen kommt, so wie Sie Ihren geliebten Menschen begrüßen – offen, ehrlich und furchtlos.

Je wacher Sie werden, desto mehr wird die Vitalität und Freude Ihrer Beziehung auch die Vitalität und Freude von Ihnen beiden widerspiegeln. Indem Sie Ihre Verbindung ehren, einander richtig lieben und fest in der Realität des Augenblicks verwurzelt bleiben, öffnen Sie sich selbst für die transzendierende Liebe, die zwischen Ihnen und allem um Sie herum herrscht. Einen Menschen gut zu kennen heißt, alles zu kennen – eins zu werden mit der Liebe, mit allen Liebenden und mit Ihrem geliebten Menschen. Im Laufe der Zeit werden Sie sich immer tiefer aufeinander einstimmen, werden eine ganz eigene Harmonie erschaffen, eine

Sprache Ihrer besonderen Verbindung. Es eröffnen sich große Schätze, wenn der Fluß des Geistes zwischen zwei offenen Herzen strömt und ihnen erlaubt, zu geben und zu nehmen und sich im mystischen Herzen des geliebten Menschen zu vereinen.

Vor kurzem nahm ich an der Sufi-Hochzeit von Shahir und Sadiq teil, die ich an früherer Stelle schon erwähnt habe. »Wir haben beschlossen zu heiraten, weil wir wußten, daß wir in dem dritten Körper leben wollten, der durch die Vereinigung erschaffen wird«, erzählte mir Shahir.

Ihre Hochzeit war integraler Bestandteil eines Sufi-Wochenendretreats mit dem Titel »Wie feiern wir?«, der in einem kirchlichen Freizeitlager am Lake Coeur d'Alene in Idaho stattfand. Es war ein Jahrestreffen, zu dem ein enger Kreis von Menschen auf dem Sufi-Pfad kamen und andere, die die Liebe zu den Tänzen des universellen Friedens teilten und gerne am Wochenende ein Retreat besuchten.

Die einzige Planung für die Hochzeit war das Festsetzen der Zeremonie für Samstag vormittag. Ansonsten gab es keine Einladungen und keine formellen Arrangements. Wer immer an dem Wochenendretreat teilnahm, war automatisch eingeladen. Die Vorbereitungen für die Hochzeit dauerten weniger als zwei Stunden. Die Frauen sammelten Zweige, Strauchwerk und Blumen, kombinierten sie mit langen Seidentüchern und schmückten damit die Ecke des großen Speisesaals.

Die Zeremonie begann im Freien. Die Männer formten eine Gruppe, die Frauen eine andere, geschmückt mit Tüchern, Chiffon und Blumenkränzen. Beide Gruppen trugen Trommeln. Dann näherten sich die beiden Gruppen prozessionsartig, die Männer kamen aus dem Wald über ein Feld, schritten gemächlich zum Rhythmus der Trommeln und trafen auf die Frauen, die vom nahe gelegenen See kamen – strahlend, fröhlich, alle von uns voll der Erfahrungen aus zwei Tagen Tanz und Sufi-Übungen. Als die beiden Gruppen aufeinandertrafen, verschmolzen die Trommeln zu einem einzigen Rhythmus.

Shahir und Sadiq traten Arm in Arm in den »Hochzeitsraum« unter einem Bogen aus Händen und sangen »Gunga ki Jai Jai«, das vom Zusammenfluß von zwei Flüssen zum Ganges erzählt. Alle von uns tanzten in Schlangenlinien, Arm in Arm, schlängelten uns hinein und hinaus und formten Bögen mit unseren Armen, damit die anderen darunter hindurchtanzen konnten. Schließlich setzten sich Shahir und Sadiq einander gegenüber vor den »Altar«. Der Altar war ein Tisch, der mit einem goldenen Tuch bedeckt und von neun Kerzen geschmückt war. Acht von ihnen symbolisierten jeweils eine der großen spirituellen Traditionen der Erde – darunter die christliche, jüdische, buddhistische, hinduistische, muslimische und parsische sowie die Eingeborenenreligionen und der Glaube an die Göttin. Eine Kerze nach der anderen wurde entzündet, während ein Mitglied der Hochzeitsfeier aus den Schriften der jeweiligen spirituellen Tradition vorlas. Dem folgte ein Friedenstanz von allen Teilnehmern und Teilnehmerinnen in einem Kreis um die Braut und den Bräutigam, die dabei saßen und einander ansahen.

Was für eine herrliche Sache, dachte ich bei mir, in Einklang mit der tiefsten Weisheit aller Religionen den Bund der Ehe zu schließen, einen Segen für alle Menschen zu sprechen und von niemandem getrennt zu sein. Schließlich strahlten alle Kerzen, und eine Sufi-Lehrerin namens Murshida führte die Eheschließungszeremonie durch. An einer Stelle fragte sie Sadiq und Shahir, ob sie irgendwelche Gelübde ablegen wollten.

Sadiq sagte: »Ich will mein Bestes tun, um mein Herz offenzuhalten für dich, auch in Zorn, Zweifel und Angst.«

Shahir lernte sich mit strahlendem Gesicht zu Sadiq hinüber. »Ich habe kein Gelübde«, meinte sie, »ich will nur das eine sagen: Ich bin glücklich, dich kennengelernt zu haben.«

Als ich anschließend nach Hause fuhr, dachte ich über die unterschiedlichen Arten von Hochzeitsfeierlichkeiten in aller Welt nach, die ich kannte und die ich nicht kannte. Mir schien an der Hochzeit von Shahir und Sadiq etwas Besonders zu sein, denn sie symbolisierte in mancherlei Hinsicht die Essenz des spirituellen Weges – Liebe, Freundlichkeit, im Augenblick zu sein und spontan aus dem Herzen zu sprechen. Selbst die Schriften der verschiedenen Religionen, aus denen vorgelesen worden war, hatten die persönliche Auswahl der Vorlesenden widergespiegelt. Diese Spontaneität hätte das Ego von jedem herausgefordert, der eine feste Formel oder Kontrolle brauchte.

Es gibt Hunderte von Möglichkeiten, Ihre Beziehung zu heiligen und zu segnen, eins zu werden als Liebe, Liebende und Geliebte. Finden Sie Ihren persönlichen Weg. Drücken Sie all Ihre Aspekte aus. Je mehr Ihre Verbindung Ihren leuchtenden Geist widerspiegelt, desto mehr Licht und Freude werden Sie einander bringen, desto mehr werden Sie sich eins mit dem geliebten Menschen fühlen. Ihre Vereinigung kann ein Signal für andere werden, wenn Sie einander Hingabe, Wahrheit, Humor und Mitgefühl entgegenbringen.

Wenn Sie vor dem geliebten Menschen, der in allen Menschen ist, innehalten, und sei es auch nur für einen Augenblick, wenn Sie atmen und sagen: »Namaste«, »Ich ehre das Göttliche in dir« oder »Ich beuge mich dem Licht in dir«, werden Sie eine Richtschnur haben, die Sie stets an das funkelnde Juwel in Ihnen beiden erinnert.

Namaste,
Ihre Schwester
Charlotte Sophia

Lektüreempfehlungen

Ich möchte Ihnen keine umfangreiche Bibliographie an die Hand geben, sondern nur einige meiner Lieblingsbücher über Verabredungen, Beziehungen und Spiritualität ans Herz legen.

Verabredungen:

DeAngelis, Barbara Dr., »Wie viele Frösche muß ich küssen? So finden Sie den richtigen Mann«, Übersetzung von Peter Pfaffinger, München: Heyne 1996.

Page, Susan, »Ich finde mich so toll, warum bin ich noch Single?«, Übersetzung von Constanze Elsner, München: Droemer Knaur 1996.

Sinrod, Barry und Marlo Grey, »Just married. A sexy, irreverent, eye-opening look at how we met, dated and maried the one we love«, Kansas City: Andrews McMeel 1998.

Beziehungen:

Buber, Martin, »Ich und du«, Stuttgart: Reclam 1995.

Chopra, Deepak, »Lerne lieben, lebe glücklich. Der Weg zur spirituellen Liebe«, Übersetzung von Peter A. Schmidt, Bergisch Gladbach: Bastei-Lübbe 1998.

Fromm, Erich, »Die Kunst des Liebens«, Übersetzung von Liselotte und Ernst Mickel, München: dtv 1998.

Johnson, Catherine, »Lucky in Love. The Secrets of Happy Couples and How Their Mariages Thrive«, New York: Viking 1992.

Kasl, Charlotte, »Women, Sex, and Addiction. A Search for Love and Power«, New York: Perennial Library 1990.

Kasl, Charlotte, »A Home for the Heart. Creating Intimacy and Community with Loved Ones, Neighbors, and Friends«, New York: Harper-Collins 1997.

Kasl, Charlotte, »Warum nicht einfach glücklich sein? 1001 Wege, das Leben zu genießen«, Übersetzung von Anneli von Könemann, Hamburg: Ernst Kabel 1995.

Levine, Stephen und Ondrea Levine, »In Liebe umarmen. Der spirituelle Wegweiser für Liebende«, Übersetzung von Matthias Wendt, Bielefeld: Context 1995.

Pearsall, Paul, »Heilung aus dem Herzen«, Übersetzung von Ursula Bischoff, München: Goldmann 1999.

Scarf, Maggie, »Autonomie und Nähe. Grundkonflikte in der Partnerschaft«, Übersetzung von Helmut Degner, München: Heyne 1993.

Buddhismus und verwandte Themen:

Beck, Charlotte Joko, »Einfach Zen«, Übersetzung von Bettine Braun, München: Droemer Knaur 1996.

Beck, Charlotte Joko, »Zen im Alltag«, Übersetzung von Bettine Braun, München: Droemer Knaur 1998.

Boorstein, Sylvia, »Buddha oder die Lust am Alltäglichen«, Übersetzung von Gisela Merz-Busch, Bern: Barth 1996.

Chodron, Pema, »Start Where You Are. A Guide to Compassionate Living«, Boston: Shambhala 1994.

Chodron, Pema, »When Things Fall Apart. Heart Advice for Difficult Times«, Boston: Shambhala 1997.

Chodron, Pema, »The Wisom of No Escape and the Path of Loving Kindness«, Boston: Shambhala 1991.

Dalai Lama, »The World of Tibetan Buddhism – An Overview of its Philosophy and Practice«.

Das, Lama Surya, »Der achtfache Pfad – Lehrbuch zur Erleuchtung«, Übersetzung von Jochen Eggert, Frankfurt/Main: Krüger 1999.

Hanh, Thich Nhat, »Peace is Every Step – The Path of Mindfulness in Everyday Life«.

Walpola, Rahula, »Was der Buddha lehrt«, Übersetzung von Rev. Dhammankara, Bern: Origo 1982.

Spiritualität:

Dass, Ram, »Reise des Erwachens. Handbuch zur Meditation«, Übersetzung von Stewart Coltman, München: Droemer Knaur 1985; viele Titel desselben Autors.

Gibran, Kahlil, »Der Prophet«, Übersetzung von Ellen Schepp-Winter, Olten: Walter 1973.

Inayat Khan, Hazrat, »The Complete Sayings of Hazrat Inayat Khan«, New Lebanon New York: Sufi Order Publications 1978.

Krishnamurti, J., »The Book of Life. Daily Meditations with Krishnamurti«, San Francisco: Harper 1995.

Matt, Daniel C., Hg., »Das Herz der Kabbala. Jüdische Mystik aus zwei Jahrtausenden«, Mit einer Einführung von Gershom Sholem, Übersetzung von Ingrid O. Fischer, Bern, München, Wien: O. W. Barth 1996.

Shaw, Miranda, »Erleuchtung durch Ekstase. Frauen im tantrischen Buddhismus«, Übersetzung von Thomas Geist und Heike Munnich, Frankfurt/Main: Krüger 1997.

Welwood, John Dr., »Durch Liebe reifen. Partnerschaft als spiritueller Weg«, Übersetzung von Karin Petersen, München: Kösel 1998.

Lyrik:

»The Kabir Book. Forty-four of the Ecstatic Poems of Kabir«, Nachdichtung von Robert Bly, Boston: Beacon Press 1977.

Rumi, Mewlana Dschelaleddin, »Traumbild des Herzens«, Übersetzung von Johann Christoph Bürgel, Zürich: Manesse 1992.

Rumi, Mewlana Dschelaleddin, »Das Meer des Herzens geht in tausend Wogen«, Übersetzung von Friedrich Rückert, Frankfurt/Main: Dagyeli 1988.

Rumi, Mewlana Dschelaleddin, »Ich bin Wind und du bist Feuer«, Übersetzung von Annemarie Schimmel. Köln: Diederichs 1978.

Rumi, Mewlana Dschelaleddin, »Gedichte aus dem Diwan«, Übersetzung von Annemarie Schimmel. Stuttgart: Reclam 1964.

Psychologie:

Miller, Jean Baker Dr., »Die Stärke der weiblichen Schwäche. Zu einem neuen Verständnis der Frau«, Übersetzung von Roland Fleissner, Frankfurt/Main: Fischer 1989.

Wolinksy, Stephen, »Das Tao des Chaos. Quantenbewußtsein und das Enneagramm«, Übersetzung von Tatjana Kruse, Freiburg/Breisgau: Alf Lüchow 1998.

Wolinksy, Stephen, »Quantenbewußtsein. Das experimentelle Handbuch der Quantenpsychologie«, Übersetzung von Tatjana Kruse, Freiburg/Breisgau: Alf Lüchow 1996.

Wolinksy, Stephen, »Die alltägliche Trance. Heilungsansätze in der Quantenpsychologie«, Übersetzung von Tatjana Kruse, Freiburg/ Breisgau: Alf Lüchow 1996.

Wolinksy, Stephen, »Die dunkle Seite des inneren Kindes. Der nächste Schritt«, Übersetzung von Tatjana Kruse, Freiburg/Breisgau: Alf Lüchow 1997.

Hinweise der Autorin

Marathon-Psychotherapie:
Ich (Charlotte Kasl) veranstalte Marathon-Therapiesitzungen für Einzelpersonen und Gruppen (6–12 Stunden; in englischer Sprache). Dabei bediene ich mich einer Kombination aus EMDR, Ego-Zustands-Therapie, Hypnose, Quantenpsychologie und Körperbewegung. Ich bin zugelassene Therapeutin in Montana und zugelassene Psychologin in Minnesota (1983–1998) und lizensierte Suchtspezialistin.

EMDR (Eye Movement Desentization and Reprocessing):
EMDR ist eine fortgeschrittene Methode, um traumatische Erinnerungen freizusetzen, negative Grundeinstellungen und Verhaltensmuster zu verändern sowie Sucht- und Zwangsverhalten zu überwinden. Sie ist sehr konzentriert, effizient und wirksam. Lesen Sie hierzu von Francine Shapiro, »EMDR. Grundlagen und Praxis. Handbuch zur Behandlung traumatisierter Menschen«, Paderborn: Junfermann 1998.

Briefwechsel:
Ich liebe es, Briefe zu bekommen, und lese sie alle, aber ich kann Ihnen nicht versprechen, auch auf alle zu antworten. Wenn Sie in meine Mailingliste aufgenommen werden wollen oder Informationen über Workshops wünschen, fügen Sie einen selbstadressierten Umschlag mit internationalem Antwortschein bei.

Ich stehe für Workshops, Gespräche, Beratung und Therapeutentraining in Sachen Verabredungen, Sucht, Spiritualität und Kraft zur Verfügung:

Charlotte Kasl
P.O. Box 1302
Lolo, MT 59847, USA
Tel.: 001-406-273-6080
Fax: 001-406-273-0111